U0831278

谨以此书献给我的故乡蔷薇村

This book is dedicated to my hometown: Rose Village, China

“开放的思想”丛书 第五卷

批判与超越

对话希腊化时代和罗马帝国早期思想家

Criticism and Transcendence:

Dialogues with the Philosophers in the Hellenistic Age and the Early Roman Empire

李华平 著

世界知识出版社

出版说明

我们生活在一个中西文化交融碰撞的时代，东西方的先哲们以不同的方式剖析人性、解释世界，而不同时空中的文明间也有很多思想文化上的共通之处，如重视道德、追求科学、强调理性等。未经审视的人生是不值得过的。人们今天还在代代相传地传诵和纪念那些令人敬重的先贤，不是因为他们的权位和财富，而是因为他们的学识和思想，是因为他们对人类文明的进步所做出的卓越贡献。在人类历史的夜空中，他们犹如一颗颗散落着的熠熠生辉的繁星，永远闪耀着启迪后人、泽被万世的智慧之光。而对于正在加速进化的中国来说，只有秉承中国优秀传统文化，开放包容地吸纳世界各民族的优秀文明成果，用全人类的智慧武装国民，才能屹立于世界民族之林。

先哲思想中的人文关怀能提升阅读者的修养和境界，然而阅读经典时，艰涩的大部头专著令人望而生畏，普及性的读物又往往浮光掠影。在当今名著阅读遇冷，人文研究深闺"象牙塔"的情况下，"开放的思想"丛书的作者李华平先生凭借自己的才华和想象力，以超越时空的"对话"形式深入浅出地对东西方百余位先贤哲人的思想观点进行了诠释和解读。作者和那些先哲们在一起，聆听教诲，参与辩论，与这些思想大师、文化巨人进行灵魂深处的交流的同时，也展示了自己对世界、人生的深邃思考。

丛书内容精练、语言通俗易懂，富于哲理，把高深的理论通俗化，大师的思想精华化，可谓"博采众长"，"集思广益"。在对话中，作者也具有很强的批判和自我批判意识。"可爱者不可信，可信者不可爱"，作者对这些思想家们持有取舍的疑信态度。一问一答的思辨过程中，夹杂着疑问与批判，碰撞出思想的火花。那些生活在遥远时代和地域的思想家似在咫尺，作者向他们的提问直击自己乃至广大读者心中的很多疑惑，而大师们的回答则鲜活质朴而又耐人寻味，友好的交锋中透露着机智诙谐。一场心灵的时空旅行过后，人们豁然开朗。

著作是作者二十余年来对哲学、刑法学、政治经济学、国际关系学等学科笃志研究、积累撰写而成的。作者著有《超越2012——世界危机与人类的选择》

《论天下》《跨越时空的对话》《改造中国》《中国之路》《宇宙是活的》《思想二十年》《大国论》《智慧年代》等多部著作，引发较大的社会反响，在读者中具有一定的影响力。其中，《论天下》于2013年2月被中共中央外宣办指定为其公务员考试三本必考书之一，而另外两本分别是史学大家钱穆先生的《国史大纲》和著名哲学家冯友兰的《中国哲学简史》，足见李华平先生著作的理论深度和现实价值。

作者勇于创新，大胆挑战。著作对于世界著名思想家思想的介绍和解读，涵盖政治学、哲学、历史学、经济学、物理学、化学、生物学等多领域学者的学术思想和研究成果。这种长时段、多领域、跨领域的研究冲破了彼此不同的各个学科之间的藩篱，展示了作者多年所积累的丰富的阅读量和渊博的知识储备，也体现了社会科学和自然科学在人类的发展进步和前途命运问题上的共通和共鸣。看似"班门弄斧"的研究，实际达到了"举一反三""触类旁通"的广度和深度。

作者与时俱进，关注现实。著作把握现当代西方科学研究的学术前沿，如对哲学家福柯、物理学家霍金、经济学家保罗·克鲁格曼、环境学家拉伍洛克等人的思想观点进行了评析和介绍。作者研究历史上对人类产生过影响的思想家的观念及其发展历程，同时对国家的进步与发展深刻关切。"古为今用，洋为中用"，任何一个国家的文明都是世界文明的不可分割的有机组成部分，任何国家的发展也都需要思想的开放、视野的扩大、观念的更新，需要批判地吸收历史上起过重要作用的其他国家的文化和思想。

列宁曾说："只有用人类创造的全部知识财富来丰富自己的头脑，才能成为共产主义者。"民族文化的发展离不开世界文化，回顾人类文明历程不难发现，人类经历了从原始的闭塞、孤立、分散逐步向开放、依存和联系的世界转变的过程。再先进的民族文化，其发展与繁荣也不能舍弃对世界文化营养的汲取。

在新的时代，人类思想的交流在时间和空间上、深度和广度上都达到了空前的速度和规模。了解和学习世界各国、各民族的先进文化，可以让我们博采众长，知古鉴今。唯有在思想和智慧层面占据人类之巅峰的民族才有可能成为先进民族，拥有知识的国民自然也是现代社会得以发展进步的基石。熔中外文化之长于一炉，碰撞出绚烂夺目的火花，这个时代赋予了我们广阔的舞台，也赋予了我们传承和创新的历史使命。

Introductory Notes

We are living in an era of cultural collision and cultural fusion between China and the West. Sages of the past, both from China and the West, went to great lengths to explore the substance of human nature and tried to understand the world surrounding them. Civilizations in different space and time share some commonalities in belief and culture, like emphasizing moralities, pursuing science, and cherishing rationality, among other things. A life without self-reflection is not worth living. Today, people remember and pay tribute to those sages of the past, not because of their power and wealth but due to their knowledge, thoughts and the outstanding contribution they made to the progress of human civilization. On the dark sky of human history, they are like scattered shining stars that guide the later generations with their wisdom. China is experiencing exponential changes. Only by inheriting the excellent traditional Chinese culture, learning with open-mindedness from other cultures, and changing the mind of our citizens with wisdom from the whole world can we stand firmly in the family of nations.

The thoughts of sages of the past, especially the human solicitude in their works, can help the readers improve their inner wellbeing. For most people, however, reading those big and indigestible classic books is a daunting challenge. On the other hand, those interpretative books about classics tend to fall short of depth. Today, people lost their enthusiasm to read classics and humanities research is confined to the Ivory Tower. Under such a circumstance, Mr. Li Huaping authored the Open Thought Series with his unmatched talents and imagination. By conducting "dialogues" with 100-plus sages and philosophers both of the east and the west, the author travels back to history and make in-depth interpretations of their thoughts with simple language. In this series of books, the author "sit" side by side with those sages and philosophers, "listen" to their preaching, and "engage" in their debates. Through in-depth exchanges with those philosophical and cultural giants, the author shares his profound views on the world and life.

This series of books is outstanding with its succinct content and simple language, by which the author interprets those abstract and philosophical theories and makes the quintessence of classics more understandable to ordinary readers. In this process, the author is open and inclusive to very diverse arguments. In these dialogues, the author shows his strong inclination toward critical thinking and the awareness of self-criticism. As one saying goes, those that look nice might not be trustworthy while those that are trustworthy might not look nice. The author does not take the arguments of sages for granted but scrutinize them with critical thinking. With a One Question One Response format, the author's skepticism and critical thinking generate many sparks of thought. The author did a great job by narrowing the distance between the readers and those great thinkers who once lived in the remote past. He asks them questions that have long baffled him and possibly many like-minded readers. The "responses" from these great thinkers, on the other hand, are simple but thought-provoking. In these generally friendly exchanges, readers can detect the wit and wisdom of the sages and the author. What an enlightening journey!

This series of books is based on the author's painstaking researches on philosophy, criminology, political economy, and international relations in the past two decades. The author has published a list of influential books including *Beyond 2012: the World Crisis and Choices of Humankind*, *Under the Heaven*, *Dialogues with History*, *Reforming China*, *The Chinese Road*, *The Universe is Alive*, *My Thinking in the past Two Decades*, *On Big Powers*, *and The Era of Wisdom* etc. In particular, *Under the Heaven* was designated by the Central Office for International Publicity as one of the three must-read books for civil service exam while the other two books are respectively *The Guideline of Chinese History* by Mr. Qian Mu and *A Short History of Chinese Philosophy* by Feng Youlan, a famous Chinese philosopher. Such an honor attests to the theoretical contributions and practical values of Mr. Li Huaping's works.

The author is an innovative and courageous challenger. In this series of books, he introduces and interprets the thoughts of some world-class thinkers, straddling a wide range of disciplines including political science, philosophy, the history, economics, physics, chemistry, and biology, etc. The author's research focuses on the long history and is interdisciplinary indeed. By so doing, he helps break the fences among different disciplines. Such a methodology attests to his tremendous amounts of reading and extensive knowledge on the one hand and demonstrates the shared concerns for the progress and fate of the humankind by social sciences and natural science on the other. At first glance, the author's research seems unprofessional. As it turns out, however, he tremendously extends the scope and depth of his research through inference and analogy. The author is sensitive to the trend of this era and the reality. He concentrates on the latest academic development in the west. For example, he introduces and comments on the thought of Foucault (a philosopher), Hawking (a physician), Paul Krugman (an economist) and Lovelock (an environmentalist). Focusing on the thoughts of those thinkers who once influenced the trajectory of humankind and with an eye on the evolution of their ideas, the author is deeply concerned with the progress and development of China. As one saying goes, we should adapt ancient things for present purposes on the one hand and learn from foreign countries for China's benefits on the other. The culture of each nation is an integral component of the human civilization. Only through emancipating the minds, broadening the perspectives, refreshing the ideas, and critically learning from the cultures and thoughts of other nations that once made a difference in history can one country develop itself.

Lenin once argues that one cannot become a Communist without assimilating the wealth of knowledge amassed by mankind. The culture of a nation cannot separate itself from the human civilization. In retrospect, we can see the evolution of human civilization from the closeness, isolation, and dislocation of the primitive era to the openness and interdependence of today. The culture of a nation, no matter how advanced it could be, must nourish itself from the positive elements of the world culture; otherwise, it cannot develop and prosper.

We are entering a new era, in which idea exchanges among the people are becoming unprecedentedly extensive, in-depth and instant. We should know more about and learn from the advanced cultures of other nations. By so doing, we can borrow the merits of others and then better understand both the history and ourselves. Only those nations that enjoy the world-class thoughts and wisdom can become pacesetters in the world. The development and progress of modern society would become impossible if the nationals of a country are kept ignorant. This new era endows us a promising prospect to integrate the Chinese and foreign cultures and enjoy the abundant fruits of cultural collision. It is also our historical mission to inherit and refresh our culture.

Biography of the Author

Li Huaping was born in Shuyang County, Jiangsu Province in 1965. He got the bachelor of laws from the Political Education Department of Nanjing Normal University in June 1988. In January 1991, he got a master degree of laws from the Law Department of China University of Political Science and Law. He once worked for the General Office of the CPC Central Committee and Xinhua News Agency, among other things. As a lawyer, Li Huaping is also a member of China Law Society.

With academic interests in a list of fields like political science, the history, philosophy, jurisprudence, criminology, religious studies, intellectual history, sociology, natural science, and archeology etc., he has published over 20 articles on some Chinese Social Sciences Citation Index journals like *Tribune of Political Science and Law*, *Legal Science*, *Science of Law*, *Law Science Magazine* etc. One of his magnum opuses is *Several Issues on Human Rights: A Perspective from Philosophy of Right.*

Li Huaping is the author to a list of books, including *Reforming China*, *The Chinese Road*, *Beyond 2012: The World Crisis and Choices of Humankind*, *Under the Heaven*, *Dialogues with History*, *My Thinking in the Past Two Decades*, *The Universe is Alive*, *On Big Powers: A Dialogue with History*, *The Era of Wisdom*, *and Open Ideas* (*15 Volumes*).

序一：普及·探索·开放

李华平先生出的书已经有十几本了，我曾经为他的《跨越时空的对话》写了序。如今，他写的十五卷本“开放的思想”丛书又将问世，他希望我为他的这本宏卷写序，我欣然答应。

这十五卷本的新书也是采用“跨越时空的对话”的方式，作者采用这种方式写的书已经是第五本了。用现代人和历史上著名人物对话的形式国外也有，但在中国是颇为罕见的，尤其是涉及政治领域的话题，更多人视为危途，不敢涉及。另外，这种写作形式，要求作者通晓历史人物的观点，平生经历。一两个历史人物比较好写，像本书那样涉及200来个著名历史人物，其博学之深，不是胸中深有把握的，一般人是不敢涉足的。

通观这十五本的巨著，我感觉体现了这六个字精神：普及、探索、开放。

首先是普及。我曾经翻阅过李华平先生的《智慧年代——访谈20位古希腊哲学家》，在20万字的书里，访谈了20位古希腊哲学家，把握了他们的主要思想观点，介绍了他们的平生经历，阅读了60本文献资料，使得我们读者能在一本20万字的书中概括了解了20位古希腊哲学家的思想，这不是一本很好的普及读物吗？人的知识分为两种：一种是专业知识，另一种是非专业知识。对于非专业知识，涉及面非常广，一个人的时间有限，不可能深入涉及，这就需要普及。“开放的思想”，可以引人入胜的方式解决知识的普及问题！

其次是探索。探索就是“探求真理”，被采访的著名历史人物都对人类做出过巨大贡献，可以说，他们在探求真理的漫漫长路上迈进了一大步，但谁都不能说他们已探求到了真理。在当时已经探求到的真理中，在今天看来，有的还有些价值，有的已经缩了水，有的已经被推翻。“开放的思想”可以用今人的眼光来审视历史人物的贡献。历史不断前进，不断在发展，历史就是探求真理的试金石。

最后是开放。纵观中国的历史，基本上是属于闭关锁国的历史。“自力更生、奋发图强”深入人心。改革开放近四十年来，对西方先进文化的引进，也更看重在科学。对西方的社会科学，更多是防范。事实证明，西方的自然科学远远胜于中国的传统自然科学；就是西方的人文科学诸如哲学、政治学、社会学、经济学、法学、伦理学、心理学等，也比中国传统的儒学更深入、更科学。作者在这十五卷与历史著名人物的对话中，更多的是介绍西方的人文科学，让人们更了解他们的历史成就。

李华平先生是中国政法大学的毕业生，中国政法大学的毕业生中主要从事文学写作与思想研究的是很少见的，我为他感到骄傲！

是为序。

2017年12月1日

序二：我思，故我在

一

人，是地球上大脑最发达、情感最复杂的动物。人的大脑神奇无比：它大约由140亿个神经元组成，尽管质量只占人体的2%左右，但血液循环量占心脏排出量的20%左右，氧气消费量占全身的20%左右，葡萄糖的消耗量占到了25%左右。人的大脑，掌控着人体的一切，是宇宙中结构和功能最复杂、最精细、最完美、最奇妙的一种物质和一种高级生命形式；它与物质结构、宇宙演化、生命起源三者并列，被认为是困扰当今人类的四大科学之谜。科学家推测：有朝一日，我们搞懂了人的大脑，就能明白人的大脑在人类的思维、情感、理性和爱情等方面的潜力和限制。只有真正搞懂了人的大脑，人类才可以彻底明白自己究竟何以为人。这个问题，不仅是一个科学问题，也是一个哲学问题。人的大脑，之所以如此神奇，是因为它有能力产生思想。思想，是人脑特有的智能，是高级思维活动，是思索，是探究和发现，是感悟和知觉，是认知。

人，因思想而存在，因思想而有尊严。人类的进化史，是一个一个的人、一颗颗杰出的灵魂和一个个“理性思维的英雄”（黑格尔）凭借理性思想的巨大能量深入人的内在，深入大自然和社会的内在，甚至深入上帝的内在，不断思索、发现、肯定、否定和认知普遍性、本质和规律的历史进程，其精髓，无疑是思想的进化史。没有思想，就没有文化，就没有历史。没有了思想，人和阿狗阿猫相比实在没什么区别。所以，完全有足够的理由这样说：思想，就是人的本质，是人生命现象的内核。正因为能思想，人才不同于地球上一切的其他和其他的一切；正因为思想的差异，个人与个人之间才可能存在本质的、非现象的或者说内在的、非外在的“辨识度”或“识别度”。这个人才有可能区别或类似于那个人，才出现了不一样的你、我、他，或志同道合的你们、我们、他们。人与思想之间的这种神奇的生理张力，决定了每个人都与思想共存共亡，每个人都必然拥有思想的权利，而且与生俱来，除了死亡，不能被剥夺。

自然界的神秘、无限和客观纯粹，养育了无数伟大的思想，或者说，伟大的自然科学思想。人文界不如自然界那么客观纯粹，自古以来，不但人神混杂，而且人妖难辨。所以，迄今为止，尽管古今中外先哲辈出，但人文思想却五花八门，如汗牛充栋，令人眼花缭乱，且不说良莠不齐。一方水土养一方人，养一方文化，养一方历史，养一方思想。思想是自由的，不自由的思想，先天不足，注定畸形；思想是宽容的，容不得批判和怀疑的思想，注定愚妄；思想是开放的，他山之石，可以攻玉，自我封闭的思想，注定萎靡；思想是独立的，失去人格的独立，必然丧失思想的独立，为达到某种目的（特别是对权力或资本）有意（刻意）或无意（无知痴愚）地谄媚、吹捧、效忠，或者阿谀奉承、盲目愚崇，都无疑是一种精神的贿赂或思想的自我奴化，注定是灵魂的犯罪或堕落。任何一种思想，无论从哪里来，只要是自由、宽容、开放、独立的，只要恪守人类文明的底线，尊重人的生命、财产、平等和自由，不损害人的尊严，不损害人追求幸福的权利，不损害人类的和平共存与发展，都可以与人共享，都有理由与其他的思想共存。相反，任何一种思想，再博大精深，再神秘莫测，再自命不凡，如果背离了这个大方向，逆天理而行，也只能是离经叛道的胡思乱想。

思想是人的本质，思想的本质则是理性，理性是思想的正常状态，或者说，是思想正常的存在方式，是求知、求真、求善、求美，是理智、是格物致知，是万物与我为一，是阿伦特终身捍卫和倡导的不甘于“平庸之恶”的批判性思考。伟大的理性思想，成就人类的文明和福祉。反之，逆天理而行、离经叛道的胡思乱想，酿造的必然是人类的灾难；换言之，思想也会有“非理性”或“不理性”的时候，也存在假、恶、丑。尤其是在强烈的内在欲望或强大的外界刺激下，难免偏离正常态而“走火入魔”。人，会因为思想所具有的这种负面存在而变得片面、偏执、抑郁、任性、冲动、狂躁、堕落、残暴和失去理智，有时甚至禽兽不如。正是从这个视角和从这种意义上，我们有理由期冀：未来的教育，一切教育，无论是基础教育还是大学教育，其最崇高最简洁的宗旨，就在于自幼培养学生有足够的能力去辨别“有人是否在胡思乱想”“有人是否在胡说八道”或者

“有人是否在不讲道理”。

必须在这里提醒的是，此处我所说思想的“非理性”或“不理性”，不等同于西方哲学史上所谓的“非理性主义”或“反理性主义”。我个人以为，现代西方哲学思想，或者说19世纪末和20世纪以降的西方哲学思想，与其说（貌似）是批判和否定传统理性主义的哲学思想，不如说是一种坦诚直面人类精神危机，勇敢潜入（甚至乐此不疲，恋恋不舍，流连忘返，乐不思蜀）现实世界中非理性、非逻辑（或者说偶然、无序、不可知，甚至荒诞）的泥潭，企图超越自古希腊到欧洲近代启蒙时代所形成的理性主义传统的哲学思想；不如说是一种填补传统理性主义不足并使之更接地气的一种哲学思想；不如说是自文艺复兴到19世纪，三百年“浮士德精神”的继续延伸和更精致的自我突破；不如说是欧洲的“艺术浮士德”向“哲学浮士德”的时代转换。

二

人，因思想而有价值；思想，因人的困惑而催生。人的困惑，永远是思想的猎物，永远是思想最直接的对象或客体。

人的困惑，不外乎在于对自身存在的困惑和对自身以外存在的困惑，不外乎存在于人活着所必须去想、必须去做的那些事儿：吃喝拉撒、衣食住行、学习工作、爱恨情仇、喜乐哀怒、人情世故、谈婚论嫁、生儿育女、七情六欲、生老病死；不外乎存在于由上述这些人的基本生存活动所不断衍生出来的政治、经济、军事、外交、法律、宗教、人伦道德、科学探索和发现、艺术、教育、医疗、自然生态保护等一系列貌似错综复杂晦涩深奥的各种人与人之间的社会关系、人与自然的关系；用极简主义来抽象概括，从根本上讲，人的困惑不过就是——人性和欲望的困惑。

笼统归纳，人类发展史上有六次关于人的伟大发现：第一次人的发现，是发生在古希腊的“智者运动”。普罗泰戈拉的著名命题“人是万物的尺度”是这一运动最好的思想表述，人第一次被重视，走进了世界和社会的中心，这是有史以来人类自我意识的第一次觉醒。第二次人的发现，是在14—16世纪的欧洲。中世纪的欧洲，天主教的存在是通过否定人的独立存在和人性的存在而存在的，经过文艺复兴和人文主义者（薄伽丘、但丁、彼特拉克、达·芬奇、米开朗琪罗、拉斐尔等）的思想洗礼，特别是通过马丁·路德宗教改革（“信仰自由”和“君权神授”）的思想解放运动，才第一次把人的命运从主宰一切的神权中拯救出来。第三次人的发现，也在欧洲。通过近代欧洲的思想启蒙运动（孟德斯鸠、伏尔泰、狄德罗、卢梭、康德、霍布斯、洛克等），以“天赋人权”取代“君权神授”，用“法治”取代了“人治”，用“民主”取代了“专制”，这种被称为以理性为基础的社会制度第一次把人的生命、财产、平等和自由从至高无上的君权中解放了出来。第四次人的发现，是“女性的重新发现”。远古时代的女性，曾经拥有过一段值得荣耀和骄傲，而且漫长又辉煌的悠悠岁月；在“知母不知父”的母系氏族时代，作为女性，特别是作为母亲，不但是一种荣耀和骄傲，也意味着权力和地位；距今大约10万—30万年前，人类就进入母系氏族时代，一直延续到距今大约1万年前的新石器时代早期，人类才从“女阴崇拜”过渡到“男根崇拜”，由此逐渐演化成了几乎全世界所有民族都经历过的歧视、压迫和奴役女性的男尊女卑习俗和制度。所以，所谓“女性的重新发现”主要就是废除各种男尊女卑习俗和制度，提倡男女平等和一夫一妻制，简单地说，就是把女人从男人特有的夫权统治中解救出来。第五次人的发现，是未成年人的发现。未成年人是民族和人类的未来，“少年智则国智，少年富则国富，少年强则国强，少年独立则国独立，少年自由则国自由，少年进步则国进步”（梁启超）；所以，对未成年人的受教育权、人身权、身心健康权等权利的重视和特殊保护，已逐渐成为人类文明社会的共识。简而言之，就是把未成年人从容易受侵害的弱势地位中援救出来，其中也包含了把未成年人从父母无微不至的担忧和过度监护中援救出来。第六次人的发现，是安乐死的发现。虽然迄今为止安乐死尚未被世界上多数国家的法律所承认，但从大趋势上看，越来越多的人觉醒并意识到，赋予病情危重而又无法治愈的病人自愿结束自己生命的权利和自由，是符合人道主义精神和关怀的。或者说，法律应该允许把身患绝症、濒临死亡、处于极度痛苦中的患者或处于不可逆昏迷的植物人从病痛的折磨或丧失尊严中解脱出来。

在这里，我之所以列举人类历史上关于人的六次（也许不止六次）发现，只是为了说明和强调上述发现中的任何一个发现，都属于对“人的外在”的发现，完全不同于人对自己内在的认识。或者说，完全不同于人类对自我内在的发现，即对人性和对人的欲望以及对人的内在理性化的认识和发现。这种对人的内在的发现，虽然由来已久，且渐行渐深，但远未嵌入人心，尚未被充分和全面认知，仍有漫漫长路要走。尼采说过：生活是一面镜子，我们努力去做的第一件事，就是从镜子中辨认出自己。

人有自己的天性，这无需溯源到遥远的人类历史起点，也大可不必像霍布斯、洛克或卢梭那样，去假设某种“自然状态”。人性，迄今为止，如此不尽如人意，如此反复无常，已然是一个不争的事实；人性，姑且放下东西方思想中由来已久的“性恶论”和“性善论”之争，说白了，只是一种存在的可能性，或可能性的存在。就像一个空瓶子，你往里装什么就是什么，借用萨特的话语，无非是“存在先于本质”，也可以类比弗洛伊德“三我”中的“自我”；人性，就像一枚硬币一样，至少有正反两个面，恶的一面和善的一面。这种二元结构可以这样被诠释：人性，既有堕落也有升华的天性；在一定强度的压力或诱惑驱使下，人性是经不起考验的，恶也是有能力铤而走险的，如休谟所言，自私与人性是不可分割的；同样，在一定温度的滋养中，人性不是不可以战胜自我，通过内心的自我审判或升华，散发出爱的气息和善的光芒。尼采说，自由的人可能为善也可能为恶，犹如歌德笔下浮士德所做的坦诚表白：有两个灵魂在我胸中，总想分道扬镳，一个怀着浓烈的情欲，以她的卷须紧紧攀附着现世；另一个却拼命想超凡脱俗，高飞到崇高的神圣之地。

人的欲望，是达成某种目的的冲动和渴望，它受享乐原则支配，既是人的原始生理本能，也是动物性在人身上的体现，犹如凯恩斯所说的“动物精神”，时常以一种非理性和无意识（下意识或潜意识）的心理或行为显现，是一种发自内心深处且难以自控的对事对物的强烈向往。人性无时无刻不受欲望的驱使，人生所经历的一切，真或假、苦或乐、爱或恨、悲或乐、喜或愁、美或丑、贪婪或廉洁、文明或野蛮、公正或偏激、希望或失望、战争或和平、特权或平等、自由或奴役、人治或法治、民主或专制……无不根源于欲望的强度和大小，无不根源于对欲望的满足和不满足。佛祖释迦牟尼，于人的灵魂深处，洞察到了人有贪、嗔、痴（三毒）；儒家学说中，且不论孔子的“饮食男女，人之大欲”，荀子着眼人的自然本性，提出人“生而好利”“生而好色”“生而有耳目之欲”；亚当·斯密，在经济和金钱层面上，揭示了人的贪婪和利己主义本性；弗洛伊德，深入性的王国，发现了“力比多”无处不在的秘密，并把由此产生的欲望归类于“三我”中的“本我”；叔本华和尼采，甚至玩世不恭地断定，生命的本质就是意志，即一种贪得无厌的欲望和创造本能，意志高于认知和理性；韦伯，以一个社会学家的魄力和淡定，将人的欲望量化为三样东西：金钱、权力和名望；马斯洛，则从生理和心理需求出发，有条理地把人的欲望从低到高分为五个层次：生理需求、安全需求、爱和归属感需求、尊重需求、自我实现和自我超越需求……

假如人性是一辆汽车，那么，欲望就是发动机。没有发动机的汽车指定是一堆废铁，正如禁欲主义总是把人性搞得半身不遂一样。人类历史上，无论是宗教的还是世俗的，无论在古代希伯来或古希腊，还是在古印度，不问是欧洲的中世纪，还是东方的皇权社会，禁欲主义无不试图以“灭人欲”来教化和驯服人性，从而宣扬自诩伟大的精神力量和高尚的道德境界。一如叔本华所言：人是利己的，欲望的满足总会受到各种挫折，所以，“世上唯有人的痛苦最深……每一部生命史都是痛苦史……生命整个地根本地就是痛苦”；所以，“人只有在彻底摆脱强烈的欲望冲动时才能获得根本的解放”。然而，事实胜于雄辩，禁欲主义，不但没有如愿以偿，反而适得其反，被长期压抑和高度浓缩的欲望，犹如星星之火，在阴暗之中集聚起洪荒之力，暗度陈仓，不但扭曲和伤害人性自身，也扭曲和危害社会，直到暗无天日，在非人道的悲鸣声中土崩瓦解。

承认——事实上也不得不承认——欲望是人性的发动机，并不等于必然承认欲望可以信马由缰、肆无忌惮、为所欲为，并不等于否认欲望极度膨胀后所产生的破坏力和杀伤力；相反，调节欲望的方向，节制欲望的任性，多一点儿理性和文明，少一点儿野蛮和残暴，这才是承认欲望合法性存在的初衷和终点。一辆汽车，既需要轮子和发动机，当然也需要方向盘和刹车板。

如果把调节欲望和节制欲望看作是一个欲望不断接受理性监护的过程，那么，自律和他律就是促使欲望变得理性化的两座重要桥梁。

自律，是自尊、自重和自爱，是个人的自我约束、自我纠错和自治，是自我的良心发现和觉悟，是抵制或控制躁动于自己内心的某种异常欲望的一种正能量。在道家那里，就是“无为”；在儒家思想里，就是“慎独”，就是孔子的“仁、义、礼”，孟子的“仁、义、礼、智”，董仲舒的“仁、义、礼、智、信”；用王阳明的心学来解读，就是“知行合一，格物致知”；在佛语里，就是“修为”或“修行”；也可以说就是弗洛伊德“三我”中的“超我”；用康德的话说，就是“纯粹理性”，就是自己给自己立法，自律者方得自由。福柯，曾经这样诗情画意地描述过人的内在世界：灵魂如同一叶小舟，被遗弃在浩瀚无际的欲望之海上，忧虑和无知的不毛之地，知识的海市蜃楼或非理性的世界中；这叶小舟完全听凭疯癫大海的支配，除非它能抛下一只坚实的铁锚——信仰，或者扬起它的精神风帆，让上帝的呼吸把它吹向港湾。

他律，是一种来自个人自身以外的力量和游戏规则，是强加于个人之上，人人必须遵守的外在约束和底线，一旦被冲破，将受到惩戒。自律，是一种软约束，比如良心、教育（理念和知识）、道德伦理或者信仰（世俗的或宗教的），而且每个人的自律方式和自律能力也千差万别，对于那些自制力低弱、容易原谅自己或者侥幸心理强大的人来说，对于那些利欲熏心、不知廉耻和乐于铤而走险的人来说，自律显然是软弱无力的；但是，这丝毫不影响自律作为一种调节和节制欲望的方法而存在，而且是一种最常用的重要方法。相对自律而言，他律是硬约束，比如法律（法治），它不但有国家的强制力或社会的公信力做后盾，而且可以通过理性的立法和公正公开的司法程序形成一个可预期的制度体系，从而合理有效地实现调节欲望和节制欲望的目标。正如孟德斯鸠所说：法律的制定是为了惩罚人类的凶恶悖谬，所以，法律本身必须最为纯洁无垢。

我崇尚《道德经》！我也尊崇《论法的精神》！

除了自律和他律，还有一样与欲望息息相关的东西值得一提，这个东西众所周知、人人躲不过去，而且只有人才感知得到，它就是大名鼎鼎的“死亡”。死亡，是一切欲望的最后终结，正如出生是一切欲望的开启。死，是一个生理过程，每个生命从出生就开始，每分每秒，都走在通向死的过程中；亡，是消亡，是生命肉体的从有到无，是人走向死亡过程的终端。人的生命只要没有消亡，就一直在向死的方向活着，在向死的路上存在着（“在场”），并且通过意识（只能通过自我意识）能够去真实感知到自我的存在感（类似于贝克莱的“存在就是被感知”，也类似于王阳明的“心外无物、心外无事、心外无理”）……这就是海德格尔所谓的“向死而生”。海德格尔说：“向死而生的全部意义在于，当你无限接近死亡，才能深深体会生的意义。”思考和认识死亡，不但可以消除或减弱对死亡的恐惧，还可以让人强烈感受生的欲望，而且可以激发人内在积极的生命活力，看淡或拒绝诱人的各种物欲，释放精神和灵魂深处的正能量，敬畏和珍惜生命的理性存在，并以这样一种客观和乐观的态度去唤醒对生与死的觉悟，坦然面对死亡，乃至藐视死亡：生命的喜悦之处在于不必重来！

让人性和欲望向理性靠拢，并接受理性的监护，我相信这高于一切，应该是人类自身的终极关怀。我想说的是，所谓的人类思想和人类文明，不过就是为了调节和节制那些无所顾忌的、来自人内心深处的、有违天理、膨胀过头的欲望。

追溯过去，人类的发展历史，始终是一个以人（个人、组织、民族或国家乃至全人类）为中心，为了不断满足人的欲望升级，无限向外、向他人（个人、组织、民族或国家）和向自然界扩张，掠夺他人和自然资源的历史。自工业革命和科学革命以来，特别是近一百年来，更精准地说，近50年来或近20年来；自从发明了蒸汽机、发电机和计算机以来，特别是发明了互联网、物联网、大数据和人工智能以来；人类的主流文化，不仅离上帝越来越远，而且深深沉沦于一个“着魔的时代”，一个着魔于科技、享乐、消费和冒险的时代。在日新月异的所谓科技创新、逐利资本的推波助澜和激烈的竞争制度的合谋刺激下，人类的物质生活和物质文明貌似蒸蒸日上。与此同时，人的欲望也水涨船高，亦步亦趋，芸芸众生对金钱、权力和名望的追逐，对消费、享乐和奢侈的膜拜，越发不可收拾，物欲横流，甚至巧取豪夺，不择手段。在如此膨胀的欲望驱使下，人性却越来越脆弱，越来越无常，越来越经不住享乐主义的诱惑和机会主义的刺激，浮躁偏激，失去了应有的内敛和平衡，抛弃了与自然万物的和谐，忽略了宝贵的简单淳朴和良知信仰，欲壑难填，铤而走险，总是有意无意徘徊在或者“向善”或者“向恶”的十字路口。

假如真有这么一天，科技可以让人长生不死，永远年轻美貌，而这只有少数人花大钱才能办到，或者说，这个世界不公正到如此地步，连死亡面前的人人平等都化成泡影的时候，那么，人一定会因此而疯狂。科技、金钱和权力一定会绞尽脑汁狼狈为奸，试图摇身一变成为主宰这个世界的新上帝。倘若真的有那么一天，恰如霍金和马斯克所担心的那样，未来已来，人工智能远远不再是只存在于科幻小说和科幻电影中。如果新版或更新版的“阿尔法狗”具备了超人类的自学能力、思考能力、语言能力和创造能力，除了下围棋足以打败人类之外，六亲不认杀一个回马枪，调过头来秒杀人类，超越令人类毛骨悚然的核武器，那么它将成为人类的最后宿命和真正终结者……这绝非危言耸听，我们确实正处在尽情享受欲望所创造的人类物质文明之中，我们确实也陷入了被膨胀的欲望绑架的高度危险和殃殃病态之中。也许我们还记忆犹新，犹如一百年后《人类简史》的作者赫拉利是一位非凡的怪才一样，一百年前，一位德国的青年中学历史教师——斯宾格勒，头顶第一次世界大战的浓浓硝烟，躲在慕尼黑一个漆黑的贫民窟里，在昏暗的烛光下写出了一本轰动世界的奇书《西方的没落》。在书里，斯宾格勒铿锵有力地忠告和预言：世界上所有的文化和文明都是有生命的，都有生老病死。

存天理节人欲，倡导或保留理性的和向善的欲望，节制或去除偏执的和向恶的欲望——或许，我们应该这样去诠释“存天理灭人欲”，还朱熹一个公道；或许，这样的诠释方可再次打开人类的脑洞，冷静下来，与时俱新，尽可能放下傲慢偏见、砸碎禁锢枷锁，以古为师、以人为师、以心为师、以自然为师，用坦诚和理性去面对人类共同的困惑、共同的现实、共同的利益和共同的未来。“面向事物本身”（胡塞尔），在求同存异、以和为贵的氛围中，借鉴和融合古今中外不同的思想文化，和而不同，变“向外”为“向内”，或者说，平衡“向外”和“向内”的方向，以每个人的自身和人类的自身为目标，向每个人的内心和人类的内心求救；通过对人的本质和思想本质的进一步思考，通过对人性和人的欲望更深入的认识，通过对人性和人的欲望的理性调节和节制，通过不断改良和完善自律和他律，通过加深对死亡与存在的探索和觉悟，通过开放的思想和思想的开放，在思想文化范畴里，在意识世界里，呼唤一种更理性、更和谐、更有幸福感、更具包容性、更适合人类共同生活和可持续发展的生存理念，重构一个新的理性的人类思想的命运共同体，促进人的全面发展。

福柯说过，知识分子的工作不是为了改变他人的政治意愿，教导他人去做什么，而是要通过自己专业领域里的分析研究，一直不停地对设定为不言自明的公理提出疑问，动摇传统的心理习惯、行为习惯和思维习惯，解构熟悉的和被认可的事物，重新审视规则和制度，并在此基础上重新问题化，从而完成一个知识分子的使命和一个公民的责任。

沉思，就是缄默加思考；沉思，高于纯粹的行动。亚里士多德说，唯有沉思的生活才是最有价值的生活。或许上述我的这一番自言自语，太滑稽荒诞，太浪漫可笑；或许现在就是改变方向，调转船头的时候了。

永远铭记，古希腊奥林匹斯山上德尔斐神殿里的那块石碑，上面写着：认识你自己！永远不要忘却，苏格拉底常挂在嘴边的那句话：我除了知道我无知这个事实外，一无所知！对于未来，我们也许真的不能停止《人类简史》中赫拉利的那个弱弱诘问：人类究竟想要什么？变成什么？

或许，四百年前的笛卡尔是对的：征服你自己，没必要去征服整个世界。

“我相信，一切事物的价值必将重新评估。”（尼采）我相信，人类终将能够被思想的理性和理性的思想收养。

我相信，这个世界的善良。

三

人的本质是思想。思想的本质是理性，思想的对象是人的困惑。人，当之无愧，就是思想的主体。每一个人，都是自己思想不容置疑的天经地义的唯一主体，都是一个一个活生生的当仁不让的思想者。每一个人，其人格的独立和平等，顺理成章就是思想的存在前提，或者说，是思想存在之存在。

在此，我很乐意引一段弘一法师的弟子丰子恺先生在《我与弘一法师》小自传里说过的话。鉴于言之有理，所以拿来分享，本想从先生的文字中“取其精华”，琢磨再三，感觉还是引原文为好，原汁原味的，更生动鲜活，更利于表达其本意：

“我以为人的生活，可以分作三层：一是物质生活，二是精神生活，三是灵魂生活。物质生活就是衣食。精神生活就是学术艺术。灵魂生活就是宗教。‘人生’就是这样的一个三层楼。懒得（或无力）走楼梯的，即把物质生活弄得很好，锦衣玉食，尊容富贵，孝子慈孙，这样就满足了。这也是一种人生观。抱这样人生观的人，在世间占大多数。其次，高兴（或有力）走楼梯的，就爬上二楼去玩玩，或者久居在里头，这就是专心学术文艺的人。他们把全力贡献于学问的研究，把全心寄托于文艺的创作和欣赏，这样的人在世间也很多，即所谓‘知识分子’‘学者’‘艺术家’。还有一种人，‘人生欲’很强，脚力很大，对二层楼还不满足，就再走楼梯，爬上三层楼去，这就是宗教徒了。他们做人很认真，满足了‘物质欲’还不够，满足了‘精神欲’还不够，必须探索人生的究竟。他们以为财产子孙都是身外之物，学术文艺都是暂时的美景，连自己的身体都是虚幻的存在。他们不肯做本能的奴隶，必须追究灵魂的来源，宇宙的根本，这才能满足他们的‘人生欲’。这就是宗教徒。世间就不过这三种人。”

坦率地说，我基本认同丰子恺先生的说法。或许换一种角度，见仁见智，还可以这样说：人活着有三种不一样的状态：第一种是世俗活着，世俗思考；第二种是世俗活着，超世俗思考；第三种是超世俗活着，超世俗思考。放眼人世，第一种人多，第二种人少，第三种人是“奇葩”。在我看来，三者各有各的格调和品位，不宜论高下，更不可妄论贵贱和好歹，贵在愿意不愿意，贵在选择不选择，贵在“己所不欲勿施于人”（孔子）。人生百态，众生芸芸，说简单也简单，捏吧捏吧，捋一捋，人世间，不过这三种。

尼采（1844—1900年），除了是一个疯狂热爱生命的德国思想家、哲学家、诗人，还是一个作曲家、文学评论家和语言学家，他也说过一句掷地有声的话，直截了当，不拐弯不抹角：“没有真理，只有诠释。”

歌德（1749—1832年），众所周知，是一位杰出的德国大文豪，但他在大学学的是法律。他除了是一位小说家、剧作家和诗人，还是一位画家、科学家和思想家。在他著名的长篇诗剧《浮士德》里，歌德借魔鬼靡菲斯陀之口，说了这样一句话，既蕴涵了厚重和矜持的浮士德精神，又彰显了诗的气息和浪漫：“尊贵的朋友，所有的理论都是灰色的，而生活这棵金树是绿色的。”

莱辛（1729—1781年），德国启蒙运动时期的著名剧作家、美学家、文艺批评家，虽然他不是哲学家，但留下了一句很有哲理的话：对真理的追求比对真理的占有更可贵。

笛卡尔（1596—1650年），法国著名的哲学家、物理学家、数学家、神学家，被誉为“解析几何之父”和“近代科学之始祖”。他的墓碑上写着：“笛卡尔，欧洲文艺复兴以来，第一个为人类争取并保证理性权利的人。”对于人和理性，他这样说过：“只有服从理性，咱们才能成为人。”

或许，我不一定喜欢这四个人，但我一定喜欢这四句话。

四

“开放的思想”丛书是学弟李华平三十年磨一剑，呕沥心血写成的一部大书。

这部书根基于这样一个大构想：从远古到中世纪再到现代、从地中海到日本海、从大西洋到太平洋、从欧洲大陆到亚洲大陆再到美洲大陆、从印度半岛到西伯利亚……通过分析解读比较不同地域、不同时期、不同类别的各种不同思想，通过穿越时空的思想对比和碰撞，围绕着人和思想的本质、人性和欲望、自律和他律、死亡与存在等古老且永恒的问题，解构和重构一幅人类的思想版图，玩味“平行空间”中不同思想文化的殊途同归和异曲同工之妙，澄清被人为夸大（或曲解）的不同地域思想文化之间、古今思想文化之间、物质世界与精神世界之间的差异性、排斥性和对抗性，去除不同思想文化之间的隔阂、鄙视、妄自尊大和妄自菲薄，发现人类精神世界里的“思想文化纠缠”。

例如，古代中国老子（公元前571—前471年）的“道”，古希腊赫拉克利特（公元前535—前475年）的“逻各斯”（logos）和古印度释迦牟尼（公元前465—前385年）的“菩萨思想”，这些不同地域的远古思想之间真的就不存在任何值得关注的共性和交集吗？

又例如，伴随当代物理学“暗物质”“暗能量”和“量子纠缠”的发现，人的“意识”已不再是一种与“物质”相对立的存在，如果把“意识”放在“量子态”去分析，“意识”其实就是“物质”的一种；既然通过“量子纠缠”，“意识”和“物质”已经可以握手言和，那么，“唯心”和“唯物”为什么就不可以谈情说爱呢？

预览全书，古今中外几百位思想家昂首挺立、栩栩如生，复活在一篇篇既充满思辨又丰富多彩的访谈之中，历历在目。作者李华平作为一个穿越古今的记者，从头到尾穿梭其中，秉承“去政治化”“去功利化”和“去主义化（去体系化）”的本色，摘下人类鼻梁上沉重的有色眼镜，冲破固化和僵化的语言、概念、逻辑和结构的枷锁，还原思想的本质，回到思想家本身；掰开揉碎，用自己独特的评判视角和话语腔调，无拘无束、海阔天空地大胆解构和细心重构，与每一位思想家平等对话，促膝谈心，开怀论道。

“开放的思想”，无论解构或重构，都不意味着否定过去的一切和一切的过去，而是一种与时俱新和不断与时俱新的思想意识，或者说，是一种对与时俱新和不断与时俱新的善意提醒或呐喊；也可以说，是换一个角度看世界。就像德里达所理解的那样，解构主义（后结构主义）不是要取代结构主义，更不是要取代哲学史上存在已久的逻各斯和形而上学传统，也取代不了……它只是反中心、反权威、反二元对抗，是一种反观或反省人类思想文化和人类文明的思想意识。

二十多年前，我在德国学法律读博士的时候，听过导师海因·科茨教授的课。导师是德国著名的法学大家，在私法和比较法等领域建树颇丰。记得他在课堂上这样说过：比较法，不是别的，就是研究比较分析不同的国家和地域，在处理同样或类似的人与人之间的纷争上，法律理念和技术运用的优劣，互为借鉴，寻求一个相对理性的、合乎逻辑的、公平正义的解决问题的方法。

我深信，“开放的思想”丛书的作者李华平，正是怀揣“忧天下之忧”和为人类“排忧解难”的一片苦心，敲开了古今中外几百位思想家的大门，与不同时代、不同地域、不同流派的思想家谈天说地；数十年如一日，放眼纵横，鸟瞰时空，神游万里，思接千年，活像串珠子一样，日积月累，把散落在人类思想海洋里的一颗颗耀眼的珍珠，用理性之光贯穿成一串串向真向善向美的念珠；边走边思，边思边想，启迪思索，开启民智……一路自弹自唱，弘扬“独立之精神，自由之思想”（陈寅恪）。

感谢华平对我的信任，邀我给“开放的思想”写序。寥寥数千字，东拉西扯，左支右绌，岂能承受洋洋百万言之重。

思想，是爱智，是思想者的智慧欢愉（毕达哥拉斯），

思想，是思想者坚持不懈的批判和怀疑（福柯），

我思，故我在（笛卡尔），

谨此，

向所有的，逝去的和活着的，

尤其向，为人和人类的苦难、福祉和命运“操心”的思想者，致敬！

必需的！

2017年深秋　北京

序三：独立与自由：学术进步之源泉

作为华平的老师，我知道他一直在从事着某种研究工作，但因我忙于修订自己的刑法专著，以便出版社及早出版，加之身体方面的原因，也就没有过细关注他的研究工作，自然也就谈不上对他的研究给予什么指导。每想到这，作为老师，心中不免有些淡淡的遗憾。

我与华平属于忘年之交，亦师亦友，情同手足。他请我给他推出的15卷本“开放的思想”丛书作序，我非常高兴。华平的学术起点是历史与哲学，其研究生时期的方向是刑法，但他从未把自己的兴趣与研究局限在某个具体的领域。他的研究涉及哲学、法哲学、刑法学、人类学、思想史、历史学、宗教学、社会学。即便是对于非常专业化的自然科学他也认真学习过、研究过、思考过。他出版的《宇宙是活的》，就是一个证明。这本书涉及基因理论、双螺旋理论、相对论、量子力学，如果不具有一定的自然科学功底和学术勇气，是不敢下笔的。

与华平接触久了，了解也便多些。我发现华平天资聪慧，尤其是博览群书，过目不忘。他的勤奋与刻苦，更是惊人，三四十年如一日，天天看好几万字的书，每天都推出一两篇文章，令人叹为观止。他的视野非常广阔，人们看他的著作，就如在读一部百科全书，内容涉及古今中外，上下五千年，纵横千万里。但知识的丰富性远不是华平著作的最大特点，他著作的最大特点就是时时处处都能体现出一种独立思考的精神。他不唯书、不唯权威，不人云亦云，不趋炎附势。他每个字都是在讲“理”，彻底的理性主义精神贯彻其著作的始终。华平的著作肯定存在许多不正确之处，但没有一处不是他认真而独立思考的产物。撒谎与谄媚，是学术的天敌，华平一直对此深恶痛绝。我希望他继续坚持这种独立思考的精神，逐步完善他的学术体系，去修正那些经不住历史和时间检验的结论，为思想界贡献出具有卓越影响力的精品力作。

我与华平的研究虽然侧重点不同，但我们信奉的学术精神是相同的，那就是独立、自由、理性、开放。我依托这种精神在刑法学方面提出了我的法人犯罪论、人权防卫论、犯罪构成系统论等理论体系。我的刑法理论，受到国内外学者的高度重视和赞扬，并被翻译成英、日、俄、法四国语言，法兰西共和国总统给我授予骑士荣誉勋章，是肯定，是鼓舞，更是鞭策。耄耋之年，我依然笔耕不停，一日不敢懈怠，生命不息，研究绝不停止。有生之年，看到自己的学生茁壮成长，那份欣喜与安慰发自心田。我希望华平也能用这种精神，把他的研究推到一个又一个历史的高峰。

最后，我要强调指出，中国已经进入一个空前美好的时代，改革、开放、自由、民主、包容、理性、多元化。我曾经说过："自由是科学的本性，创新是科学的生命，没有自由，科学将沦为奴婢，没有创新，科学将枯萎死亡。"一切最优秀的科学著作，都是当今时代的产物，吾辈并期盼后生们能高举新时代之大旗，创造出更多优秀的作品，为民族之复兴，为全人类的之进化与繁荣，做出自己应有的贡献！

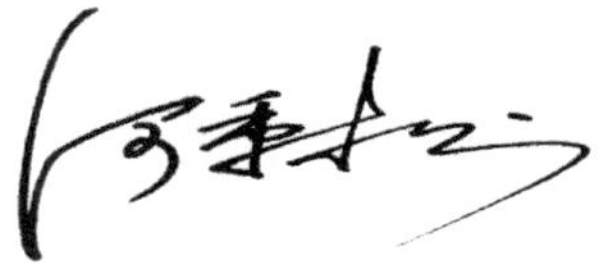

2018年9月6日于北京静斋

目　录

第一章　一切东西都值得怀疑

——对话埃利斯的皮浪

引　子

一提起希腊哲学，人们首先想到的就是以苏格拉底、柏拉图、亚里士多德为代表的古典哲学，而三位贤哲之后的哲学家则知者寥寥。究其原因，绝不是三言两语就能说得清楚的。

晚期希腊哲学，尤其是以我们的主人公——皮浪为创始人的怀疑主义哲学，所代表的对真理和客观价值的不信任态度，竟然体现出一种与今日后现代主义极为相似的时代精神特质。

苏格拉底因为直言不讳地批评雅典的政治而被处死，这让后来的哲学家们不得不采取迂回曲折的办法来实现同样的目的。而皮浪批评了雅典当局，当局竟然授予他“荣誉公民权”，这不能不说是皮浪的高明与智慧。让我们走近怀疑主义的创始人皮浪。

一　哲学家也潇洒

记者：

我看过一些人写的书，根据这些人对你的描写，我感觉你简直就是一位对一切都无所谓的大侠。

皮浪：

我不知道你看过谁写的书？

记者：

弗里乌斯的蒂孟（Timon of Phlius，公元前320—前235年）写过一部讽刺诗叫《嘲讽》（*Silloi*）。他对你是钦佩有加，你在他的眼中就是大师级的人物。

皮浪：

在蒂孟的眼中，我绝对是一位了不起的贤者，他是我的学生，也是我的铁杆粉丝。当然，我也为有他们这些后生感到自豪。

记者：

根据蒂孟等人的书，你似乎主张对一切险恶的环境都采取无所谓也就是超然的态度。所有价值、伦理体系在你看来，都是不值得一提的东西。你似乎主张对一切道德体系都采取怀疑的态度。

皮浪：

可以这么说。世界在我的眼中，都是鸡毛蒜皮的东西，我对一切都看得很淡，也就是说，所有的一切都很难入我的法眼。

记者：

据说你经常一个人独处，你的亲戚很少见到你。一些人说，你经常不和任何人打招呼就离家去旅游。别人听你讲话，经常听到一半就走，即便如此，你也坚持把话讲完。甚至一些人说，你经常自己和自己说话，你经常说，自己和自己交流是培养美德的最好方法。这是一种典型的东方大侠的风范。他们说得对吗？

皮浪：

基本如此。

二　没有怀疑就没有哲学

记者：

无论是你们西方的哲学家，还是我们东方有影响的学者，都把你视为怀疑主义的创始人。

皮浪：

其实，这是高抬我了。我一生中没有写过一本书，更没有写过什么哲学专著。一个连一本著作都没有的人，怎么能够担当什么主义创始人的名号呢？

记者：

这个你不用过谦，你的影响在西方是巨大的。我就是想知道，你为什么把怀疑主义作为哲学的基点？

皮浪：

你的这个表述是有问题的。所有哲学都具有某种怀疑精神，都具有批判精神。没有怀疑，没有批判，就谈不上哲学，就谈不上思想。

记者：

你的意思是，怀疑和批判精神，是哲学的内核和本质所在？

皮浪：

当然是了。没有怀疑，没有批判，一切都无从谈起。哲学和哲学的不同，并不在于是否具有怀疑和批判精神，而在于你怀疑什么，在于为什么这种怀疑对人类是重要的，而不是无聊的，或者仅仅只有有限的意义。这就是不同哲学的区别所在。

记者：

那作为一个怀疑主义者，你认为什么是哲学的根本呢？

皮浪：

作为一种哲学，它必须紧紧抓住人生的重大问题，在这个基础上对人生进行理性的解读和批判。这种哲学才是有价值的。

三 德谟克利特是我的哲学的“父母”

记者：

据说你曾经和你的老师阿那克萨库（Anaxarchus）参加亚历山大大帝的东征之旅，有这事吗？

皮浪：

当然有这事。但是，我参加东征，绝对不是为了帮助亚历山大大帝去杀人，而是为了与印度的那些智者和僧侣们进行交流。

记者：

我现在终于明白了。

皮浪：

明白什么？

记者：

在你的哲学中，难怪印度宗教的影子几乎是无处不在、无时不有，甚至是很浓郁。

皮浪：

你为什么这么看呢？

记者：

我是这么看的，很多人也是这么看的。一些人经过研究，认为你的论证模式经常是：论题 P 可以分为 X 与 Y 两种情况，X 和 Y 又可以分为 X 与-X 和 Y 与-Y 两种情况。如果 X 与-X 和 Y 与-Y 都不能证明，那么 P 就不能证明。一些人说，你的这种论证模式，与佛教中那种“四重难题”的论证法完全一样。

皮浪：

印度佛教的“四重难题”论证法你也知道？

记者：

是的。他们的证明方法是要么 A，要么非 A；要么 A 皆是，要么 A 与非 A 皆非。很显然，这个模式对你的哲学影响很大。难怪有人说，你的哲学有一个“印度教父”，就是印度的佛教。

皮浪：

我不否认我的哲学中，有浓厚的印度哲学的影子。但是，有一点我要告诉你，你刚才所谈到的对对立面强调的这个思想，对日常俗世生活的批评，对人的欲望的愚蠢的谴责，以及对外界的境遇提倡要保持一颗平常心的看法，在希腊的思想中早已有之，并非只有印度的哲学才有。

记者：

是吗？你的意思是说，你的哲学之根依然在希腊？

皮浪：

当然是。

记者：

可否说得具体些？

皮浪：

当然可以说得清楚。我的哲学的“父母”就是德谟克利特的“原子论”。

记者：

从何说起？

皮浪：

在德谟克利特看来，一切物体都是由原子构成的。原子论哲学对人们看得见、摸得着的实在论，是完全否定的。在德谟克利特看来，色、香、味都是虚幻的，都是人为的，而真实者唯有虚空和原子而已。而无论是虚空还是原子，都又不为人们所知。真正的人间“大道”，也就是真理，藏于深渊之中。对于这些东西，任何人都不知道。要知道事物是什么，实际上是不可能的。可以说，没有任何东西真实存在，它们只是约定俗成的结果。

记者：

你的意思，我明白。德谟克利特的原子论哲学，是你的哲学的渊源。那么，你的那种藐视一切的观点，又是受谁影响的呢？我想关于这一点，只有印度哲学才是其源泉吧？

皮浪：

也不尽然。德谟克利特的伦理观，也同样否定一切肯定性的价值，而主张人们过一种平静的生活。他主张人们去过一种安宁的生活，去追求一种心灵上的平静。对任何大富大贵、大起大落的生活，他同样是谴责的。因此，我的这种人生态度，同样也是与德谟克利特有关系的。

四　作为哲学“基座”的逻辑学

记者：

怀疑主义学说视逻辑学为不共戴天的敌人。我就不明白，逻辑学是一门指导人们思维的科学，是一门技术性很强的学科，不管是形式逻辑，还是所谓的辩证逻辑，都是相对次要的东西。为什么你们怀疑主义者都要对逻辑学大肆批判呢？

皮浪：

这一点你说得不对。

记者：

我说得不对在什么地方？

皮浪：

在给你解释这句话之前，我要给你解释一下，在我们那个时期对逻辑学的理解和现在是不一样的。我们那时候，就逻辑学而言不存在什么形式逻辑或者辩证逻辑。

记者：

你这么一说，我还真的想知道，你们是怎么看待逻辑学这门学科的？

皮浪：

在我们那个时代，我们将哲学分成三个部分。

记者：

哪三个部分？

皮浪：

认识论、自然哲学和伦理学。

记者：

似乎我们现在也不反对这么划分？

皮浪：

但问题是，在我们那个时代，认识论就是逻辑学，逻辑学就是认识论。

记者：

你的意思是说，在你们那个时代，所谓的逻辑学并不是规范语言规则的东西，而是哲学中的认识论这个部分。

皮浪：

你说对啦。在我们那个时代，认识论就是逻辑学，逻辑学就是认识论，批判逻辑学就是批判认识论，批判认识论就是批判逻辑学。

记者：

如果按照你所讲的，那么，你们那个时代的逻辑学在哲学中的体系、地位和作用，就跟我们现在所讲的逻辑学大不一样了？

皮浪：

在我们那个时代，逻辑学概念的内涵要大于你们这个时代使用的逻辑学的概念所包含的内容。在我们那个时代，一些哲学家把哲学比作富饶的果园：自然哲学就是果树的伟岸，伦理学就是果实的丰硕，逻辑学就是那围墙的坚固。还有人把哲学比作鸡蛋：伦理学是蛋黄，它孕育鸡仔；自然哲学是蛋清，它给蛋黄提供营养；而逻辑学就是那鸡蛋的外壳，守护着哲学。还有人把哲学比作一个动物：自然哲学是血肉，伦理学是筋骨，逻辑学就是灵魂。

记者：

不管在哪个比喻中，逻辑学在过去的地位都要大于今天。

皮浪：

没错。在我们那个时代，逻辑学被视为哲学的一个基础，它拥有其他学科所不具备的作用。

记者：

这是什么原因呢？你可否解释一下？

皮浪：

对任何哲学来讲，认识论最重要。因为，研究人的精神是研究哲学的前提，唯有坚固我们的精神，才能守护我们的传统，才能让我们的智慧和德行得到不断巩固，而使我们的智慧和德行得到不断巩固的恰恰是逻辑学。伦理学固然重要，但是它的作用和逻辑学相比，还是稍微逊色的。因为，如果没有逻辑学作为基础，伦理学就会成为无本之木，就如同一座大楼没有了基座。还有，自然哲学固然也很重要，也很神圣，值得高度重视，但比较来说，它也是建立在逻辑学的基础之上的。归纳为一句话，我们那个时代的逻辑学，要比你们这个时代的逻辑学重要得多，也同样要比我们以前的时代重要得多。基础不牢，地动山摇。

记者：

你的话，我明白。在你们那个时代，逻辑学就是认识论，并不是仅仅作为哲学的工具。在哲学的体系中，逻辑学、自然哲学、伦理学三足鼎立。相比来说，逻辑学更具基础性，可以说它是哲学之所以能成为哲学的先决条件。你选择逻辑学作为批判的对象，实际上就是对整个哲学进行批判，就是来个釜底抽薪。是不是？

皮浪：

你说得完全正确。

五　人是不可被认识的

记者：

作为一种学说，你们怀疑主义者似乎对真理标准的问题持有疑义。

皮浪：

我们之所以认为真理标准这个问题是一个虚幻的假设，首先一条就是，作为真理唯一发现者的人这个概念是不可知的，是不可思议的。

记者：

你是实实在在的，我也是实实在在的，怎么一到你们这些人的嘴里，人这个概念就变得不可思议呢？

皮浪：

你不用提异议，我慢慢给你分析一下你就明白了。

记者：

请讲。

皮浪：

在我们希腊历史上有很多哲学流派，他们对人的概念有许多定义，但没有哪一个定义是站得住脚的。

记者：

比如呢？

皮浪：

比如，苏格拉底承认他不知道自己是一个人还是别的什么东西；德谟克利特说“人就是大家都知道的”。按照德谟克利特的说法，我们知道狗，难道狗就成了人？有好多人我们不知道，难道他们就不是人啦？按照德谟克利特的说法，是不是可以得出这样一个结论，世界上没有谁可以成为人？

记者：

何出此言呢？

皮浪：

德谟克利特说“人就是大家都知道的”，而事实上在这个世界上没有人会被所有的人知道。既然如此，那么也就不存在“人”啦。还有，德谟克利特认为万物皆是由原子和虚空构成的，那么我要问：别的物体是不是同样也是由原子和虚空构成？别的物体从本质上讲和人有什么区别呢？

记者：

听你所讲，似乎也有一些道理。

皮浪：

伊壁鸠鲁说，人是具有生气的一个形体，这就是他对人的定义。依照他的定义，人必须被指出来才能为人所知晓。那么没有被指出来的人就不是人了么？如果被指出的是一个女人，男人就不是人了么？还有，斯多亚学派和逍遥学派（亚里士多德学派）说人是理性的动物，能接受理智和科学。

记者：

斯多亚学派和逍遥学派似乎说过这个观点。

皮浪：

不是似乎，他们就是这么定义人的。按照这个概念，拥有理性的动物，能够接受理智和科学的动物才是人。那么，那些没有获得全部科学，在理性上不完全的人难道就不是人了么？依照这些说法我们不难得出结论，人这个概念是不可思议、不可定义的。那么让这样一个不可思议、不可定义的东西去作为真理的发现者和判断者，那不同样是不可思议的吗？

六　即便人可认识，也不能充当真理的判官

记者：

你的观点很明确，因为人这个概念是不可认识的，所以人就不应当充当真理标准的裁决者。是不是这个意思？

皮浪：

并非如你说得那么简单。我的观点是：即使人是可以被认识的，人也不能充当评判真理标准的法官。

记者：

这是什么原因呢？

皮浪：

这里面的原因很复杂，但是有一点是很明确的，那就是，什么样的人有资格来担任判断真理标准的判官。

记者：

一般来讲那些被公认为智慧之人的人，也就是所谓的贤者、大家，他们应该是有资格的。

皮浪：

问题是哪一家的贤者有资格。是斯多亚学派的贤者，伊壁鸠鲁学派的贤者，还是犬儒学派的贤者？这一点是大家无法取得一致的。还有，即便你是某个时候被公认为大家、贤者的人，也不行。

记者：

这是为什么呢？

皮浪：

很明显的事情，后来者可以居上嘛。即便你是现世的大师和伟人，但未来的人一旦超过你，那么你作为当下的学者所做的一些判断是不是要修改呢？

记者：

按理说应该修改。如果出现更有智慧的人，此前最有智慧的学者所做的判断是应该做出调整的。但问题是，也不一定会出现比他们更出色的人了。

皮浪：

即便如你所讲，也不行。即使那些当下被认为是贤者的人，有的时候也喜欢故弄玄虚。他们搞不清很多东西，就经常把一些东西弄得神叨叨的，让人们无法辨别。好多东西经过他们的判断就变得像云像雨又像梦了，谁也搞不清楚。

记者：

依照你这一说法，真理难道就真的没有标准了吗？如果所有人都一致同意，这就应该成为标准的呀！

皮浪：

你的说法毫无意义。

记者：

为什么？

皮浪：

人和人之间聪明的程度是大不一样的，有的时候一个人可以比绝大多数人都聪明。你所讲的众人一致，让大家达成某种一致的意见，几乎是不可能的。还有，世界上的人是无穷的，你不可能一一地问人家。因此，你所讲的众人一致的说法也是不可能的。

记者：

你的观点很明白，也就是说，人是不可以认识的；即便人可以认识，也不能成为判断真理标准的判官。

皮浪：

就是这个意思。

七　感觉或理性：都不能作为裁定真理的工具

记者：

根据与你的交谈，你否认人可以作为发现真理、判断真理的主体。如此一来，真理本身就不可能存在。你否定真理与真理标准，还有别的考虑吗？

皮浪：

退一万步，即便我们假定人可以成为认识真理的主体，我想问你一个问题，人用什么东西来判断真理呢？也就是说人是用什么尺度来衡量是否为真理呢？

记者：

判断人间理论的正确与否，其标准要么是感性的知识，要么是理性的知识，要么是感性和理性相结合的混合性知识。离开了这些东西，我不知道还有什么可以服务于人类来发现真理、判别真理。

皮浪：

你说得没错。但是，我要告诉你，就人的感觉来说，无论是人的感觉本身还是感觉的对象，都是虚假的。

记者：

怎么讲？

皮浪：

德谟克利特、巴门尼德都认为，人类感觉的对象都是空洞的、不存在的。伊壁鸠鲁、普罗泰戈拉认为，人类感觉的对象有些是存在的，有些是虚假的。

记者：

你的看法是什么？

皮浪：

举个例子说一下你就会明白：对于同样的蜜，有人尝了，说是甜的；有人尝了，说是苦的。可见，蜜到底是苦的还是甜的，谁也说不清。

记者：

一般说来，身体正常的人会觉得蜜是甜的，而那些生了病的人，可能会觉得蜜是苦的。

皮浪：

你的意思是正常人看问题就不会出错？

记者：

是的。

皮浪：

你说得也不对。我们观察的东西离我们远就显得小，离我们近就显得大。其实，物体的大小应该是没变。同样就一个东西好吃不好吃来说，你饥饿时候的感觉和吃饱时候的感觉是不一样的。由此可见，作为感觉和感觉的对象本身都是虚假的、不真实的。用这种不真实的东西作为尺子去衡量人间的真理，显然是很荒谬的。

记者：

既然感觉不行，那人的理智、理性及相关的知识应该是可以的吧！

皮浪：

也不行。有的人认为一切都不存在，理智也不存在；有的人说理智可能存在。在我看来，理智也是人的主观的一种状态，在不同时间、地点人的理智程度是不一样的。因此，我们不能用理智来作为判断万物的标准。

记者：

有人会说既然感性不行、理智不行，把二者结合，可以不可以呢？

皮浪：

愚不可及的一个问题。我们既然说感性知识不能作为判断真理的标准，理性知识也不能作为判断真理的标准，两个假的东西结合在一起，依然是假的。

八　对神的不信任

记者：

苏格拉底是怎么死的，你应该知道吧？

皮浪：

知道。

记者：

伊壁鸠鲁是怎么死的，你也应该知道吧？

皮浪：

我知道。你什么意思？他们无非是由于给城邦——也就是你们现在所讲的国家——引来新神而遭到刑事追究，你想表达什么呢？

记者：

我是说，苏格拉底、伊壁鸠鲁因为给国家引入新神，遭到国家严刑峻法的处理，从而丢掉性命，而你们这些怀疑主义者却对神予以质疑，这是对神的亵渎，其危险性你不可能不知道吧？

皮浪：

我知道。但作为一个哲学家，不能为了活命而拒绝对这些观点发表看法。

记者：

你就是这么执着？

皮浪：

是的。作为一个哲学家，对于任何一个未经证明的东西都不应该保持沉默。没有什么东西比草率的判断更糟糕了。不加批判地接受错误观点，或者顽固地坚持某些尚未充分探讨和理解的问题，更是缺乏我们哲学家的尊严，缺乏哲学家的伟大。

记者：

既然你说到这个程度，咱们就言归正传。我见过你的徒弟们写的反对自然哲学家的一些著作。有一个问题，我不明白。

皮浪：

不明白可以问我。

记者：

你的学生蒂孟写过一本著作叫《驳自然哲学家》（*Against the Physicists*），书名明明是反对自然哲学，但是通篇都是在写神，好像是神学著作。这背后是什么原因呢？

皮浪：

自然哲学无非包括三大领域。第一个领域是本体论，它研究万事万物的本原或者说原因。第二个叫宇宙论，它是研究宇宙是怎么来的：一个无序的世界，它是怎么从无序走向有序的；世界怎么从混沌而变得有规律的。第三个领域是其他一些问题，如运动、空间、有限、无限等，这些都是我们哲学要研究的问题。

记者：

那自然哲学在你所研究的问题里面，属于哪个部分？

皮浪：

在自然哲学中，研究万物的本原、原因，这是最为重要的。几乎所有哲学家都认为，万物的原因可以分为能动的原因和被动的原因。前者高于后者，也就是，能动的原因高于被动的原因。

记者：

那你所讲的能动的原因是什么？应该是自然的原因吧？

皮浪：

错。在我们希腊的哲学家看来，神是促使万事万物变化的最能动的原因。可以说，神不仅是自然哲学的核心，甚至是整个哲学的核心。在我们那个时代，天就是神，天文学就是神学，神学就是天文学。把神的问题研究透了，对自然的问题也就研究透了。

记者：

在我们这个时代，我们研究万事万物的本原，就是研究万事万物背后的原因。弄清楚了这些东西，就弄清楚了宇宙的本原。按照你所讲的，在你们那个时代，天就是自然，就是神，研究天，就是研究神学。因此，你批判自然哲学，也就必然走向批判神学。

皮浪：

你总结得很好嘛。我们的观点就是，神既然被学者们认为是万事万物变化的根本原因，而我们对这种类型的自然哲学心存怀疑，那必然引导我们对这个所谓的神的存在提出质疑。

记者：

在你看来，以前的哲学家关于神的观点都存在什么问题呢？

皮浪：

一般来说，任何一个哲学家研究任何问题，最终都要在研究的这个物体的本体、形式、出处、质量等方面形成概念，这个研究才能说是有价值的。如果不能细化到这个程度，轻飘飘地谈论研究对象，是毫无意义的。

记者：

你的这些话是对的。这与神有什么关系呢？

皮浪：

但是，很多哲学家在研究神的问题时，大多数处于轻飘飘的状态：有人说神是有形的，有人说神是无形的；有人说神是处于世界之中的，也有人说神是处于世界之外的。一人一言，千人千语。我们如何获得为大家所接受的关于神的普遍概念呢？

记者：

显然不能吧。

皮浪：

一些哲学家指责我们，说我们只要把神理解成为某种不灭的存在就行了，何苦鸡蛋里面挑骨头呢？这话是错的。如果我们对事物的本体都不了解，那么，我们如何去判断事物的属性呢？断言神是存在的，会说神对万事万物有安排，或没有安排。如果是前者，既然神对我们的宇宙做了周密的安排，那么神怎么会把邪恶的东西安排到宇宙中来呢？如果是后者，既然神对整个宇宙没有安排，那么神就没有力量、没有意志。这不是对神的大不敬，又是什么呢？还有人说有用就是神，人有用难道人就是神？很多动物对于我们来说有用，难道这些动物也是神？

记者：

通过与你的交谈，我越来越感觉，你们这些怀疑主义者很少直接说出自己的观点，你们更多地是用否定别人的看法来阐述自己的观点。

皮浪：

也可以这么说。我们怀疑主义者对很多问题不愿意说出自己的看法。在我们看来，对事物做出的任何肯定性或者否定性的判断，都是武断的。

九　我并非无神论者

记者：

根据我们刚才的讨论，很显然，你是不相信神的存在的。但是，我通过研究后来的怀疑主义者的学说，发现似乎好多人的看法与你的观点不相符合？

皮浪：

在对你刚才提的问题讨论之前，我想问一下，哪些人与我的观点不一致呢？

记者：

比如西塞罗。此人当过罗马的皇帝，他写过一本书，名字叫作《论神性》。

皮浪：

他说过什么话，让你得出我否定神的存在这个观点呢？

记者：

我没有说西塞罗的书让我认为你是个无神论者，那是我个人的看法。

皮浪：

那西塞罗的书是怎么说的呢？

记者：

在这里，我不妨读给你听听。西塞罗在他的《论神性》中说："一些人急于用许多论证来巩固诸神的存在。对我来说，只需一个理由就足以论证诸神的存在，即这是我们祖先的传统信念，而无须借助权威、诉诸理性。"

皮浪：

那你是如何看待西塞罗的这段话的？

记者：

根据西塞罗的这段话，似乎你们这些怀疑主义者，也并非是无神论者。

皮浪：

你的感觉没错。我们怀疑主义者并非无神论者。

记者：

那你用那么多的文章对神提出批评，难道仅仅是因为害怕遭受与苏格拉底、伊壁鸠鲁同样的惩处，而不得不做出的表达吗？

皮浪：

错。在神的存在这个问题上，我们与所有的有神论者都是一样的，我们从来没有否认神的存在。但是……

记者：

但是什么呢？

皮浪：

但是，我们认为那些哲学家运用他们的理论，来提出证明神的存在的理由，是错误的。他们所提出的证明神存在的那么多理由，在我们看来都是值得怀疑的。我们和他们是在证明神存在的方法上不同，而不是对神是否存在的看法上，有什么本质的不同。

记者：

那你认为，证明神的存在，应该用什么理论呢？

皮浪：

严格来讲，我们反对企图证明神的存在的任何做法。但你既然提到这个问题，我同意西塞罗的看法，那就是祖先已经告诉我们神的存在，我们就应该尊重这些权威，而不应该求助于什么理性，求助于什么哲学。我们从内心深处相信他们就足够了，无须去进行什么证明。我们的证明越详细，就越荒唐。

十　善恶是非无标准

记者：

作为一个哲学家，不可避免地要研究伦理问题。根据我的研究，你所在的那个时代，似乎各个哲学流派都要研究伦理问题，都要研究道德问题。

皮浪：

是的。在我们那个时代，哲学从某种程度上都是以伦理学为主要取向的。无论是哪个哲学流派，都要去研究伦理学。

记者：

苏格拉底因为曾经对一些道德问题提出自己的看法而丢掉性命，而你们怀疑主义学派则公开对道德予以否定。你们有没有想过，这样做要承担很大的风险？

皮浪：

你对我们怀疑主义者还是缺乏深入的了解。我反复强调，我们怀疑主义者并非是反道德、反伦理的。我们只是说，有很多问题不好判断。

记者：

人世间的很多问题，并不像你们想象得那样复杂。是就是是，非就是非，善就是善，恶就是恶。哪有那么多的疑问呢？

皮浪：

你的表述有问题。世间有很多事情是说不清、道不明的。就一匹马来讲，当人们告诉你，马是一种能够嘶鸣的动物，你能知道马是什么样的吗？嘶鸣仅仅是作为马的一个属性，对于不认识马的人来说，是不可能根据马能够嘶鸣这句话，而知道马是什么样的。同样，一个人不知道牛是什么，如果有人告诉他牛是能够吼叫的动物，他同样不会知道牛是什么样的。这种情况同样适用于对好、坏、善、恶这些道德概念的判断。

记者：

你的话似乎有一些道理。

皮浪：

简单地说，我们以最简单的词“好”为例，你能告诉我什么是“好”吗？

记者：

好就是好呗。

皮浪：

你的表述是循环定义。在实际生活中，有人说所谓“好”就是有用；有人说

“好”就是有助于实现幸福；有人说“好”就是能够让人心情愉快。实际上，这些说法只是陈述了“好”的某一个属性而已，并没有告诉我们“好”是什么。

记者：

你想表达什么？

皮浪：

我只是说，在伦理学领域，关于什么是善，什么是恶，什么是对，什么是错，是没有标准的。同样，在实际生活里面，也是没有是非善恶标准的。在神话里面也同样如此，许多风俗习惯，在有的人看来是好的，但在有的人看来却是不好的；做某件事，在有的人看来是善，但有的人则认为是恶。

记者：

那你说来说去，还不是否定道德存在的必要性吗？

皮浪：

我再给你强调一遍，怀疑主义者不认为不存在真理这个东西。我们只是认为，这个东西无法判断。同样，我们也不否认伦理或者是道德的存在，我们只是认为它的标准是人类所无法把握的。这就是我们的观点。

十一　教育否定论

记者：

早在苏格拉底和柏拉图生活的时代，他们就对教育问题进行了深入的研究。我在柏拉图的《普罗泰戈拉篇》和他的《美诺篇》多次看到他研究关于美德的教育问题。

皮浪：

没错，无论是苏格拉底还是柏拉图，他们都非常重视教育问题。柏拉图的《理想国》，与其说是一部政治学著作，或者一部法学著作，还不如说是一部关于教育的著作。

记者：

柏拉图的教育思想，对我们这些现代人影响都很大。

皮浪：

这没有什么好处。

记者：

你是什么意思？

皮浪：

我的观点与苏格拉底和柏拉图的观点不完全一样，甚至是有非常尖锐的矛盾的。

记者：

这个矛盾体现在什么地方呢？

皮浪：

在苏格拉底和柏拉图看来，人可以通过学习美德而变得更加高尚，人可以通过学习生活技艺而变得更为成功。

记者：

难道不是吗？

皮浪：

当然不是。

记者：

愿闻其详。

皮浪：

如果教育是可行的话，人人都会通过学习美德而变成圣人，人人都可以通过学习生活技艺而变得更为成功。如此一来，人人都是道德高尚之人，人人都可能成为功成名就之人。而实际上大多数人都是坏人，大多数人都不成功。这说明教育是没有用的。

记者：

你的观点很另类，可否详细解释一下？

皮浪：

我正在说嘛。为了进行教育，必须有三种东西，第一种是被教的东西，也就是教育的内容；第二种是老师和学生；第三种是教学的方法。

记者：

你的观点，我同意。离开这三大类东西，教育无法进行。

皮浪：

但是……

记者：

但是什么呢？

皮浪：

首先，我要告诉你，被教的东西是不存在的。关于这些东西的观点，我在别的地方也多次讲了。

记者：

希望你讲得更清楚些。

皮浪：

被教的东西，不能是假的，因为假的是不真实的，所以是不存在的。而事实上，在我们这个世界上，所谓真的东西是不存在的。不存在的东西，你就不可能让人们明白，因而这些东西你就不能讲，也不能教；教多了，别人会更加糊涂。所以说，被教的东西也就不存在。也就是说，不存在用来让你可以教学生的内容。这是一点，第二……

记者：

请讲。

皮浪：

第二，老师是不存在的。

记者：

你有你的老师，我也有我的老师，怎么说老师是不存在的呢？

皮浪：

请你不要插话，听我慢慢讲。专家不能教专家，既然大家都是专家了，就没有必要再相互教来教去。非专家不能教非专家，大家都是非专家，你教来教去是越教越偏，这种教育还有什么意义？还有，非专家不能教专家，你本来就不是什么专家，还要去教专家，这岂不是太可笑？

记者：

那让专家来教非专家，这是可以的吗？

皮浪：

这个也不行。

记者：

为什么不行呢？

皮浪：

这一点，我们已经在很多地方都探讨过了。在这个世界上根本就不存在什么专家。首先，专家不是天生的；其次，通过学习成为专家，也不可能。你不可能通过上几门课、看几本书就成为专家的。最后，也不存在所谓的学生。

记者：

荒唐得很。你曾经当过学生，我也曾经当过学生，怎么不存在学生呢？

皮浪：

你不要急，听我说。如果学生是非专家，他就不可能去学习他所不懂的关于道德和生活技巧的东西，正如天生的盲人不会要求去看什么颜色一样。如果他要去学习某种东西，就说明他已经知道有某种东西了。既然知道了，那么他本身就是专家了。所以说，这么一来，他本身就既是专家又不是专家了。由此可见，没有教师，没有学生，也不可能有什么方法来供人们进行教授。

记者：

我不太同意你的这些观点，我认为你这是强词夺理。

皮浪：

不管你同意不同意，我还是坚持我的观点。在这个世界上，没有教育内容，没有老师，也没有必要说任何人是学生。教育是没有用的，这就是我的观点。

十二　后来者的超越

记者：

你桃李满天下，在你的学生中，最让你得意的是谁呢？

皮浪：

当然是蒂孟了。

记者：

听说蒂孟曾经是一个跳舞者，一个跳舞者怎么能够成为哲学家呢？

皮浪：

英雄不问出身，难道哲学家就必须问出身吗？我的这个学生年轻时曾经是学习跳舞的，但他后来就放弃了跳舞，开始学习哲学。尤其是，他还是个了不起的文学家、了不起的诗人。

记者：

是吗？

皮浪：

没错。蒂孟写过很多史诗、悲剧、喜剧，据说他写的喜剧有 30 部之多，悲剧有 60 部之多。

记者：

听说你的这位学生还写了不少骂人的诗？

皮浪：

我的这个学生是一个怪才。他能用文学的语言写哲学，也能用哲学的语言写文学。他的著作里面，或许嘲讽诗最有名气，他几乎骂遍了天下所有人。当然了，我他是没有骂过的，德谟克利特他是没有骂过的，普罗提诺他是没有骂过的，普罗泰戈拉他是没有骂过的。但除了我们几个人以外，似乎人人都被他骂过。

记者：

在哲学层面，蒂孟做过什么贡献吗？

皮浪：

蒂孟写过几本哲学著作，如《向智慧》（*Towards Wisdom*）、《论感觉》（*On Sensations*）、《论询问》（*On Inquiries*）、《驳自然哲学家》。他的哲学思想超过了我，我之所以为他感到自豪，原因就在于此。

记者：

那他的哲学思想有哪些值得关注呢？

皮浪：

蒂孟在他的著作中提出，日常经验是明白的，是人所不怀疑的。但一旦超出这一层次，去进一步断定经验的实在性，就踏入了不明白的领域。对于任何这类不明白的领域的结论，蒂孟认为，都应当保持“不断定”的态度。他的这个态度，就是对我的哲学的一个推进。还有……

记者：

还有什么？

皮浪：

我的哲学主要限于伦理学，但蒂孟不限于此。他还志在把我提出的很多理论扩展到物理学与逻辑学中去。

记者：

他提出过什么有意思的观点没有？

皮浪：

蒂孟在他的书中说，那些科学家，比如几何学家们，一旦遇到困难，便假设公理为不证自明的出发点。在蒂孟看来，这种做法是错误的。他认为，人们首先应该研究的是，通过这种假设推及的东西，是否能够被接受。言外之意，他认为对几何学家来讲，不能把所谓的公理作为不证自明的出发点。因为，这些所谓的公理来自感性经验，而这些感性经验是不可靠的。

记者：

你认为蒂孟的几个观点就是对你的哲学的所谓推进？

皮浪：

是的。

十三　灵魂的安宁乃是哲学的终极目的

记者：

你反复强调，你提出怀疑主义的目的是，帮助人们免除人间的烦恼、追求心灵的平静。

皮浪：

是的。帮助人们免除人间的烦恼、追求心灵的安宁，确确实实是哲学的终极目的。

记者：

那我想问一下，你说的烦恼，具体是什么？是有一种，还是有好几种呢？

皮浪：

这个问题，你问到点子上了。人间的烦恼大概有两大类，一类是哲学家的烦恼，一类是一般人的烦恼。

记者：

或许是的。不知道别人是怎么想的。在我看来，作为一个哲学家，就应该去研究事物的各种矛盾、各种冲突。在这种基础上，要寻求某种合理的或者说是对的观点，去予以采纳。

皮浪：

是的。但是，大多数搞哲学的人最终都是很难实现其目的的，绝大多数人都陷入各种各样的相互冲突的观点之中，找不到出路。这就是哲学的烦恼。为了摆脱这种烦恼，哲学家就去思考，希望通过弄清楚这些问题，以求得心灵上的安宁。这就是哲学的目的之一。

记者：

那你所说的凡人的烦恼又是什么呢？

皮浪：

凡人的烦恼与日常的生活实践有关系。生活在这个世界上，生老病死是每个人都会遇到的事情。如果不能正确对待这些事情，心灵上就会大起大落，心灵就会痛苦。

记者：

你的哲学也要为这些人解除烦恼，找到答案？

皮浪：

是的。作为一种哲学，我们怀疑主义哲学，不仅要为那些哲学家研究世界提供答案，同时也要为普通人提供摆脱烦恼的方法和路径。

记者：

能够找到吗？

皮浪：

当然能找着。人们一旦看透了这个世界是不可知的属性，就不会过分地去关注这个世界的本质之类的虚无缥缈的东西，也就不会因为国家的兴盛衰亡而大悲大喜，就能够坦然地面对人间的一切烦恼。我们怀疑主义哲学，也将为解除这些烦恼而找到答案。

十四　我们不是不可知论者

记者：

你对哲学的批判，可以说是狂轰滥炸，可以说是铺天盖地，你对逻辑学进行了批判，对各门具体科学也做了批判。你这样做，特别容易让人怀疑，你们这些怀疑论者就是一些不可救药的不可知论者。似乎在你们这里，一切都不存在，真理标准不存在，真理本身也不存在。总之，一切都是不可知的。

皮浪：

这种说法是天大的误解。

记者：

你为什么这么说呢？

皮浪：

我只想告诉你我们并不是这样的。我们想表达的意思是，有些人宣传存在着真理标准，如斯多亚学派的一些人；还有些人说不存在真理标准，如科罗封的色诺芬尼。但是，我们的看法与他们完全不同。对于是否存在真理，是否存在真理的标准，要采取悬搁的办法，也就是说不要去深究、不要去做出判断，这就是我们的观点。但我们这么做，并不意味着我们认为世界是不可知的。

皮浪简传

皮浪（Pyrrho of Elis，公元前360—前270年），又译为毕洛或皮罗，被称为“埃利斯的皮浪”。他是古希腊怀疑派哲学家，怀疑主义创始人，早期怀疑主义代表人物。

皮浪出生于希腊城邦埃利斯，早年做过画匠，后改学哲学，追随德谟克利特的继承者阿那克萨库多年。他曾参加亚历山大东征军队的远征，到过印度。他生前无著述，以独特的生活方式赢得同时代人的尊重。有人甚至把他在哲学史上的地位与苏格拉底相比。他的思想经过传记作家拉尔修和恩披里柯介绍，受到各派哲学家重视。

皮浪的口号是：“不做任何决定，悬搁判断。”“悬搁”的意思是中止，既不肯定，也不否定。他主张悬搁对事物的判断，其理由是事物本身具有不确定性。皮浪声称，事物都是没有差别的、不可预测的和不可判断的。由于这些原因，我们的感觉和意见都不能告诉我们真理或错误。因此，我们一点也不能相信事物，而应该无意见，不介入，不动摇；对任何一个东西都说它既不是，也不非，既同为是和非，又不同为是和非。真正采取这种态度的结果首先是沉默，然后是没有任何烦恼。“悬搁判断”的理论意义是避免了怀疑的悖论。

皮浪并没有形成较为系统的理论，只是奠定了怀疑主义的基础，确立了思考方向和原则，并把这种原则用于实践，因而他的思想被称为怀疑主义的实践性阶段。真正使其具有理论形态的是晚期怀疑主义。

第二章　自然与快乐

——对话伊壁鸠鲁

引　子

提起伊壁鸠鲁这个名字，恐怕无人不想起“享乐即是目的”这句话，这句话堪称伊壁鸠鲁学派的标志性符号。伊壁鸠鲁学派与斯多亚学派、怀疑论学派一起构成古希腊晚期哲学的三大主流门派。伊壁鸠鲁学派的创始人就是我们的主人公——伊壁鸠鲁。

伊壁鸠鲁学派虽然与其他两大学派一起“称雄当世”，但其命运却不尽相同。在哲学史上，伊壁鸠鲁学派学说备受争议与诟病，古代乃至今天的很多读者常常误以为伊壁鸠鲁学派怂恿人们追求无节制的感官生活。

而在现代学者看来，伊壁鸠鲁学派的主张并非刻板地抄袭了德谟克利特的原子论，甚至认为原子论根本不是伊壁鸠鲁学派学说的中心。伊壁鸠鲁学派学说有其内在深刻的创造性，甚至是现代性，其直指生命当下存在的关切，始终以治疗天下苍生的心灵疾病为哲学己任；鼓励人们放弃对上帝、死亡的恐惧，让哲学充满人性，让哲学最终回归人性；苦口婆心、不厌其烦地教诲，旨在教育人们诉诸智慧，把心灵从迷信的牢笼中解放出来，从而使每个人的人性日益健康而丰富，最终实现至善和快乐。让我们走近伊壁鸠鲁。

一　平民们的“花园”

记者：

好多书说你特别喜欢交朋友，说你“有时会为朋友而死”。我虽然不会为朋友而死，但是我特别珍惜与朋友的友情。

伊壁鸠鲁：

拥有友谊乃人生莫大的幸福，我希望能与所有的人都成为朋友。我在一座花园里开办学校，我对学生的态度从来就不是居高临下的，而是交朋友式的。那种虚情假意的贵族派头，我最瞧不上。我出生于普通市民之家，最喜欢与最普通的贫民打交道。

记者：

据说你把你的学校赞美为一个“神圣的团体”，但据我了解，你的学校，知识分子们可以去，仆人可以去，就连妓女们也可以去，甚至这些姑娘们可以住在你的学校，是吗？

伊壁鸠鲁：

是的。众生平等，国王是人，大臣是人，工人是人，农民是人，读书人是人，妓女难道就不是人吗？人人平等，谁来到我这学习，我都应该平等待之。

记者：

什么人都可以注册成为你的学生，你如何对他们进行教育呢？

伊壁鸠鲁：

我有办法。

记者：

请说说。

伊壁鸠鲁：

我有一封书信，名字叫《致希罗多德的信》，里面说得很清楚，你看是这样写的：

> 对于那些没有能力仔细研读我写的关于自然的所有文字，或者根本无法通读我撰写的那些篇幅大的著述的人，我已经为他们准备了整个体系的一个概要，以便帮助他们充分地掌握最重要的原理，使得他们在需要的时候，能够依靠对于自然的学习，运用那些关键要点帮助自己。那些对整体理论已经有了相当深入的认识的人，也应当不断背诵整个体系的要点大纲。因为我们常常需要的是一个总体把握，而不是细节知识。
>
> （伊壁鸠鲁：《致希罗多德的信》，载［古希腊］伊壁鸠鲁、［古罗

马］卢克莱修：《自然与快乐：伊壁鸠鲁的哲学》，包利民等译，中国社会科学出版社 2004 年版，第 3 页）

二 让别人骂去吧！

记者：

你的学校确实办得不错，但我听说你在雅典非常不受学界同行的待见，一些资料说你在当时的雅典哲学界非常孤立。

伊壁鸠鲁：

你说得太文雅了。我在雅典，简直就是一个孤家寡人，仇敌无数，四面楚歌。

记者：

你分析过原因没有？为什么你那么不受人们的欢迎呢？

伊壁鸠鲁：

我当然心知肚明。我到雅典开办学校是在公元前 306 年左右，那时亚里士多德刚刚去世，亚历山大大帝也是去世不久。在雅典哲学界，柏拉图和亚里士多德的哲学一统天下，想在这种局势中打出一片天地，打造自己的山头，必然招致哲学界同行们的打压。这是再正常不过的事情了。

记者：

我想知道，人们到底攻击你什么呢？

伊壁鸠鲁：

雅典的那帮哲学家是小人，他们攻击我的出身没有他们荣耀。

记者：

英雄不问出身，如果他们抓住这些大做文章，那就不是真君子了。据我所知，你的父亲是个教师，母亲也来自规矩人家，有什么值得攻击的呢？

伊壁鸠鲁：

这帮人考证我的籍贯，嘲笑我不是正宗的雅典公民，说我不过是一个雅典海外殖民者的后代。他们还嘲笑我家境贫寒，拿我小时候与母亲挨家挨户推销小商品说事。年轻时，我帮助父亲给人家补课，他们也绘声绘色地加以挖苦。

记者：

如果仅仅依据这些，他们就说你是“最没有文化教养的人”，说你是“最无耻的家伙”（［古罗马］第欧根尼·拉尔修：《名哲言行录》，第10卷，第2节，徐开来、溥林译，广西师范大学出版社2010年版），那真是荒唐。他们除了拿你的身世说事外，还说什么乱七八糟的话呢？

伊壁鸠鲁：

他们还说我的哲学是“业余”哲学，说我的哲学是从德谟克利特等人那里剽窃过来的。

记者：

我明白，他们这些人都自视为正宗，是“山寨版”，是难登大雅之堂的，是不是？他们这样说显然不对。

伊壁鸠鲁：

谢谢！理解万岁！

记者：

不过……

伊壁鸠鲁：

你想表达什么？

记者：

我想说的是：他们说你的哲学是从德谟克利特等人的哲学中剽窃过来的，虽然这种说法显然不对，但根据我的研究，你的哲学确实与德谟克利特等人的哲学有很多相似之处啊。你如何解释这种相似性？

伊壁鸠鲁：

既然你也如此认为，我还真必须给你说道说道。

记者：

你说。

伊壁鸠鲁：

这些人之所以攻击我的哲学不专业，很“业余”，原因不外乎有两条：第一条，我喜欢自说自话，不喜欢引经据典，连最起码的引文也没有……

记者：

第二条是？

伊壁鸠鲁：

第二条，在他们看来，我的哲学不是抄自德谟克利特，就是抄自昔勒尼学派的哲学。

记者：

人家说得不对吗？

伊壁鸠鲁：

当然不对。在我看来，当时一些占据主流的哲学基本上都是胡说八道。好多哲学家简直就是毫无脑袋的软体动物，除了人云亦云以外，没有任何主见。柏拉图如此，我经常听其讲课的瑙西芬也是如此。

记者：

你对你的老师也是如此评价？

伊壁鸠鲁：

严格说来，我没有老师，我就是我自己的老师。可怜的雅典哲学家们，一天到晚都是胡说八道，没头没脑。我的学生们说他们是“吹牛”“造假的”“傻瓜”……我完全赞同。

记者：

你的学生，我记得是一个名叫科洛特的学生，竟然谩骂雅典的哲学家是“娼妓”“杀人犯”“低沉呻吟者”“干尽坏事者”……如此不堪入耳的语言，是不是太过分了？你们用这些下三滥的语言去评价别人，别人怎么能用好听的语言去评价你们？

伊壁鸠鲁：

这点是我们不对。

记者：

我同意普鲁塔克对你们的评价：肆无忌惮的谩骂，表现的不过是你们这个学派对主流哲学的嫉妒；谩骂绝对不是战斗，在神圣的哲学战场，嫉妒与谩骂绝无一席之地。

伊壁鸠鲁：

论战中出现一些过激的言论，其实也没有什么好奇怪的。无论是我们批评别人，还是别人批评我们，都是如此。但有一点我必须表明我的看法：我的哲学就是我自己的，任何人都不是我的老师。著书立说，要点是要有自己的东西，何须引经据典，何须拉大旗作虎皮！

记者：

致命的傲慢！

伊壁鸠鲁：

如果要我处处引经据典来证明自己的观点，我的大脑那不就成为别人思想的跑马场了，我自己就不复存在了。与其如此，不如扔掉纸笔，回家种地算了。

记者：

雅典的哲学家们做梦都想把你和你的哲学赶出雅典，结果如何呢？

伊壁鸠鲁：

结果当然令他们大失所望。他们对我的哲学攻击得越厉害，到雅典来学我哲学的人就越多。我的信众，人数众多，而且都特别虔诚。我不知道还有哪位雅典哲学家的影响超过我。一句话，让他们骂去吧！我的哲学我做主。

三　原子论并非我的研究中心

记者：

据说你曾经写了大量的著作。

伊壁鸠鲁：

是啊。

记者：

可惜，公元 79 年的维苏威火山喷发，一场大火几乎烧掉你的所有心血。

伊壁鸠鲁：

还有这事？！

记者：

只有一些或长或短的残片留了下来，现代人只能根据这些残片来研究你的思想，其他资料都是二手的。研究了这些资料，我感到有点困惑，你是一位伦理学家，擅长于谈论道德，却要去研究原子论，莫非你想让后人记住你还是一位自然哲学家或科学家？

伊壁鸠鲁：

谬矣！德谟克利特提出原子论，更多地是从一位自然哲学家或科学家的角度去研究，而我则与他不同。

记者：

不同点在哪里？

伊壁鸠鲁：

在德谟克利特那里，原子论就是他的研究中心，原子论就是原子论。而在我这里，原子论并非我的研究中心。

记者：

那你的研究中心是什么呢？

伊壁鸠鲁：

我的哲学从本质上算是快乐哲学。

记者：

后人中确实有人把你的哲学与一位名字叫作尼采的哲学家创立的哲学一起叫作快乐哲学。

伊壁鸠鲁：

总之，一句话，我的哲学中心在于伦理学，不在于原子论。原子论只是我伦理学的基础而已。谈论原子，完全是研究快乐人生所需。好多人看不出来，以为我的学说就是原子论，抓住我理论中的细微瑕疵大做文章，实在是没有抓住根本。

四　“没有任何东西可以从无中产生”

记者：

你在《致希罗多德的信》中说“没有任何东西可以从无中产生”，是不是意味着所有的东西都是从“有”中产生的呢？那这个所谓的“有”又到底是什么呢？

伊壁鸠鲁：

是的，我说过这句话。无，就是没有，就是不存在。天地之间，没有任何东西能从无中产生，也没有任何东西消失之后再复归于无。那天下万物从何而来呢？

记者：

是啊，我正想问你呢？

伊壁鸠鲁：

既然万物的存在是一个无可争辩的事实，那就说明必定存在一个能够产生宇宙万物的最原始的东西，我姑且称之为“始基”，万物从这个所谓的“始基”得以产生出来，也最终复归于它。所有新生事物都是从这个“始基”获得生长和发展的原料和动力的。

记者：

这个所谓的“始基”不会就是你和德谟克利特心目中的原子吧？

伊壁鸠鲁：

被你说中了。“始基”就是有，就是既作为万物开端，也作为万物之归宿的有。直来直去地说，它就是原子。

记者：

原子终于横空出世了！

记者：

你刚才说，所有新生事物都是从原子中获得生长和发展的原料和动力……

伊壁鸠鲁：

我用质料来代表这种原料和动力。

记者：

据说你还提出过“质料不灭”和“质料总量守恒原理”，如何理解？

伊壁鸠鲁：

逻辑推理自然得出的两个结论。

伊壁鸠鲁：

是的。原子这样的元素和始基，是不可再分割的、不可变化的，它具有坚固充实之本性。它永远是有，它无处可消灭，也无法消灭。总之，有就是有，永远不可能成为无。这就是质料不灭原理。

记者：

“质料总量守恒原理”是什么？

伊壁鸠鲁：

这个原理大概意思是：既然质料是不灭的，质料又必然来自原子本身，不可能从其他无中产生出来，质料的总量就是恒定的。再往深处说，就是：就事物总体来说，它过去一直是现在这个样子，而且将永远是这个样子。在事物的总体即宇宙之外，不存在它可以变化为其中一部分的别的东西。

记者：

那是不是意味着事物的总体，也就是你说的宇宙之外不存在任何东西？

伊壁鸠鲁：

是的。也自然没有别的什么事物，可以对事物的总体施加任何影响，或进入事物的总体之中。

记者：

通俗地说，宇宙是唯一的存在，宇宙之外无宇宙，宇宙之外无世界，所以作为总体，事物便不可能有任何变化，因而恒定不变。

伊壁鸠鲁：

正是。

五　宇宙“总体”而言是无限的

记者：

你说宇宙总体上虽然是守恒的，但是就其总体而言则是无限的。我有点犯迷糊。既是守恒，既是恒定，那自然就是一个确定的存在，也就是说是有限的。有限与无限可是天壤之别啊！此间的矛盾你如何去解释呢？

伊壁鸠鲁：

本无矛盾！

记者：

听你自圆其说。

伊壁鸠鲁：

宇宙总量系由两个部分组成，一为原子总量，一为虚空总量。原子的总量是无限的，虚空的总量也是无限的，因此，作为宇宙，其总量也是无限的。如果虚空无限而原子有限的话，原子则无法停留在任何地方，原因在于没有某个支点来支撑原子，或者挡住原子的四处流溢。如果虚空有限而原子无限，那么无限的原子将无处安身。所以说，无论是原子还是虚空都是无限的，因而宇宙的全体也自然是无限的。

记者：

罗马诗人卢克莱修在其《万物本性论》中如此写道："大自然不会使万物的总体为自己立下限度，因为它迫使虚空包围物体，又再让物体包围虚空，通过这样的不断交替，大自然使宇宙无限地延伸。而且，即使其中的一样没有被另一样包围，它自己也会无限伸展下去。"（卢克莱修：《万物本性论》，载［古希腊］伊壁鸠鲁、［古罗马］卢克莱修：《自然与快乐：伊壁鸠鲁的哲学》，包利民、刘玉鹏、王纬纬译，中国社会科学出版社2004年版，第88页）

伊壁鸠鲁：

这位诗人简直就是我肚子里的蛔虫，他表达的思想就是我想表达的。

记者：

斯多亚学派似乎也持这个观点？

伊壁鸠鲁：

基本相同。他们的观点是："整个"宇宙是有限的，而"全部宇宙"是无限的。

记者：

什么意思？

伊壁鸠鲁：

在斯多亚学派的理论中，所谓的"整个"宇宙是指万物充满的存在总体，这里自然不包括虚空，因而宇宙便是有限的。而"全部"宇宙不仅包括有限的"整个"宇宙，还包括无限的处于宇宙外围的虚空，因而"全部宇宙"便是无限的了。求同存异，斯多亚学派的宇宙观点与我的基本一样。

六　驳德谟克利特的“宇宙有中心论”

记者：

在我的记忆中，德谟克利特好像说过宇宙是有中心的，毕达哥拉斯和柏拉图似乎也是这个观点，你认为宇宙有没有中心？

伊壁鸠鲁：

在宇宙是否有中心这个问题上，我的观点与亚里士多德比较接近，而与德谟克利特、毕达哥拉斯和柏拉图等人不同。

记者：

你的观点是？

伊壁鸠鲁：

宇宙既然是无限的，就不可能存在中心。

记者：

如何理解？

伊壁鸠鲁：

宇宙无中心，我们不可能称呼无限空间的“上”和“下”。

记者：

为啥？

伊壁鸠鲁：

如果能用“上”与“下”来称呼空间的话，就说明宇宙空间存在某个绝对的最高点和绝对的最低点。实际上，宇宙空间既不存在最高点，也不存在最低点。从我们所站立的任何地方，向头上方画一条无限延伸的线条，当然这条线也可以想象向脚下无限延伸……

记者：

你的意思？

伊壁鸠鲁：

在这条无限延伸线条的空间中，任何一点都不可能显得同时是“上”又是“下”。也就是说，绝对不可能存在一个所谓的中心。

记者：

你说得有点绕口，但你的意思非常清楚，那就是宇宙之内不存在一个中心，既然不存在中心，自然就无所谓“上”与“下”了。不过……

伊壁鸠鲁：

你想说什么？

记者：

我觉得罗马诗人卢克莱修的论证要比你的论证精彩得多。

伊壁鸠鲁：

说说看。卢克莱修是如何说的？

记者：

卢克莱修的观点包括这样几句话，第一句话是：无限就意味着无中心，既然我们说宇宙是无限的，那就必然意味着宇宙不存在中心。

伊壁鸠鲁：

应该是的。

记者：

第二句话是：即便存在着那么一个中心，万物也根本不能静静地站在那里。

伊壁鸠鲁：

卢克莱修是如何解释这一点的呢？

记者：

卢克莱修是这么解释的：万物是运动的，虚空的存在将为物体向各个方向的运动让出通道。如此一来，物体就不可能在运动到某个点时突然停止运动。

伊壁鸠鲁：

这位诗人的解释有一定的道理，宇宙没有中心，万物不可能存在某种奔向中心的本能，并在这种本能的驱动下，而聚集到一起来。

七 无限的宇宙与有限的世界

伊壁鸠鲁：

斯多亚学派的学者们认为，宇宙就是世界，世界就是宇宙，也就是说宇宙与世界是同一的。

记者：

他们如此主张的理由是什么？

伊壁鸠鲁：

在斯多亚学派看来，世界是一个连续体，物体之间绵延相生，物体之间不存在任何虚空。因此，人们常说的所谓物体之间、世界之间本是不存在的。

记者：

所以，他们说宇宙与世界是一个东西，而在你们看来，宇宙是宇宙，世界是世界。

伊壁鸠鲁：

我们的观点在当时可谓独树一帜，与斯多亚学派更是针锋相对。在我们看来，世界与宇宙是两种东西，世界就是从宇宙中切化出来的一团东西……

记者：

什么东西啊？

伊壁鸠鲁：

这团东西包括星星、土地以及所有其他可见的东西。虽然宇宙是无限的，但是这团从宇宙中切化出来的世界则是有限的。宇宙宛如一块漫无边际的布料，而世界就是从这块布料中切化出来的一角。这个角有长有宽，有厚有薄，因此是有限的。简单地说就是宇宙是无限的，而世界是有限的。

记者：

那宇宙中能切化出多少个世界呢？

伊壁鸠鲁：

无数个。如果世界的数目是有限的，宇宙也就不可能是无限的。

记者：

世界之间存在虚空吗？

伊壁鸠鲁：

当然啦。世界既可以在宇宙中产生，也可以在世界之内产生，但无论是哪种情况，世界与世界之间都是存在虚空的。

八　德谟克利特的“原子”与伊壁鸠鲁的“原子”

记者：

我也关心你心目中的原子与德谟克利特的原子有什么区别。

伊壁鸠鲁：

区别是明显的。

记者：

快说啊。

伊壁鸠鲁：

其一，德谟克利特说原子可能有无限大的形状，而我则不以为然。

记者：

具体说说。

伊壁鸠鲁：

原子是构成万物的元素，如果元素可以大到无边，那么原子就与由原子所构成的物体没有区别了。

记者：

依你之见？

伊壁鸠鲁：

在我看来，原子的形状虽然是千千万万，但是它们终究不能是宏观的，而归根到底是微观性质的东西。它们看不见，摸不着，没有色彩，没有心理活动，因而也是纯粹物质性的存在。

记者：

没有心理活动？

伊壁鸠鲁：

是的。微小的东西是不可能有心理活动的，如果你把原子设想为有你我这么大，甚至更大，再说它没有心理活动，似乎难以自圆其说。

记者：

阿那克萨戈拉笔下的“种子”，似乎就是你所说的那种微观状态下的“原子”，人家的“种子”可是一种既有物质形态又有精神活动的东西啊。

伊壁鸠鲁：

那是阿那克萨戈拉的观点，在我看来微观世界不可能有精神活动能力的，信不信，悉听尊便。

记者：

你理论中的原子，虽然有的是愚蠢不堪，但有的则是圆滑无比，这些原子怎么可能不具有精神活动能力呢？

伊壁鸠鲁：

不管你怎么说，我就是认为这些微观原子是不具有精神活动能力的东西，说破天也就是这么回事。我的继承者们自然也不会改变这个观点。

记者：

不争了。说说你的原子与德谟克利特的原子的其他区别吧。

伊壁鸠鲁：

其二，德谟克利特笔下的原子的活动是很简单的，而我的原子其运动形态则是丰富多彩的。

记者：

说啊，丰富多彩在什么地方？

伊壁鸠鲁：

就其运动方式来说，原子运动可谓是五花八门，各式各样，有的是垂直运动，有的是偏离垂直运动，有的是在组合物内部进行颤动。正是因为这各种各样的运动形式，万物得以出现。

记者：

具体点如何？

伊壁鸠鲁：

正是由于运动形式上的多样性，尤其是原子的偏斜运动，使得原子的碰撞得以成为可能，因为如果原子都是在做垂直运动，原子就不可能出现碰撞。也正是在各种各样的碰撞中，若干原子就可能相互缠绕在一起，宇宙与万物就是由于这种运动而得以产生。原子的偏斜运动导致万物的出现，也让我们人类的意志存在自由的可能。

记者：

你是说，人的意志自由得自于原子的偏斜运动？

伊壁鸠鲁：

正是。

九　没有虚空，宇宙则不可能产生

记者：

你还谈论过关于虚空的命题？

伊壁鸠鲁：

是的，没有虚空，就没有运动，没有运动，就没有宇宙，就没有世界。

记者：

何谓虚空啊？

伊壁鸠鲁：

所谓虚空，就是空无一物的空间，但这种虚空并非是一种毫无意义的存在。

记者：

意义何在啊？

伊壁鸠鲁：

关于虚空的价值，我在我的《致希罗多德的信》中是这样论证的："如果不存在'虚空'或'地方'或我们称为'无法接触者'的东西，则物体将无处存在，也无处运动；然而，很明显事物是在运动。"我的继承者卢克莱修在其诗作《物性论》中是如此论证的："存在着一个不可触摸的空间、虚空和空无。如果没有虚空，万物就完全无法运动，因为物体的阻挡和堵塞的本性就会处处发挥作用。这样，既然谁也无法首先让出地方，那就不可能有任何东西向前移动了。但事实上我们举目所及，遍布海洋、陆地和高空，许许多多的事物都在以不同的方式四处运动着。要是没有虚空，那么这些永不停息的运动就会停下来，或者说根本就从未产生过，因为物体静静地充塞了整个世界的所有角落。"

记者：

不用再寻章摘句了，我知道你的意思了，虚空的属性与原子的属性正好相反，一虚一实，正是这种“相反”为物体的运动提供了可能，如果二者的性质完全一样，运动将不复存在。

十　用自然的本来面目和法则来驱散心灵的雾霾

记者：

一般人研究自然，目的是深化对自然的了解，进而提高人们驾驭自然的能力。而通过研究你的思想，我感觉关于自然的研究在你那里有了一种特别的用途。

伊壁鸠鲁：

你的嗅觉很是灵敏，原子论是我学术研究的起点，而灵魂论才是我研究的最终落脚点和最终归宿。我是伦理学家，我关心的是如何帮助人们安身立命，我不关心如何改天换地。我之所以要去研究自然，目的只有一个……

记者：

是什么？

伊壁鸠鲁：

通过研究自然，并借助传播这些自然知识，用自然的本来面目和内在法则驱除人们对自然的恐惧，消除人们心灵的黑幕，驱散长期笼罩在人们心头的雾霾。

记者：

同样是原子论，你的诉求与德谟克利特委实不一样啊。

伊壁鸠鲁：

难为你悟出这一点。

十一　感觉乃是认识的直接完成者

记者：

与你同时代的斯多亚学派认为，感觉是认识的通道，而唯有诉诸心灵，才能获得关于世界的总体知识。我感觉你对斯多亚学派的这种说法似乎不以为然，是吗？

伊壁鸠鲁：

一点不假。斯多亚学派把心灵作为人类取得真理性认识的最终路径，似乎感觉只是无足轻重的一种方便的“通道”而已。这种看法完全是错误的。

记者：

你的看法是？

伊壁鸠鲁：

关于认识的来源和取得，有两种看法是我所不敢苟同的。一种看法说，我们之所以认识某个事物，是因为在我们与这个事物之间的空气中印上了这个事物的颜色、形状以及其他特性。我们的感官一旦把握了这些信息，就获得了关于这个事物的知识。一种看法说，我们认识某个事物，是靠我们的眼睛向这个事物发出光线或者其他类型的流射物。

记者：

这两种说法我也都很反对，简直是胡说八道。

伊壁鸠鲁：

在我看来，我们之所以能认识某事物，是因为某种来自该事物。与该事物颜色相同、形状相同，并保持相应大小的形状进入我们的眼睛和心灵。由于这些形状运行速度特别快，所以让人感觉到它们是一种连续的物体，并保持着实体中的相互关系。从本质上看，人们对事物的印象和知识，是源自固体内部的原子颤动而产生的相应状态。

记者：

你的表述有点晦涩，但大概意思还是很明确的，那就是人们通过感觉就可以完成对事物本性的直接认识。你的看法与斯多亚所说的唯有心灵才是认识的最终完成者，显然是不同的。

伊壁鸠鲁：

你的表述没问题。

十二　认识是“影像”完全作用于感觉的结果

记者：

你说人认识事物，是因为某种来自事物并与其具有相同颜色、相同形状，并保持相应大小的形状进入我们的眼睛和心灵。

伊壁鸠鲁：

是的，我把进入我们的眼睛和心灵中的东西称为“影像”。

记者：

如此一来，人的认识便是你所讲的“影像”作用于人的感觉而形成的。“影像论”在你的理论中非常重要，希望你好好把这个理论介绍一下。

伊壁鸠鲁：

好啊。所谓“影像”，就是指与原固体事物形状相同的形状，也可说是与原固体事物排列秩序相同和运动相同的秩序和运动。

记者：

太拗口。通俗点。

伊壁鸠鲁：

形象地说，所谓“影像”，就是一种从物体的最外表上剥离出来的类似薄膜的东西，它在空气中到处飞来飞去。“影像”无论从哪一种物体脱开飞走，都会保持与那种物体相同的样子和形状。

记者：

你真有想象力。

伊壁鸠鲁：

既然事物的外表面都可以抛出这些物体，那么事物的内部也可以抛出大量的分子。

记者：

应该是吧。当然，从事物的内部抛出，必须要经过事物的表面吧？

伊壁鸠鲁：

那倒是。不经过事物的表面，这些物体怎么能飞出去呢？你说得对。

记者：

那这些“影像”是如何作用于我们的感觉器官，进而形成人类的认识的呢？

伊壁鸠鲁：

这些“影像”在空中到处飘飞，由于非常稀薄，一般来说，人们无法感知到它们的存在，也就是人们无法认识到它们。但由于这些“影像”是连续不断地向外飘飞，久而久之，就会不断映入我们的眼睛而激起我们的视觉，各种各样的声音不断传入我们的耳朵而激发我们的听觉，各种气味涌现出来而激发我们的味觉，综合起来，我们就感知到事物本身了。

记者：

通过你的解释，我基本明白你的观点了。“影像”是来自事物本身并拥有与事物相同属性的东西，四处放射的“影像”虽然不能为人们直接感知到，但是能激发人的感觉器官，进而促使人形成关于事物的形象。由于这些“影像”具有与固有事物相同的结构和属性，因此，人通过被激发的感觉器官，自然也就可以直接形成对事物的认识了。

伊壁鸠鲁：

大概就是这个意思吧。

十三　“灵魂是感觉的重大原因”

记者：

根据你的表述，很显然，在感觉的发生过程中，人的感觉器官，如眼睛、耳朵、鼻子、舌头等，是不可或缺的媒介。我记得你在《致希罗多德的信》中又说过“灵魂是感觉的重大原因”（伊壁鸠鲁：《致希罗多德的信》，载［古希腊］伊壁鸠鲁、［古罗马］卢克莱修：《自然与快乐：伊壁鸠鲁的哲学》，包利民、刘玉鹏、王纬纬译，中国社会科学出版社 2004 年版，第 88 页），那到底如何评估感觉器官和灵魂在感觉知识形成中的作用呢？谁的作用大？谁的作用小？

伊壁鸠鲁：

要回答这个问题，必须先弄清楚灵魂到底是什么东西，以及灵魂与身体感觉器官的关系。这两个问题弄清楚了，自然就可以搞清楚灵魂对于感觉认识的作用。

记者：

应该是。

伊壁鸠鲁：

灵魂，从本质上讲，也是原子，与一般的原子比起来，它无非更加精深微妙而已。

记者：

灵魂既然是原子，也就是说，灵魂也是一种物质，而非某种精神性的东西。

伊壁鸠鲁：

当然啦。就原子与身体感觉器官的关系来说，二者犹如难兄难弟一般，共生共死，须臾不可分离。

记者：

你是说，人的感觉器官离不开灵魂？

伊壁鸠鲁：

是的，灵魂一旦离开，人的感觉器官，就是一堆烂肉，就失去了任何的感觉能力。

记者：

灵魂能离开人的感觉器官而单独存在吗？

伊壁鸠鲁：

灵魂的作用，是人的器官所不具有的，灵魂能驱使四肢，能将人的身体从睡梦中唤醒，能改变人的情绪，最终指引和控制整个人。可以说，人的器官感觉周围事物，都是在灵魂的集中调控下进行的。很显然，灵魂的作用非同小可。但是，我们必须记住，没有人的眼、耳、鼻、舌等感觉器官去接触周围的事物，灵魂这种物质就无法发挥其特有的感知能力。

记者：

国家的最高统治者，能力再大，离开一级级的官僚体系，也是摆设。

伊壁鸠鲁：

可以这么说，灵魂与器官的关系与国家的最高统治者与其下属臣僚的关系非常类似，在国家的统治机构中，统治者是核心。离开灵魂，人的感觉器官就无法感知周围的一切。构成灵魂的原子非常稀薄和精微，能够比较容易地穿过由其他粗糙一些的原子构成身体时留下的虚空部分，捷足先登地去感知外部世界。

记者：

你的描述很可爱。

伊壁鸠鲁：

灵魂首先形成感觉，并促使人的感觉器官迅速活跃起来，使其感觉能力更加强大，通过激活身体器官，进而把其感觉运动传遍全身。人对外部世界的感觉认知就是这么形成的。

记者：

说来说去，人对世界的感知，归根到底是源于灵魂这种特殊的物质，只不过这种物质离开人体其他器官的配合，就很难成就什么事情。那我问你：灵魂到底在人体中的什么位置呢？

伊壁鸠鲁：

它隐藏于身体中的最隐蔽之处，并与我们的身体高度融合，浑然一体，以至让我无法说出它们到底在哪里。

记者：

经过你这么一描述，我终于明白你说的“灵魂是感觉的重大原因”是什么意思了。那我再问你：人对外界事物的认识有时候是正确的，有时候是错误的，甚至是荒诞的。这种情况是如何发生的呢？

伊壁鸠鲁：

这也很好解释。灵魂的感觉活动，说到底都是物质性的运动，有时候非常理智而清醒，但有时候则非常混乱，缺乏理智。

记者：

具体说说。

伊壁鸠鲁：

灵魂的感觉运动，有时清醒，有时糊涂。处于清醒状态时，它对外部世界的感知就是正确的；而一旦进入某种放松状态时，情况就会出现变化，它对世界的感知就不那么灵验了。

记者：

具体是在什么情况下，灵魂的感觉系统就会失灵呢？

伊壁鸠鲁：

例如，在睡眠中，人的身体器官都停止活动，全身上下停滞不动，但是由精微原子所构成的灵魂系统依然在行动，这些灵魂的物质与外部的事物发生信息的交流，进而形成各种感觉。此时的感觉，没有人体器官的配合，孤军奋战，形形色色混乱不堪的感觉便会出现，如人面马身的动物、逝者的重生……

记者：

你的意思是不是说人的感觉认识错误乃源自人的灵魂与感觉器官配合的失灵？

伊壁鸠鲁：

可以这么说。当人的灵魂与器官的配合达到一种和谐状态的时候，正确的感知就会得到保证。当然，我必须强调的是，这种配合仍然是物质性的配合、身体性的配合，灵魂说到底还是物质性的东西。

十四　被误读的“享乐主义”

记者：

平民化的教育固然很好，但是一种理论一旦与平民的智慧相匹配的话，这种理论的创新性就得大打折扣了，层次上也是很难提高的。有没有这个问题呢？

伊壁鸠鲁：

哲学研究的目的，不在于知识的创新，而在于使生活幸福，因此，我们要让普通的人接受我们的哲学，我们的哲学就不能是艰深晦涩、枯燥难懂的，而应该是直截了当、通俗易懂的。你说得没错，针对普通人的哲学，不会是那种高山空灵一般的神曲，而是那种雅俗共赏的凡间小调。我们不追求所谓的创新，创新就意味着打破常规，就意味着超越现实，就意味着对旧有生活秩序和思维定式的突破。这样一来，各种理论之间就必然是犬牙交错、参差不齐的，相互矛盾冲突就在所难免了。这还叫理论吗？你看看我与我的学生、我与我的后生们，思想是何等的一致、何等的统一啊！

记者：

我曾经把你的理论与卢克莱修的《物性论》进行反复比较，发现你们这一派理论家的思想确实前后一致、上下一致。普通人学习你们的理论，确实比较容易。但是……

伊壁鸠鲁：

但是什么？欲言又止，缘由何在啊？有话直说吧。

记者：

你们的这个流派是不是有点太过随便了？

伊壁鸠鲁：

什么意思？

记者：

奴隶一样的人都可以在你的学校里登堂入室，甚至连那些涂脂抹粉的妓女也成群结队住在你们学校里，难怪不少人对你和你的徒子徒孙评头论足！

伊壁鸠鲁：

他们说我们什么呢？

记者：

一个叫作提摩克拉底（Timocrates of Lampsacus）的人，写了一本书，名叫《论嬉戏》（*Delights*）……

伊壁鸠鲁：

他到底说我什么？急死我了！

记者：

他说，你伊壁鸠鲁生活放纵，每天都要呕吐两次，你为什么会呕吐？一个名为爱比克泰德的学者说你是“柔弱的布道者”，你为什么柔弱啊？你主张快乐主义我不反对，你主张把幸福放到人生第一位我也不反对，但你也不至于把自己搞成这副德行啊，那些妓女们难道不笑话你？

伊壁鸠鲁：

你这几个问题的提出，对我是极大的侮辱，何止是一种不尊重。在回答你的谩骂一般的问题之前，我推荐你去看一本书……

记者：

好啊！什么书？

伊壁鸠鲁：

第欧根尼·拉尔修（Diogenēs Laertius）写的，书名是《名哲言行录》，此书对我的评论超过任何一位哲学家，前前后后共有 154 页之多。关键是，拉尔修针对那些指责我的人说“这些人完全疯了”，并高度赞扬我伊壁鸠鲁的优秀体现在方方面面。我明确告诉你我是一个什么样的人……

记者：

说说吧，我看看你是如何自我表扬的。

伊壁鸠鲁：

首先，我是个极其勤奋的作家。你写过五六本书，与我比一比，简直是小儿科，简直是小巫见大巫，简直是蚂蚁遇到一头大象……

记者：

别显摆了，说吧，你到底写了多少书？

伊壁鸠鲁：

我写的自然著作最少也有300多种，有37卷。

记者：

有那么多吗？我只看过你的四封信和一些只言片语，还有你关于自己学说的总结性的短篇《学说要点》。

伊壁鸠鲁：

你没看见不等于不存在，夜里你看不见太阳，难道太阳就不存在？

记者：

也倒是。还有呢？

伊壁鸠鲁：

好多人说我们是享乐主义者，其实这是天大的误会。我们这些人不关心美酒，不关心秀色，不关心有没有鱼吃，不关心有没有华丽的服装穿。就我本人而言，只要有一个大面包和一些水，我就可以与宙斯比幸福；给我一杯奶酪，当我享用的时候，觉得就是在享受一顿大餐。

记者：

你的意思是说你们伊壁鸠鲁学派只关心精神上的快乐，而不关心感官上的愉悦。

伊壁鸠鲁：

是的。我们所关心的是要培养一种幸福感，这种幸福感就是一种极乐的心理状态，这种状态是什么样子呢？就是没有欲望、没有烦恼，最要紧的是没有焦虑。如果人们一味追求那些自己没有的东西，就会处于不断的焦虑之中，处于这种状态的人是不可能幸福的。没有焦虑的生活才是最美好的生活，才是神一样的生活。

十五　灵魂与肉体共生共灭

记者：

任何一个哲学家，都必须对灵魂与死亡之类的问题发表意见。

伊壁鸠鲁：

我知道你的意思。我的观点与德谟克利特的观点差不多，但与柏拉图和亚里士多德的观点截然不同。

记者：

说说看。

伊壁鸠鲁：

研究灵魂与死亡问题，说到底就是研究灵魂与肉体，即身体的关系问题。

记者：

是的。

伊壁鸠鲁：

灵魂与身体的关系，本质上是身体间的关系。

记者：

听不懂，灵魂属于精神范畴，身体属于物质范畴，井水不犯河水。怎么能说灵魂与身体间的关系，本质上是身体间的关系呢？

伊壁鸠鲁：

那是极其错误的看法。

记者：

你的看法是？

伊壁鸠鲁：

无论是我们的灵魂，还是我们的身体，从本质上讲，都是原子，都是物质性的东西，二者没有什么不同。

记者：

不会吧？

伊壁鸠鲁：

如果说它们有些不同的话，那就是二者的精深微妙的程度不同，具体说来，构成灵魂的原子更精深，更微妙，更细致，而构成身体的原子则相对粗枝大叶一些。

记者：

此种说法，之前我是闻所未闻啊。既然灵魂与身体都属于物质性的东西，你说二者的关系是身体间的关系，就好理解了。

伊壁鸠鲁：

人的存在，只能是身体与灵魂的同时存在，身体和灵魂只有在紧密联系在一起的情况下，才能更加活泼有力、更加精神饱满地享受生命的快乐。灵魂不能在脱离身体后独自产生生命性运动，同样，身体如果被剥夺了灵魂，就会成为行尸走肉，它所拥有的诸种感觉器官也将统统陷入瘫痪。

记者：

从逻辑上讲应该是这样。根据你的理论，灵魂一旦脱离身体，也将很难独立存在，是不是？

伊壁鸠鲁：

是的。灵魂离开身体这个大本营，自然也不免一死。由于灵魂的原子比一般的原子更加稀薄，一旦它失去包裹它的身体，立即就会挥发消散殆尽，并且呈现加速度飞散状态。

记者：

根据我的理解，在你这里，似乎人的身体就是一个容器，而灵魂就是被装在这个容器里面的气体。一旦容器破损，气体自然就会逃逸出来，而弥漫到半空之中，最终变得无影无终。

伊壁鸠鲁：

可以这么说。

记者：

我再问你：灵魂的意志与目的性是如何产生的呢？

伊壁鸠鲁：

物质也并不是都是一些呆板死寂的东西。有些原子极其精巧、细微、灵巧，当然一般都是圆形的，也正是这些特殊的原子组成了火、气和呼吸，一旦这些特殊的原子参与物质的构造，灵魂就产生了。此时的灵魂与一般的物质不一样，它们简直就是一些活物，甚至看起来像具有某种精神性的动物。灵魂弥漫于整个身体，可以说在身体有感觉的地方就存在着灵魂。胸部部位的灵魂就是那些具有指导功能和理性作用的灵魂，这些灵魂会依靠其特有的意志和指导能力来指挥其他部分灵魂一起行动。

记者：

你同意一些物质具有特殊的意志功能？

伊壁鸠鲁：

只是有时候思考一下而已。

十六　死亡与我们无关！

记者：

听说你一辈子身体都很不好，随时都面临着死亡的威胁，你怕死吗？

伊壁鸠鲁：

我不怕死。

记者：

真的？

伊壁鸠鲁：

我是一个有名的病号，以至我的一个学生，名字叫麦特罗多洛，写了一本书，题目就是《论伊壁鸠鲁的脆弱体质》。

记者：

有意思！什么病与你终身为伍？

伊壁鸠鲁：

肾结石，我就是因为肾衰竭而死的。

记者：

好悲催啊！让你这样的哲学家一辈子很痛苦，实在是人类的一大损失啊！

伊壁鸠鲁：

我虽然感到有些痛苦，但并不惧怕死亡。我临终之前，还很潇洒地给我的学生写了两封信。

记者：

信是如何写的？

伊壁鸠鲁：

第一封信，我清清楚楚记得内容是："写这封信的七天之前我就完全不能动弹了，我忍受着临到末日的那种痛苦。如果我出了什么事，请你务必照管麦特罗多洛的孩子们四五年，但用于他们的钱不可比你现在用于我的钱更多。"

记者：

你的头脑如此清醒。

伊壁鸠鲁：

关于第二封信，我记得内容是："在我生命中最幸福也是最后的一天中，我正在遭受膀胱与肠子疾病的折磨，这些疾病的情况到了最严重的程度。"

记者：

你不还是感到极其痛苦吗？不怕死你感到痛苦干吗？

伊壁鸠鲁：

你接着听，我的信后面的内容是："但是，只要想到我的理性和研究成果，想起它们所带来的灵魂满足感，就足以抵消所有的病痛。"

记者：

一般人除了哭哭啼啼，还真做不到你这样。

伊壁鸠鲁：

所以我说我不怕死。至于痛苦嘛，如果是短暂的，那就会很快过去的。如果痛苦是长期的，那我就可以通过联想快乐的事情予以抵消。当然，我不怕死，也是具有哲学上的依据的。因为，死亡是一种自然的原子现象，与我无关，自然也与你无关，绝非你我的意志所能够左右。既然你我的意志都无法左右死亡，那就不如坦然面对，那就不如高高兴兴地迎接。

记者：

也倒是，你的哲学依据我倒是想听听。

伊壁鸠鲁：

何谓生命，生命无非就是身体与灵魂的短暂结合而已，灵魂是原子的结合体，肉体也是原子的结合体，因此，我们的生命不过就是原子的排列组合而已。这些原子结合在一起，灵魂就与我们的肉体结合在一起，构成灵魂的原子一旦解散开来，灵魂就会灭亡，构成肉体的那些原子自然就与那些构成灵魂的原子分道扬镳，死亡不过就是这些原子的离散聚合而已。因此，生与你无关，与我无关，死也与你无关，自然也与我无关。那我们何必要自寻烦恼呢？不如好好地练习迎接死亡，就如好好地练习迎接生命一样。

十七 哲学的价值：为人类治病而来

记者：

哲学都是一些抽象的东西，你是哲学家，在你看来，哲学的价值在哪里？

伊壁鸠鲁：

以前的那些哲学家，把哲学当作一种纯粹的学问来研究，为思辨而思辨。似乎哲学的价值，与养花、逗鸟、吆喝蟋蟀斗来斗去此类活动的价值一样，只是为了让人高兴高兴，逗逗乐，顺便显摆显摆自己的知识，别的就没有什么价值了。好多哲学流派的东西，其价值说实话也不过如此。

记者：

听这话音，似乎你们伊壁鸠鲁学派的哲学，就有什么特殊的价值似的？

伊壁鸠鲁：

自然。我们的哲学能够治病。

记者：

治病？治什么病？难道人类有病？

伊壁鸠鲁：

人人有病。人怕死亡，怕宗教，怕痛苦，在私欲的支配下，为所欲为。出于所谓的“安全感”而争权夺利、互相厮杀，结果造成人人自危，乃至血流遍地。

这说明什么呢？说明人类心灵深处有病，而且病得不轻，说病入膏肓一点都不过分。这种病流行得很，人，有一个算一个，几乎都得了这种病。

记者：

你是说哲学能治疗人类的病？

伊壁鸠鲁：

是的。医学如果不能治疗人们身体上的疾病就毫无价值，同样，哲学家是人类的导师，哲学如果不能治疗人类心灵上的疾苦，同样也是毫无价值的。

记者：

莫非真的有人到你这儿看病？

伊壁鸠鲁：

人很多，雅典城内，我的学校内外，到处都是来寻求治疗的人，他们痛心疾首，为苦所累，苦不堪言……

记者：

我想知道的是，你们的哲学是通过什么路径来给人类治病的呢？

伊壁鸠鲁：

贤人无论是在醒着的时候，还是在睡着的时候，都是一样的。

记者：

什么意思？你所答非所问。

伊壁鸠鲁：

别插嘴，听我说完你就明白了。贤人生活在宁静的心灵之中，他们已经找到了宁静生活的简洁模式，这种模式就是按照最简单的方式去生活，去除生活中的忙忙碌碌，不去从事令人不快乐的工作，也不去做人力所不逮的事情。贤人的生活方式就是最符合自然的生活方式，就是最自由的生活方式。一旦到了这种境界，人哪还有什么病可生啊！

记者：

我听明白你的意思了，你要人们按照贤人的生活方式去生活，这就是你为世人开出的处方？

伊壁鸠鲁：

没错。贤人用哲学家的智慧指导自己的生活，使自己处在始终如一的生活状态之中；他从不让自己生活在自己的对立面之中，如此一来，他的生活将是和谐而非对立的，他的生活将是理性化的快乐，而非非理性化的焦虑。如此一来，自然百病皆除，万事大吉了！

十八 自我崇拜会灭杀一切真理

记者：

你是一位哲学家，你是一位智慧之人，我问你：研究哲学意味着什么？

伊壁鸠鲁：

研究哲学意味着自由思考，意味着怀疑，意味着批判。

记者：

你说的完全正确。但有一点我不明白，你为什么要强迫你的学生像崇拜神一样去崇拜你？

伊壁鸠鲁：

你这是扣帽子，我没有让谁把我当作神一样供着。

记者：

你把你的观点编成所谓的《学说要点》，杠杠条条，命令学生们死记硬背，严禁学生们讨论研究；你命令你的学生，用自己的钱财去供奉你父母和你兄弟的灵位；每到你的生日，你就命令你的学生纪念你；你命令你的学生举着你的画像去游行，对你歌功颂德。这不是迷信是什么？这不是个人崇拜是什么？

伊壁鸠鲁：

你误会了，我之所以这样做，与毕达哥拉斯一样，无非是为了加强学派的内部团结，无非是为了更好地宣传自己的理论。

记者：

不管你如何解释，即便你的理论就是真理，你用个人崇拜的方法去推销，必将毁灭人间一切真理。

伊壁鸠鲁：

希望你不要误解我，在我的思想中，所谓的生命的出现与终结，不过是分子、原子的分散与聚合而已，哪有什么神圣可言！

伊壁鸠鲁简传

伊壁鸠鲁（Epicurus，公元前341—前270年），古希腊哲学家、无神论者，伊壁鸠鲁学派的创始人。伊壁鸠鲁的父母都是雅典人，他在18岁时搬到雅典，之后曾去过小亚细亚，并在那里受到德谟克利特哲学的影响。伊壁鸠鲁成功地发展了阿瑞斯提普斯（Aristippus of Cyrene）的享乐主义，并将之与德谟克利特的原子论结合起来。

公元前307年他在雅典建立了一个学派，这个学派在他去世之前一直在雅典活动。传说中该学派居于他的住房和庭院内，与外部世界完全隔绝，因此伊壁鸠鲁也被人称为“花园哲学家”。据说在庭院的入口处有一块告示牌写着：“陌生人，你将在此过着舒适的生活。在这里享乐乃是至善之事。”

伊壁鸠鲁的学说被他的历代弟子奉为必须遵守的信条。他的著名学生有麦特罗多洛、科洛特和继承为学园领袖的赫尔玛可。伊壁鸠鲁的学说广泛传播于希腊—罗马世界。伊壁鸠鲁学派作为最有影响的学派之一延续了四个世纪。

罗马时期伊壁鸠鲁学派的著名代表有菲拉德谟和卢克莱修。卢克莱修写的哲学长诗《物性论》，系统地宣传和保存了伊壁鸠鲁的学说。

第三章　回到苏格拉底

——对话塞浦路斯的芝诺

引　子

斯多亚学派［一译斯多葛学派（The Stoics）］是亚里士多德之后希腊诞生的主要哲学流派之一，是整个希腊化时期社会影响最大的派别。我们的主人公正是这个派别的创始人。这个派别一开始是以芝诺的名字命名的，但因他和他的弟子们经常在一条有绘画的柱廊里讲学和讨论，故此学派便得到了画廊派的称号。而希腊文中画廊（Stoa Poikile）音译为汉语，即“斯多亚”，因此该学派也被称为“斯多亚学派”。芝诺、塞涅卡、爱比克泰德、马可·奥勒留是斯多亚学派的四大杰出代表，让我们走近芝诺，去领略在塑造西方人人格特征的伟大进程中扮演重要角色的斯多亚学派哲学的精彩。

一　此芝诺非彼芝诺

记者：

一想起芝诺这个名字，我就情不自禁会想到那个提出阿喀琉斯跑不过乌龟和飞矢不动悖论的芝诺。你们之间有没有什么共同点呢？

芝诺：

共同点有一些，但不多。关于你说的那个芝诺，我非常了解。他要比我早出生一百五六十年，我是塞浦路斯人，同时代的人称呼我们为“腓尼基人”。你说的那个芝诺是意大利半岛的爱利亚人，是数学家、哲学家。他的老师是大哲学家巴门尼德，无人不知，无人不晓。

记者：

据说，那个芝诺曾经与苏格拉底接触过？

芝诺：

历史上有记载，白纸黑字的。他与其老师巴门尼德到过雅典，并代表巴门尼德向雅典的哲学界宣读他们学派的学术论文。

记者：

你见过苏格拉底吗？

芝诺：

荒唐！我出生的时候，苏格拉底早去世了，我怎么可能见过他呢？除非在阴曹地府。但是，我们对苏格拉底的哲学非常熟悉，我参加的第一个哲学沙龙，就被称为“小苏格拉底学派”。我与那个芝诺的共同点就是我们的哲学到处都能感受到苏格拉底的存在。还有……

记者：

还有什么？

芝诺：

那就是：那个芝诺以提出若干个著名的悖论而永载史册，我们的哲学中也包含着若干个类似的悖论，我的哲学与那个芝诺的哲学都具有浓厚的辩证意味。

二　从小商人到哲学谜

记者：

一些史料说你曾经是个小商人，我很好奇，一个商人是如何蜕变成为一个哲学家，而且是个大哲学家的呢？

芝诺：

我与一般的商人不同，一般的商人嗜钱如命，这些人一天到晚都在思考如何赚大把大把的钱，钱再多，也觉得不够。而我就不同了。

记者：

不同在哪？

芝诺：

对我来说，赚钱不过是维持生活和养家糊口的手段，一旦赚钱赚得差不多了，够吃够用了，钱对我就失去了吸引力。我就会把主要精力集中到哲学上，看书、思考、写作就会成为我生活的主旋律。

记者：

那你是在一种什么情况下成为职业哲学家的呢？

芝诺：

绝对很偶然，很有传奇色彩。

记者：

怎么讲？

芝诺：

情况是这样的：我记得我30岁的那一年——具体是哪一年，实在是回忆不起来——我做的生意是贩卖紫袍。我带着一批紫袍，乘船从腓尼基港前往拜里厄斯港，途中不幸遭遇海难。我不得不上岸，带着我的商品到了雅典。

记者：

真是不幸啊！

芝诺：

不过我得感谢这次海难。

记者：

说说看。

芝诺：

上了岸以后，我找到一家书店看书，当我读到色诺芬的《苏格拉底回忆录》第二卷时，我特别兴奋，我想我不能继续当商人了。

记者：

你具体干了什么？

芝诺：

我深知，我的秉性决定了我不可能成为一个大商人，因此我决定中止商业生涯，而拜一位哲学家做我的老师，集中精力搞哲学，我相信，我能搞出点名堂。

记者：

自信很重要。

芝诺：

我询问书商在什么地方能找到一位和苏格拉底一样的哲学家。

记者：

书商告诉你了吗？

芝诺：

就在我与书商说话的时候，一位学者模样的人从我身边走过，书商指着这个人说："此人就是，你跟着他走吧。"

记者：

真是踏破铁鞋无觅处，得来全不费工夫啊。

芝诺：

是的，后来我才知道此人是当地最厉害的一位哲学家——克拉特斯（Crates of Thebes），可谓是大名鼎鼎。

记者：

与我知道的你们那个时代的大哲学家第欧根尼相比如何？

芝诺：

仅次于你说的那位敢与亚历山大大帝顶撞的第欧根尼。

三　我们才是正统

记者：

你拜师学哲学，这一点可以理解。但有一点，似乎不好理解。

芝诺：

你对哪一点觉得不好理解？

记者：

据我了解，在你那个时代，在希腊哲学界占据主导地位的是柏拉图学派。这个学派，可谓是名门大派，有很多名师。你为什么不到这个学派去拜师，却要去名不见经传的犬儒学派中寻找老师呢？

芝诺：

你说得没错，我拜的老师克拉特斯确实不是名门大派的领袖，而是犬儒学派的领袖。这个犬儒学派，后来的人认为其是小苏格拉底学派的一个分支。你的问题是不是我为什么选择小苏格拉底学派的一个分支，而不去选择所谓的柏拉图学派？

记者：

就是这个问题，请你解释一下。

芝诺：

苏格拉底虽然没有写过专著，但他死后却被当作宗师争夺。有很多人都标榜自己是苏格拉底的传人：色诺芬认为他对苏格拉底的解释最符合苏格拉底的思想，柏拉图认为他对苏格拉底的解释最符合苏格拉底的思想……因此，形成了各种各样的流派。我们这个所谓的小苏格拉底学派，只是和当时的色诺芬流派、柏拉图流派并行的流派之一。

记者：

相比之下，是不是柏拉图所代表的那个流派更正宗呢？

芝诺：

无从谈起。我们这个流派，无论是人员数量还是名声，可能都比不上柏拉图所代表的那个流派。但是，我们的影响并不小。关键是……

记者：

关键是什么呢？

芝诺：

关键是，在我们看来，所谓的柏拉图学园派，他们并不了解苏格拉底，他们的很多解释严重歪曲了苏格拉底本来的思想。因此，他们并不是苏格拉底思想的传承人。

记者：

难道你们小苏格拉底学派继承了苏格拉底的道统？

芝诺：

我们就是这么认为的。苏格拉底的思想，是一种强调纯粹的个人理性与天地抗衡的理念，而这种对自由意志予以张扬的思想在柏拉图的解释中是不存在的。

相比之下，我们则抓住了这个思想，发展了苏格拉底的理论。可以说，我们小苏格拉底学派并非走了什么所谓的学术偏锋，我们恰恰是把苏格拉底的理论引上了康庄大道，真正走回到道统上去了。所以说，我们才是正统。

四　为何又要当逃兵

记者：

很显然，你对小苏格拉底学派中的犬儒学派情有独钟。

芝诺：

在很长的一段时间里，我确确实实是一个十足的犬儒主义者。

记者：

一些资料说，你后来成为犬儒学派的叛徒、逃兵，这是这么回事？

芝诺：

说我是叛徒、逃兵，这有点夸张。但是，我离开犬儒学派，向柏拉图学派请教知识，这倒也是事实。

记者：

具体是什么情况呢？

芝诺：

大概是这样一种情况：我是犬儒学派的哲学家，这没错。但是，任何一个哲学家都不应该有门户之见。只要有可能，我认为应该向其他学派的哲学家们学习一些东西，相互切磋，共同提高。因此，我不仅找到麦加拉学派，学习他们的逻辑学，还找到了柏拉图学派，去跟他们当时的领袖波勒谟（Polemon）学习哲学。

记者：

据说你的这种做法让你的老师克拉特斯感到很难堪，也感到很恼火，他经常去抓你？

芝诺：

有这种事情。有一次，我去麦加拉学派的斯提尔波（Stilpo）那里学习，我的老师克拉特斯很恼火，他抓住我的斗篷，要我离开。我对我老师说，抓哲学家的正确方法是抓住他的耳朵，你有本事的话应该说服我，然后再把我拉走。否则即便你使用强力把我的身体拖回到你那里去，而我的心还是在斯提尔波这里。

记者：

你的老师怎么说呢？

芝诺：

当然是气急败坏了，他说我是犬儒学派的叛徒。

记者：

我想了解一下，你为什么离开犬儒学派的群体，去向别的学派学习呢？

芝诺：

这里面的原因很复杂。首先，我认为犬儒学派的那些哲学家的生活方式太过夸张，他们的道德说教也太浅显，举止非常粗俗，做任何事情都太过偏激，不讲究分寸。在这一点上，柏拉图学派的一些学者如我刚才讲的波勒谟先生，其举止文雅、学识渊博、人格高贵、知识扎实，这就是我要寻找、要学习的榜样。这或许就是我要离开犬儒学派，向柏拉图学派靠拢的首要原因。当然，还有更深层次的原因。

记者：

那更深层次的原因是什么呢？

芝诺：

更深层次的原因与犬儒学派和柏拉图学派对世界的态度有关。犬儒学派的哲学家们过于强调主观世界对客观世界的抵抗，他们否定世界，在他们的眼中，世界是可怕的，是非常险恶的。因此，犬儒学派对宇宙和世界是非常失望的，这一点，我不赞同。

记者：

但根据我的了解，在这个问题上，柏拉图的学术观点也是如此嘛。

芝诺：

就柏拉图的哲学而言，他本身持二元论，对这个世界确确实实是完全失望和放弃的。但是，在柏拉图之后，尤其是在波勒谟等人对柏拉图的哲学的解释中，这种倾向大大转变。在柏拉图学派的一些哲学家的著作中，我们能够感受到这些人在逐步缩短现象与本质的距离，在缩短神与人的距离，并强调逻各斯与质料的内在关系。从而从某种程度上来讲，他们肯定了现象的存在，肯定了宇宙的价值。在这一点上，我高度认同。如果说我离开犬儒学派，向柏拉图学派靠拢，有什么更深层次的原因，真正的原因就在这里。

五　无处不在的悖论

记者：

研究你们斯多亚学派哲学的人，似乎都有一个共同的感觉。

芝诺：

你说，什么感觉？

记者：

所有研究你们斯多亚学派哲学的人，都感觉在你们的哲学中自相矛盾的地方，可以说是无处不在、无时不有。

芝诺：

你本人也是这么认为的吗？

记者：

是的。在你们的哲学中，一方面你们相信自然决定的一切都是最好的，也是最和谐的；另一方面，你们又强调，在人类的生活环境中普遍地存在着灾难和邪恶，你们从而主张人类要发挥自己的自由意志来对抗灾难。很显然，在这个地方，自由意志的存在显然与自然的彻底的决定性之间是矛盾的。

芝诺：

还有吗？

记者：

当然有了。在一些地方，你们这些斯多亚学派的哲学家们强调人是具有理性的，坚持说非理性不存在，反对怀疑论，相信能够把握真理；在另一些地方，你们又反复强调说，天下没有人是真正理性的人，没有人是拥有智慧的。

芝诺：

还有吗？

记者：

当然有了。在一些地方，你们强调自然安排的一切都是美好的。比如，在所有动物中，你们认为自然仅仅赋予了人以理性，因而人是最好的。在另一些地方，你们又说人比动物要坏，在这个世界上，唯有人才存在道德邪恶这类问题。因而，所有的人，都是病态的。这不是明显矛盾吗？

芝诺：

还有吗？

记者：

我不说了。在你们的学说中，这种悖论无处不在、无时不有。我已经说过了。

六 世界是辩证统一的

记者：

每当谈起你们斯多亚学派，还有一点让很多人觉得不可思议。

芝诺：

是什么？

记者：

你们这些斯多亚学派的哲学家们，一方面无视各种悖论在你们的学术中到处存在；另一方面却又高调宣称，你们的理论体系具有至高无上的自洽性，首尾一致，前后统一。你们的一些哲学家甚至断言说这些理论连一个字母也不能改变。我不明白，作为一个学术体系，你们如何能把那么多彼此冲突的命题和理论组织到一起来呢？

芝诺：

将这种截然相反的命题和理论融入一种体系中，确确实实是一个高难度的活动，这个问题有待我们去解决。我只是想先告诉你，我们理论的统一性是由世界的统一性所决定的。

记者：

你的意思是说，你们的理论体系具有内在的统一性，是直接来自宇宙的内在统一性？

芝诺：

没错。在我们看来，宇宙存在着某种统一性，人类与宇宙也存在着一体化的内在关联性，宇宙内部各种事物之间都存在着内在的逻辑一致性。既然如此，人是世界的一部分，那么他必然会和世界的其他部分一样，服从于世界的统一性。

记者：

我明白你的意思。在你们斯多亚学派看来，世界是内在统一的，因此，你们的理论体系必然也是内在统一的。但问题是，怎么解释你们的理论体系中那无处不在的悖论和矛盾呢？

芝诺：

我也说过，这个问题很复杂，不是一两句话就能够解释得清楚的。我们且聊且慢慢解释吧。

七　人因分享而拥有一份神性

记者：

所有的哲学家都必须对人的本性是什么这个问题表态。你们斯多亚学派也应该如此吧？

芝诺：

没错。你不说，我也会对这个问题表态的。

记者：

通过看你们斯多亚学派的著作，我有一个发现。

芝诺：

有什么发现？说来听听。

记者：

这个发现就是，你们这些斯多亚学派的哲学家特别喜欢把描述自然整体的观念，径直搬弄到人类的研究之中，从而逐步深入对人性的研究。

芝诺：

你的意思，我明白。你是说，我们总喜欢套用自然的观念来研究人。我实话告诉你，你这个发现没错。在我们看来，宇宙就是因为渗透了神的如火一样的实体而运动、存在。整个宇宙都是如此。我们人显然是宇宙的一部分，因此，也是自然的一部分。那么，我们人都同样拥有神一样的物质实体。

记者：

你的意思是说，宇宙世界因充满神性的物质，我们人也同样渗透着神性的物质？

芝诺：

你的表述虽然不尽准确，但大意是那么回事。我们人很显然因分享宇宙的一部分而存在。宇宙既然以其被渗透的神性物质所主宰，那么，我们人类自身也就包含了一部分神性。

记者：

我知道，说我们自身包含了一份神性，是你们斯多亚学派的标志性语言。你们的很多著作之所以闻名于世，也与这个观点有关。

芝诺：

没错。神性是一种物质实体，是一种积极的、能动的物质实体。它像灵魂一样渗透到人的肉体之中，从而使人能够运动，并具有感觉能力和判断能力。我们的这种能力，就是来自这种神性物质对我们身体的渗透。

记者：

那这种神性物质能够通过遗传延续下去吗？

芝诺：

当然可以。那种神圣的物质实体，借助血液通过遗传的方式，由父母传递给孩子，一代一代地延续下去。人出生后，之所以能够说话、能够繁殖，五官之间相互配合得那么灵巧，都与这种神性有关。

记者：

你的意思是说，人之所以拥有理性，真正的根源在于人所拥有的那种神秘的物质本身就含有理性。

芝诺：

没错。神性就是理性，就是我们常说的“逻各斯”。人分享了它，那就说明人拥有这种理性。人正是在理性的表达中，体现了这种神性。

记者：

从逻辑上讲，你刚才说的话，没有什么问题。但你们斯多亚学派的许多哲学家，往往愿意把人的行为与宇宙秩序、人间的法的秩序联系起来进行研究，这是为什么呢？

芝诺：

人的理性具有多元化。人能够对事物进行思考、推理是一种理性；人能够对宇宙的关系及其秩序形成完整的意识，这也是一种理性。人正是通过这种理性意识到，包括人在内的万物都必须遵循宇宙法则、遵循人间法则。

记者：

我明白你的意思。你们认为，人性因分享神圣的物质而拥有神性，而神性是宇宙秩序的主宰，因此人性的深处必然包含着对宇宙和人间秩序的清醒的认识。在这种认识的主导下，人才坚信万物都必须遵循法则，同样，人也是如此。

八　神存在于每一事物之中

记者：

后代的哲学家们认为，你们斯多亚学派是“泛神论”。不知道对不对？

芝诺：

“泛神论”这个概念我没有研究过。如果说这个概念的意思是神存在于一切事物之中的话，那么，我就同意你刚才的说法。

记者：

你为什么说神存在于万事万物之中呢？

芝诺：

从物理学上讲，所有物质都具有渗透性。也就是说，所有不同性质的物体，可以混合在一起。正因为这种渗透性，神的运动性和那些本来不运动的物体混合在一起，从而带动整个物质的运动。神的本性就是理性，正因为神的物质性实体与其他物质的实体混合在一起，从而导致自然界按照神的法则也就是理性的法则不断地运动和变化。有人把这命名为自然规律。

记者：

自然规律？

芝诺：

是的。自然界之所以按照某种可以遵循的、可以把握的规律运行，原因就在于物质世界之中混合着某种神的物质性实体。神的物质性实体使我们周围的世界具有某种理性。

记者：

你的观点似乎说明，自然界之所以按照目前的状态运行，是因为它包含了体现神性的物质，从而使宇宙世界按照神所规定的理性法则有条不紊地运行。是不是这个道理？

芝诺：

可以这么说。万物之所以按照它们被安排的样子运行、活动下去，原因就在于万物之中融合了体现神的意志的物质材料。大意就是如此。

记者：

听你讲话，我就想起来两个名词，一个叫天意，一个叫命运。似乎冥冥之中，万物是由某种东西所决定的？

芝诺：

可以这么说。一切人和事物，都处在神的支配之下。也正因为一切人和事物都处在神的支配之下，才使他们拥有某种可以把握的规律，这种规律，也可以称为理性。

九　四海之内皆兄弟

记者：

西方哲学里面，你们斯多亚学派最具世界主义的色彩。

芝诺：

别人的哲学，我研究不多。我也不知道你所讲的世界主义色彩，到底是什么色彩。我只是知道，我们这个学派的学者都把所有人看成同一个人类共同体的公民。这个人类共同体，就是世界。

记者：

简言之，你、我等每个人都是世界公民？

芝诺：

可以这么说。

记者：

每个人都是独立的存在：你有你的思想，我有我的思想；你有你的利益，我有我的利益；你有你的祖国，我有我的祖国。那你怎么能够把人人都看成一个人类共同体的公民呢？

芝诺：

人类历史就是一部戏剧。也就是说，整个世界历史就是一部戏剧，它允许每一个人在其中都扮演一个角色，而且这些角色之间是你中有我、我中有你的关系。

记者：

此话怎讲？

芝诺：

我们是人，但我们每个人的身上都带有一点点的神性。人的关系，是宇宙间最重大的事情。人类之所以能够彼此勾连在一起、纠缠在一起，那就是因为，我们每个人身上都具有神性。这个神性就是人与人都能够成为世界公民的基础。

记者：

斯多亚学派中，有一些学者说，把人和人勾连在一起的是“逻各斯”。这“逻各斯”是一种什么东西？

芝诺：

“逻各斯”就是世界精神。用你们今天的话来讲，正是“逻各斯”这个精神之网，把人和人连在一起。人人都共享这个世界，人人都离不开这个世界。正是通过“逻各斯”，人和人之间建立了一种共荣共享的奇妙世界。

记者：

我看过西塞罗的著作。西塞罗认为，把人和人联系在一起的是理性。你是否同意这个看法？

芝诺：

我当然同意。西塞罗也把这个理性称为法。在这个问题上他的观点与我们的观点是一致的。西塞罗还说过，理性既存在于神性之中，也存在于人性之中。因此，理性便成为人和神共有的一种东西，这种东西可以称为法。用你们中国的话来讲，或许也可以称为道。正是因为人和神之间共同具有法，或者具有道，进而，在那些享有法或者道的人和神之间，必定具有某种共同性，如对正义的共同拥有。也正是因为人人都拥有这种或被称为法、或被称为理性、或被称为神性、或被称为世界精神的东西，每个人都成为世界公民。因而，四海之内皆兄弟，也可以说四海之内皆姐妹。

十　作为一切存在之基础的物质

记者：

很多人经常用唯物主义来界定你们斯多亚学派的哲学归宿。但我总觉得，你们心目中的唯物主义和平常人理解的唯物主义不一样。

芝诺：

我们的哲学是否属于唯物主义，我不知道。我想问你，何谓“唯物主义”？

记者：

在哲学上，那种把物质视为一切存在之基础的理论被称为“唯物主义”。

芝诺：

如果是如此界定，那把我们的理论界定为“唯物主义”，也没有什么错。因为我们斯多亚学派的哲学家大多是认为一切实在之东西都是物质的，整个宇宙中的每一个事物都是物质的具体形式。

记者：

如此说来，说你们的理论是“唯物主义”肯定是不会错了？

芝诺：

但是……

记者：

但是什么？

芝诺：

一般的“唯物主义”理论中的物质，是那种被动的、惰性的、静止的东西。而在我们心目中，一个物质的世界，是变化的、能动的、结构性的、有序的。我们心目中的物质，除了具有各种各样的静止性的物理属性以外，还具有动力或能力。

记者：

那这种动力或能力与作为万物之基础的物质比起来，哪个是主要的，哪个是次要的呢？

芝诺：

毫无疑问，在物质世界中，作为一种主动性的和创造性的动力或能力，它是物质存在的最高形式。就如火燃烧万物一样，如果没有火，世界万物就缺乏活力。如果没有气，就没有我们人类这种生命现象。

记者：

我明白你的意思。在你们看来，世界具有双重性：一种是客观的物质性，一种是主动的动力或者能力。那能不能把这种动力或者能力称为物质世界的精神性？

芝诺：

能否用精神性来代表物质世界所固有的特征，这是你们后来者的事情，我们没有说得那么清楚。一句话，在我们看来，所有的物质不过是神性与某种具体物质形态的统一体而已。

十一　宇宙或是一个巨大的生物体

记者：

你们斯多亚学派的哲学，显然是属于唯物主义的。但是，从你们那么多哲学家们写的书中，我又感觉到他们有时候也把外部的世界，也就是宇宙看成一个生命体。这种感觉对还是不对？

芝诺：

你的感觉是对的。不管别人怎么认为，在我看来，所有的物体都是神或者理性与具体材料的复合体，精神不是物体之外的东西，而是物体的必要成分。也就是说，每一种具体事物之中，就包含着理性。

记者：

你的意思是说，所谓的物质，是包含理性的物质；所谓的理性，也自然存在于所有的物质之中。

芝诺：

就是这个意思。

记者：

我曾经写过一本书，名字叫《宇宙是活的》。我的观点和你的观点一模一样。

芝诺：

你的观点是……

记者：

我的观点是，宇宙是一个物质与精神相结合的有机体。

芝诺：

早表达你的观点嘛！君子所见略同。

十二　标准的唯物主义认识论

记者：

学术界普遍把你们斯多亚学派的认识论，看作彻底的唯物主义认识论。平心而论，我对“唯物主义”这几个字，没有什么好感。

芝诺：

不管你对“唯物主义”这四个字有没有好感，我只是想告诉你，在我们斯多亚学派的哲学家看来，所有的思想都源自对象对感觉器官的冲击。离开了外部具有某种物质形式的东西，人就不可能有思想。

记者：

你这种观念，很明显是与唯物主义挂起钩来的。

芝诺：

在我们看来，如果没有外界的客观物质的存在，人类就不可能形成感觉，也不可能形成某种思想。

记者：

我知道你们会这么看的。

芝诺：

你我之间交流所用的词语，无非是你我思想的工具而已。我问你，这思想从何而来呢？

记者：

你说。

芝诺：

毫无疑问，思想是某种对象作用于心灵的结果。你不会不同意我的看法吧？人的心灵，在出生的时候，是一片空白，是一张白纸，什么都没有：没有感觉，没有判断，更没有思想。而只有外部世界的对象刺激心灵时，心灵上才会留下种种印象，就像一块印章把它的印记留在了蜡上一样。正是由于外部世界一次又一次地作用于我们的心灵，我们的心灵才逐步产生了对外部世界的印象、记忆，从而进行更高层次的判断和推理。

记者：

你是研究哲学的，我也是搞哲学的。你我所用的很多概念，我们很难说它们是外部世界作用于我们的感官而产生的事情，如空间、时间等。

芝诺：

不管你怎么想，我们斯多亚学派的哲学家们都认为，一切思想都是以某种方式和外部世界相联系的。正是由于外部世界作用于我们的心灵，我们才会产生印象、记忆、知识，才会产生高层次的理性、判断。一句话，离开了外部世界对感觉器官的冲击和影响，一切主观的思想、概念、判断都不可能存在。

记者：

很显然，你们这是赤裸裸的唯物主义认识论。

芝诺：

随便你怎么戴帽子。

十三　我们不能控制所有的事情，但能控制我们对事情的态度

记者：

据说，你对苏格拉底非常崇拜。你崇拜他什么呢？

芝诺：

面对死亡时的态度。

记者：

在你的眼中，苏格拉底是以一种什么样的态度面对死亡的呢？

芝诺：

面对死亡，苏格拉底没有像普通人一样失态。面对死亡，有的人极度地恐惧，有的人整天痛哭流涕，有的人会苦苦哀求别人给他一条活路。但是，苏格拉底不同，他能够坦然地面对死亡，一句话，他能够控制好自己对死亡的态度。

记者：

在这一点上，我也很欣赏苏格拉底的态度。

芝诺：

苏格拉底的态度，隐含着这样的哲学，那就是：外部世界不可能按照我们所希望的那样发展，但是，我们能够调整好对外部世界的态度。当恐怖的事情必然要发生时，正由于它们必然要发生，我们就没有理由去害怕它们。因为，这些可怕的事情，并不会因为你害怕就不出现，无论如何，它们总是会发生的。

记者：

言之有理。

芝诺：

这些可怕的事情既然要发生，我们就要有尊严地面对它们，要坦然面对它们，不让这些可怕的事情损害了我们的尊严。

记者：

我明白你的意思。不知道是哪位斯多亚学者说过这样的话，大意是：我们除了害怕本身之外，没有什么可以害怕的。我理解这句话，它折射出你所要表达的

意思。

芝诺：

没错。

十四　人要学会不去操心他不能控制的事

记者：

看你们斯多亚学者的著作，经常会看到“不动心”这个词语。何谓“不动心”？如何来达到这个状态？

芝诺：

在交流人的本性的时候，我们所谈的一些话题，与你刚刚提的这个问题有关。

记者：

关系在哪里？

芝诺：

我告诉过你，世界历史就是一部戏剧，而决定这部戏剧是怎么上演的，是神，是法，是理性的原则。正是这些东西，决定了每个人在一部历史戏剧中将会成为什么样的人，将会处于什么样的位置。

记者：

我看过不少戏剧，总觉得在戏剧中很多人的地位是不平等的，有的人跑龙套，有的人演男一号，有的人演女一号。他们彼此受到的关注程度可以说是霄壤之别，在谢幕的时候就可以看出来。

芝诺：

如果你有机会在戏剧中扮演什么角色，我相信你会扮演主角，是不是？

记者：

是的。

芝诺：

绝大多数人都会这么想，也会这么做。但是，我告诉你，这是很荒唐的一种想法。

记者：

此话怎讲？

芝诺：

世界的舞台，是由神性、理性、法所决定的。在这个大舞台上，一个人无权选择自己的角色。

记者：

如此被动？

芝诺：

是的，人无法选择自己的角色。人可以操心的是，他如何把自己的角色演好，这才是他的本分。在一部戏剧中，无论你是演穷人，还是演富翁；无论你是演统治者，还是演平民，你需要做的，就是把你的角色演好。你不能因为扮演一个小角色而闷闷不乐，或者为别人被挑选为主角而耗精劳神，或者因为化妆师给你戴上一个特别丑陋的鼻子而感觉蒙受奇耻大辱。

记者：

那正确的选择是什么？

芝诺：

你必须知道，无论你怎么生气，无论你怎么忌妒，无论你如何感到你的自尊受到伤害，都不会改变你演一个小角色，并戴上一个特别丑陋的鼻子这个局面。要想使自己不至于因操心那些所不能控制的事情而失去自我，人必须学会摆脱这些感情的困扰，达到一种“不动心”的状态。达到这种状态，人就会感觉到什么是幸福。

记者：

你的观点说来说去，我明白。每个人都应该知道他自己的角色，并尽最大可能扮演好这个角色，而不抱有任何过分的想法。这才是你们所谓的幸福状态。

芝诺：

正是如此。

十五　自由的本质在于与烦恼做永久的切割

记者：

你们斯多亚学派的思想家，特别强调宇宙秩序和法对人的意志的决定作用。

芝诺：

你的表述有问题。我们强调的不是宇宙秩序和法对人的意志的决定作用，我们强调的是神所固有的物质性实体对人的决定作用，自然这种实体也对人的意志、自由产生某种制衡。

记者：

按照逻辑推下去，既然人的一切行为与思想都受制于神性与宇宙秩序，那是不是意味着人的意志不存在任何自由呢？

芝诺：

你提的这个问题，确确实实是一个高大上的问题。但是，我们斯多亚学派的哲学家，对此研究得还真不多。不过……

记者：

不过什么呢？

芝诺：

关于这个问题，我们虽然没有做过深入的研究，但我们的观点非常明确，那就是在神的意志和宇宙秩序面前，我们人的意志并非什么事都做不成。我们人类还是可以对做什么和怎么做做出相应的安排的。

记者：

依你之见，人的意志存在一定的自由性。难怪你们说过，自由就是改变人类命运的某种力量。

芝诺：

你这是张冠李戴。我们从来也没有说过自由是什么改变命运的力量。

记者：

那什么是自由呢？

芝诺：

从本质上讲，自由就是没有烦恼。

记者：

这个命题有点牵强。怎么能说自由就是没有烦恼呢？

芝诺：

不管别人怎么说，我们是这么认为的：神的意志决定宇宙的秩序，人是宇宙的一部分，人性不过是神性的一个部分；我们人类的理性不仅仅体现在认识周围的世界、改造周围的世界，更主要体现为对宇宙秩序和人间秩序的顺应和服从，这才是我们理解的自由。当我们明白了我们不可避免地要担任的角色，我们就不会拼命地反对这种必然性，而会坦然地接受。这就是幸福，这就是自由。

记者：

我们经常说，人的意志是从必然王国向自由王国过渡的。而你们的观点似乎与之相反，认为人的意志是从自由王国向必然王国过渡的。

芝诺：

你的说法，我不尽赞同，但大意还是差不多的。说到底，自由就是对必然性的坦然响应，自由就是与烦恼做永久的切割。仅此而已。

芝诺简传

斯多亚学派的创始人芝诺（公元前336—前264年）比伊壁鸠鲁只小五岁，他们完全是同时代的人。芝诺出生于塞浦路斯岛，22岁以后才来到雅典。一般哲学史上把斯多亚学派创始人芝诺称为塞浦路斯的芝诺，以区别于爱利亚学派的芝诺。

芝诺出身于一个富人家庭，他从36岁开始，在雅典的一个画廊里讲学，因此他创立的学派称为画廊学派。“斯多亚”即古希腊语“画廊”一词的中文音译，故这个学派习惯上称作斯多亚学派。这个学派延续时间颇长，达七个世纪之久；在当时影响甚大，尤其是在后来的罗马帝国时期，影响更大。芝诺本人品格高尚，他的人格及学说当时便很受雅典人及马其顿国王的欢迎。芝诺于72岁时因年迈病痛而自杀。斯多亚学派允许人自绝于人世，这个学派还有几个重要成员都是在晚年绝食自杀的。

第四章　从理念到神的历史嬗变

——对话斐洛

引　子

斐洛，生于埃及亚历山大里亚。斐洛所代表的“犹太—希腊哲学”，指的是在亚历山大大帝东征（公元前334年）以后，从犹太教思想与希腊哲学思想的碰撞与融合中产生出来的新型哲学流派。斐洛是一个伟大的“综合者”，他的学说融合了希腊的哲学与犹太教的宗教；他的思想不仅借鉴了柏拉图的理论，还糅合了斯多亚学派的理论和亚里士多德的哲学。

但将斐洛的哲学简单地称为“彻底的折中主义”的说法值得商榷。斐洛显然不是一个不分主次的“折中主义者”，他的哲学的层次性是再明显不过了：斐洛身为一个犹太人，他的哲学视野首先是希伯来式的，而《摩西五经》则是其最核心的文本基础；第二个层次则是柏拉图主义哲学；而第三个层次才是斯多亚主义或亚里士多德主义的。一言以蔽之，无论是柏拉图主义，还是亚里士多德主义，抑或是斯多亚主义，都不过是斐洛诠释其希伯来信仰的工具，当这些思想与其犹太信仰发生冲突时，斐洛就会不假思索地倒向后者。让我们走近斐洛。

一　身在他乡为异客

记者：

听说你是犹太人？

斐洛：

不折不扣的犹太人。

记者：

你们一家是什么时候迁到埃及的亚历山大里亚的？

斐洛：

我没有进行过考证，但据估计，或许与马其顿国王亚历山大入侵我的祖国巴勒斯坦有关吧。亚历山大，就是亚里士多德的学生。

记者：

怎么讲？

斐洛：

公元前331年，亚历山大大帝率领其雇佣军，长驱直入，占领了我的祖国，让我们这些犹太人吃尽了苦头啊！我们家应该是那之后的某个时间迁到亚历山大里亚来的。不过我们也是因祸得福，亚历山大里亚确实也是一个不错的地方，虽然不是到处流着牛奶和蜜，但也不比巴勒斯坦差多少，关键是这里的文化气息浓厚，可以说是物华天宝，人杰地灵。

记者：

历史书上说，在亚历山大里亚有一个大图书馆？

斐洛：

没错，当时的世界第一图书馆。

记者：

一个无比伟大的城市。

斐洛：

这座城市是马其顿王国的亚历山大大帝于公元前332年建立的。这座城市的实际统治者是亚历山大大帝的将军——托勒密的后代。到了托勒密二世执政时，也就是大约在公元前285年到公元前247年之间，亚历山大里亚城建起了一座大图书馆，馆藏图书70万册。不仅如此，这座城市以其独特的魅力吸引了古典世界各地的诗人、科学家和哲学家来此游历、学习。

记者：

具体有哪些著名人士，可否列举一下？

斐洛：

当然可以，他们一个个都是大名鼎鼎，如雷贯耳。这些人有诗人卡利马科斯、忒奥克里托斯和罗德岛的阿波罗尼奥斯，数学家欧几里得，天文学家佩尔加的阿波罗尼奥斯、阿里斯提勒斯、提摩克拉斯和托勒密。托勒密的《天文学大成》可是无人不知，无人不晓啊。此外，还有一位地理学家名字叫埃拉托色尼。

记者：

真是一座伟大的城市。不过，一般而言，身居他乡为异客，日子总是不好过的吧。

斐洛：

一般情况下是如此，但对我们家不适用。

记者：

什么情况？

斐洛：

到了我这一代，埃及的亚历山大里亚已经处于罗马人的统治之下。在这种情况下，埃及人就不好对我们这些异乡人太过分，因为他们本身也是被征服者。而在罗马人的眼中，不管是埃及人还是那些客居埃及的外乡人，只要不给他们添乱，只要安居乐业，他们也不会轻易去收拾你的。

记者：

应该是如此。

斐洛：

在这种情况下，我的先辈和家人与罗马的上流社会保持着一种非常良好的关系。

记者：

挺好，比摩西时代好多了。

斐洛：

天壤之别。我的哥哥亚历山大·利赛玛库（Alexander Lysimachus）深受罗马人信任，罗马人委托我哥哥为犹太人的税收官。当个税务局官员，不是一般人都有这个机会的。

记者：

据说罗马帝国的皇帝对你家人都不错？

记者：

还是我哥哥的功劳，罗马帝国皇帝克劳狄（Clardius）委托我哥哥照料他的妈妈安东尼娅（Antonia），罗马人与我们家的关系由此可见一斑。

记者：

确实非同一般。

斐洛：

我的侄儿更是厉害。

记者：

厉害到什么程度呢？

斐洛：

有其父必有其子，我的侄儿名字叫提比略·亚历山大（Tiberius Alexander），他当过埃及的行政长官。公元46年，他被罗马人任命担任巴勒斯坦地区行省的财政长官，甚至一度担任罗马帝国皇帝提图斯（Titus）的军事顾问。这些我说得可能不尽准确，你可以去查查历史资料。

二　出使罗马

记者：

你本人当过什么官？

斐洛：

我是个哲学家，是一个标准的知识分子，没当过什么像样的官。不过，我在公元40年曾代表亚历山大里亚的犹太人出使罗马。

记者：

你是犹太人的精神领袖。

斐洛：

这么说，也基本符合历史事实。

记者：

据说你那次出访罗马无果而终。

斐洛：

一点不假，不过多多少少还有些象征性意义的。

记者：

说说细节如何。

斐洛：

情况是这样的：希腊人、罗马人对犹太人一直是抱有敌意的，但是在屋大维和提比略时代，反犹势力对我们犹太人的打压还是比较克制的。然而公元 37 年卡里古拉（Caligula）继皇帝位后，情况则急转直下。这位皇帝对我们犹太人开展了第一次大规模的迫害。

记者：

据说卡里古拉是一个目空一切的家伙。

斐洛：

是的，这个家伙狂妄自大，他命令我们犹太人把他当成神，他命令把他的雕像放在罗马帝国全境所有的宗教聚会场所，自然也包括我们亚历山大里亚所有的宗教聚会场所。

记者：

这对于你们犹太人来说“是可忍，孰不可忍”？

斐洛：

是的。我们所有犹太人群情激奋，纷纷谴责卡里古拉的狂妄做法。尤其是在公元 38 年，也就是卡里古拉继位后的第二年，他命令要将其雕像放在耶路撒冷的圣殿里。面对这种天大的侮辱，犹太人的肺都要气炸了，一场声势浩大的武装起义一触即发。为了缓和局势，在皇帝命令到达之前，亚历山大里亚的犹太人决定委派一名德高望重的长者率领使团赶赴罗马进行斡旋。

记者：

于是他们选中了你。

斐洛：

是的。卡里古拉依然我行我素，蛮横地命令将其雕像安放到了耶路撒冷的圣殿里。但是，我们通过出使罗马，让罗马的政治家们知道我们虽然反对他们把雕像放入圣殿，但并不意味着我们反对当时的罗马政府。我在《出使盖乌斯》一书中对此有详细的记载，不管怎么说，卡里古拉的愚蠢做法到其继承者克劳狄继位时就被废除了。

三　《圣经》并非典型的哲学著作

记者：

你的功劳是大大的，犹太人应该感谢你。

斐洛：

为我的民族做事，义不容辞，不需要任何酬劳。但自这场危机之后，我就彻底退出政治舞台，再次搞起了我心爱的哲学。

记者：

在你生活的那个世纪，自然也包括刚刚过去的两三百年，可是人类历史版图发生天翻地覆变化的时期：一会儿是马其顿人消灭希腊，一会儿是罗马帝国异军突起，一统天下。兵荒马乱，对搞哲学的人来说，可不是一件好事啊。

斐洛：

也倒未必。从全世界范围看，政治上的过分稳定，往往不利于思想的创新，而兵荒马乱、政治秩序紊乱，往往有利于百花齐放，有利于百家争鸣。

记者：

明白。听说你终其一生都努力在希腊哲学与你们的犹太哲学之间寻求某种平衡。

斐洛：

你的表述有点问题。

记者：

那应该如何表述？

斐洛：

应该这么说：我终其一生都是在努力用希腊哲学的理性主义来诠释犹太教，并在此基础上创造出一种能够被称为哲学的犹太哲学。

记者：

你的意思是不是说在你之前不存在犹太哲学？

斐洛：

是的。平心而论，是希腊的哲学促使我们犹太哲学诞生。可以说没有希腊哲学就没有我们犹太哲学。

记者：

如何理解？

斐洛：

在回答你的问题之前，我先问你一个问题。

记者：

什么问题？

斐洛：

你读过《圣经》吗？

记者：

读过，不过，没有通读过，等时间宽裕些，我会从头到尾细细读一遍的。

斐洛：

在你看来，《圣经》是一本什么样的书？

记者：

我没有通读过，不敢乱发议论的。说你的看法。

斐洛：

也好。首先，《圣经》不是一本科学书。

记者：

怎么讲？

斐洛：

《圣经》中包含着对某些事实的陈述，例如，书中记述了巴比伦国王尼布甲尼撒二世曾经包围、攻占并摧毁了耶路撒冷，这些事实就得到科学证实。这类例子还有很多，但是去论证和证明这些历史事实，并不是《圣经》的宗旨。

记者：

其次呢？

斐洛：

其次，《圣经》不是一本文学书。

记者：

怎么讲？

斐洛：

《圣经》毫无疑问包含着非常丰富的文学内容，文笔简练朴实，富有深刻的洞察力和丰富的想象力，但是就其本质而言，《圣经》的作者从来就没有把这部伟大著作视为文学作品。《圣经》的价值在于给人以启迪，而不是追求精湛的文学艺术。因此，不能把《圣经》看作文学读物。

记者：

喔。那最起码说，《圣经》算得上哲学著作吧。

斐洛：

哲学著作？就更不是了。

记者：

为什么啊？

斐洛：

不知你知道不知道，在我们那个时代，讲哲学是用希腊语的，也就是说，唯有在希腊这个地方人们才能找到哲学。在全世界任何其他地方，最起码在我们中东一带你是找不到哲学的。

记者：

希望听你详细说说。在你们中东地区，不是早就有伊斯兰哲学吗？在印度不是早就有吠檀多哲学吗？就是在我们中国，不是也早就有儒家哲学吗？

斐洛：

关于印度和中国，我不好说太多，因为我不了解印度和你们中国，但你要说早就存在什么伊斯兰哲学，那是大错特错的。伊斯兰教是伊斯兰的思想家们通过运用希腊哲学对《古兰经》进行诠释而形成的，它的历史一点也不比我们犹太哲学早。就我们犹太教而言，各种各样的犹太经典可谓是汗牛充栋。《圣经》《塔木德》《密德拉什》都是我们的经典。但这些都不是哲学著作。

记者：

那我想知道：什么样的著作才能算得上是哲学著作？

斐洛：

诉诸人类理性、对研究客体进行系统的逻辑批判的研究和阐述，这样的著作才能算得上是哲学著作。

记者：

难道你们那些犹太经典不是?

斐洛：

不是。

记者：

愿闻其详。

斐洛：

我们犹太人的古代文化就是犹太教文化，其基本文献是《圣经》《塔木德》《密德拉什》等宗教经典。

记者：

《圣经》应该包括《新约》和《旧约》吧?

斐洛：

不是的，我说的《圣经》就是《旧约》。

记者：

明白，你们犹太教与基督教是不一样的，我搞糊涂了。

斐洛：

好多人都搞不清楚。我说的《圣经》，包括《律法书》《先知书》和《圣著》三部分。它是我们古代犹太先知、国王、祭司和文人学士在不同的时期所记载的东西，内容包括犹太信仰、法律条文、道德训诫、历史传说、文学故事。

四　评点希腊诸子百家

记者：

很显然，没有古希腊的哲学，就没有犹太哲学，似乎也就没有伊斯兰哲学。但在希腊那么多的哲学流派中，听说你最为欣赏柏拉图的哲学，能否说说你何以做出如此选择。你当知道，你是第一位犹太哲学家，你的选择对于犹太哲学的未来至关重要啊。

斐洛：

在希腊那么多的哲学流派中，毕达哥拉斯学派我是比较喜欢的。他们所设想的社会是神圣的，他们的平等观念当属公正之母。我在对《圣经》的解释中曾经应用过他们的论述。

记者：

智者学派如何？

斐洛：

不行。

记者：

为何？

斐洛：

他们凭借三寸不烂之舌，用哲学来对抗哲学，在这些人的心目中，哲学与信条就是商品，可以自由买卖，谁给钱多就卖给谁。

记者：

伊壁鸠鲁学派如何？

斐洛：

不行。

记者：

为何？

斐洛：

他们的原子论没有什么创意，他们的感觉主义快乐观更是让我很反感，这个理论邪恶得很。尤其是，伊壁鸠鲁学派学者们竟然认为有以人的形式存在的神，这更是我所坚决反对的。荒唐透顶，胡说八道。

记者：

怀疑主义学派如何？

斐洛：

不行。

记者：

为何？

斐洛：

怀疑主义者对自然界最美好的事物置若罔闻，漠不关心，而一天到晚忙于一些鸡毛蒜皮的小事，一天到晚纠缠于一些无谓的争论。

记者：

折中主义与学园派如何？

斐洛：

不行。

记者：

为何？

斐洛：

这些人关键是自己毫无主见，一会儿攻击这个人，一会儿攻击那个人。在这些人看来，所谓的哲学，除了攻击就是攻击，除了批评就是批评。

记者：

亚里士多德如何？

斐洛：

亚里士多德的“四因说”与他关于主动与被动的理论，我是赞同的；亚里士多德否定柏拉图的理念论，不相信世界有起源的观点，是我所反对的。

记者：

斯多亚学派的术语与措辞经常出现在你的每一个哲学命题中，足以显示你对斯多亚学派是很认同的，是不是？

斐洛：

完全是一种表象。当然我对芝诺和克雷安德等人还是很尊重的，我在我的书中，一再称呼他们为“神圣的人”。不管你是否赞同，从总体上看，我对斯多亚学派是基本否定的，我之所以经常援引他们的术语名词，那只是要说明，我是一位与时俱进的哲学达人而已。

五　柏拉图主义：解释者与修改者

记者：

柏拉图主义如何？

斐洛：

最欣赏，最喜欢，我们之间共识最多。

记者：

体现在什么地方？

斐洛：

柏拉图主义的核心思想，在我对诸如理念论、创世论、灵魂论、知识理论、上帝存在的证据、上帝的可知性、正义行为的基础以及理想国等问题的处理中处处可见。没有柏拉图主义提供的这些核心范畴和概念，我就不可能建构我的哲学体系，犹太哲学就会晚出现不少年。

记者：

很显然，你对柏拉图主义评价最高，但是，我也听说你对柏拉图主义是保持一种若即若离的态度？

斐洛：

什么意思？可否说得明白一点。

记者：

我是听别人说的。

斐洛：

谁？

记者：

罗西（Azariah dei Rossi），16 世纪一位著名的犹太学者。

斐洛：

罗西先生如何说我的？

记者：

原话是，“他是一个伟大的哲学家——熟知柏拉图、亚里士多德和其他有智之人的作品——在他之前他们就在异教徒中有了声望。然而他加入了自己的新东西，因此，他有时显得是跟着他们的脚步走，但有时他不再追随他们，因为他的方式和他们的是相反的”。请你注意，此处的“他”就是你啊。

斐洛：

不能说没有道理，我是柏拉图主义的继承者，也是解释者，自然更多的也是批评者、修改者。咱们言归正传吧。

六　关于“寓意解经法”

记者：

研究你的著作，我发现这些著作都是对《摩西五经》所做的注解和诠释。

斐洛：

也有一些例外，不过也是少数几篇。

记者：

你的研究方法被学者们广泛称为“寓意解经法”或“喻义解经法”，你被公认为这种独特学术方法的创始人。

斐洛：

你的表述有问题，这种所谓的“寓意解经法”，在我那个时代就不是什么新鲜事物。早在我之前，希腊人就开始使用这种方法了。

记者：

愿闻其详。

斐洛：

“寓意解经法”是与“字义解经法”相对的一种解经法。前者通过对经文中使用的寓言和比喻进行解读和解释，指出寓言的字面含义并非作者所要表达的主题。

记者：

顾名思义，所谓“字义解经法”就是严格按照经文的字面含义来解释经文。

斐洛：

是的。

记者：

你说希腊人早在你之前就开始使用“寓意解经法”来对经文进行解释，在我的印象中，希腊似乎并没有如犹太人的《圣经》一样的东西，皮之不存，毛将焉附！

斐洛：

你的说法既对也不对。希腊确实没有类似我们犹太人的《圣经》这样的书籍。不过，在希腊人的心目中，荷马、赫西俄德等人留下的诗歌就是希腊人的“圣经”。怀疑荷马，质疑荷马，长期以来被视为反宗教，是无神论，会受到谴责和讨伐。

记者：

看来，尊重荷马，尊重神灵，尊重宗教，确实也是希腊的一个历史传统。根据我的研究，希腊还有一个传统，这个传统就是尊重科学，尊重理性，尊重哲学。

斐洛：

你说得一点没错。希腊不仅有荷马、赫西俄德，还有泰勒斯、阿那克西曼德、阿那克西美尼、毕达哥拉斯、赫拉克利特、德谟克利特、伯里克利、希罗多德……

记者：

一个是“宗教诗歌神话传统”，一个是“理论科学”传统，虽然相互对立，但依然能并行不悖，和平共处。

斐洛：

你知道为什么能出现这种奇特的情况吗？

记者：

原因是什么？不会与“寓意解经法”有关吧？

斐洛：

当然有。这两大传统，原本是水火不容的，前者仇视一切无神论，后者则对形形色色的万物有神论嗤之以鼻。柏拉图一度提出要将诗人驱逐出他的“理想国”。能让这两大传统并行不悖往前延续，就源于一些希腊学者用“寓意解经法”来对荷马等人的诗歌进行解释。正是他们的解释，使得两大传统之间的紧张关系得到缓解。斯多亚学派学者就是这些人中的杰出代表。

记者：

明白了，所以你说你不是“寓意解经法”的创始人。

斐洛：

其实，即便在我们犹太教哲学家中，我也不是“寓意解经法”的首先使用者。在我之前，早就有许多犹太拉比们用这种方法来解释《圣经》了。

记者：

你为什么不赞同对《圣经》做字面上的解释，难道经文的字面意义没有什么用处吗？

斐洛：

这个问题不是一两句话就能说得清楚的。《圣经》是怎么来的，你应该知道吧？

记者：

此类著作，我看过很多。那些书说《圣经》是几十位来自不同阶层、不同时期的人，历经一两千年一点一点写就的；作者之中，有的人是官员，有的人是学者，有的人是乞丐，也有的人是劳改释放人员……

斐洛：

你说得太平淡了。希伯来《圣经》的作者们，在写作《圣经》时处在一种与哲学家相仿的状态。如果说有什么不同的话，那就是：哲学家们受到激励而回忆起那超越感觉世界和物质世界的理念，而写下《圣经》的犹太先知们在圣灵的激励下，则无所不知。

记者：

为什么会有这种差异呢？

斐洛：

因为此时这些《圣经》的作者们拥有精神上的太阳和明媚的光照，对感觉不可见的只能由理智加以理解的事物有着充分清晰的把握。希伯来《圣经》的希腊文翻译者们在从事翻译的时候也是如此，他们被同样的圣灵所激励，因此他们能够准确无误地把希伯来文转换成为希腊文。

记者：

既然翻译者能够准确无误地把希伯来文《圣经》转换成为希腊文《圣经》，

人们自然就能很容易地根据转换过来的《圣经》精准地把握经文的含义了。

斐洛：

不是那么回事。

记者：

怎么讲？

斐洛：

不要说外人，即使是我们犹太人，虽然生活在祖先的律法之下，天天诵读《圣经》，但是由于享受不到圣灵的激励，因而就无法理解经文的准确含义。所以就需要我们对经文的寓意进行解释，以便人们能够透过表面的文字，而对《圣经》予以准确的理解。

记者：

这就是为什么需要对经文进行“寓意解释”了？

斐洛：

是的。未经寓意解释的经文只不过是在咒语的驱使下伴随着神秘莫测的话语和祭祀仪式的词和短语而已。

记者：

那是不是意味着经文的字面意义就是没有用的呢？

斐洛：

那倒不是。我强调寓意解释的重要，并不是要贬低字面意义的价值，更不是要否定字面意义。正如人必须有身体和灵魂一样，《圣经》也是如此，文字是其身体，而寓意才是其灵魂。

记者：

说来说去，你还是把通过寓意解释出来的东西视为《圣经》的根本。

斐洛：

是的。仅仅理解字面意义乃是程度比较浅的理解。字面的意义是供未成熟的人读的，而字面底下的意义则是供成熟的人读的。一句话，对于人们把握《圣经》，经文的字面意义是表象层面上的意义，而通过寓意解释出来的意义才是真正有价值的东西。

七　上帝是一种永恒的存在

记者：

身为一个犹太人，你似乎相信上帝存在？

斐洛：

不是似乎，是绝对相信。上帝的存在，千真万确，毋庸置疑。

记者：

作为一个哲学家，凡事都应该说出道道来，你能告诉我你为什么坚信上帝存在吗？也就是说，你如何去论证上帝存在呢？

斐洛：

在我回答你的问题之前，我先问你一个问题。

记者：

什么问题？

斐洛：

假设你进入一个城市，当你看到该城市一切都运转得非常有秩序，人民的生活被安排得井井有条，令人艳羡，你会想到什么？

记者：

我会想到这个城市里一定有一个优秀的管理者。

斐洛：

让我们拓宽一下视野，放飞一下想象。

记者：

好。

斐洛：

假设你进入一个伟大的城市，而不是一个很小的城市，譬如说一个国家，整个世界，干脆说一个宇宙吧，当你看到春夏秋冬四个季节交替而往，看到日月轮回、昼夜循环，看到万千天体按照特定的规律自由自在地旋转着，当你看到山川草木皆是依照一定的规律和秩序在变化，你会想到什么？

记者：

你是让我说想到宇宙间存在着一个伟大的管理者吧？

斐洛：

正是。不管你怎么想，我自己正是这样想的。当我仰望星空，看到如此秩序井然的宇宙世界时，我就会想到在这个伟大秩序的背后，肯定站着一个伟大的设计者，站着一位伟大的父亲，站着一位伟大的创造者，他就是上帝。

记者：

那上帝在哪里？

斐洛：

他站在世界之外，也存在宇宙之中。他远在天边，也近在眼前。

记者：

那还有什么证据能证明上帝存在呢？

斐洛：

诸种“异象”“奇迹”的存在，也是证明上帝存在的依据。

记者：

如何讲？

斐洛：

《圣经·出埃及记》中有云：“求你将你的道指示我，使我可以认识你。”通向上帝的“道”在何处？我们不是通过天，不是通过地，不是通过水，不是通过空气，也不是通过其他的东西走向上帝之“道”。这些东西都是被创造物，也就是都是上帝所创造出来的东西，既然是创造出来的东西，自然就会灭亡的，因而就不可能是永恒的。很显然，人们无法通过这些被创造物来认识上帝，而属于上帝本身的各种“迹象”与“奇迹”，才是永恒的东西。作为上帝的“选民”，我们这些犹太人很幸运地能够看到上帝的“真实的存在”；反过来说，恰恰是各种属于上帝的“奇迹”与“迹象”的存在，也正好说明上帝是存在的。

记者：

简直是循环论证。中间的漏洞是很多的，想自圆其说很难。还有呢？

斐洛：

我们一旦进入沉思就能领悟到上帝的伟大，这也证明上帝是存在的。

记者：

很牵强。那你可否将你心目中的上帝向我做一番描述呢？说得学究一点，也就是你心目中的那个上帝具有什么本质特征呢？

斐洛：

当然可以，我先用一句话把上帝的特征归纳一下，然后再慢慢细说如何？

八　询问上帝的本质超过了人的能力

记者：

关于上帝的本质，是一个非常重要的问题，我希望你说得透彻一些。

斐洛：

当然没问题，上帝的本质可以简单归纳为如下几点：单一性、无形体性、单纯性、不可命名性、不可知性、自足性。

记者：

符合你说的几个特征的存在才叫上帝？或者说上帝具有你说的六大本质？

斐洛：

是的，我已经说过。关于单一性，《圣经》说：上帝是“最高的神”，但是“最高”不等于“唯一”，在希腊语中，甚至“最高”还可以直接被理解为“多神”的。不过，《圣经》接着说：“除了上帝没有别的”，“以色列啊，你要听，耶和华我们神是独一的主”，这样一来，我们的主，自然说的就是上帝，就是单一性的了，也就是唯一性的，独一无二的了。

记者：

天下第一，天下唯一。

斐洛：

没错。关于无形体性，《圣经》明确禁止用“雕刻偶像，仿佛什么男像、女像，或地上走兽的像，或空中飞鸟的像，或地上爬物的像，或水中鱼的像”来代表上帝，你知道这是为什么吗？

记者：

为什么呢？

斐洛：

很明显，在撰写《圣经》的先知们看来，上帝与那些看得见摸得着的物体不具有任何相似性。

记者：

依照古希腊的哲学，世界万物皆由元素所构成，也是由质料和形式所构成，难道上帝连基本的质料和形式都没有？

斐洛：

你还真的说对了。在我看来，上帝无质料，无形式，没有身体，没有感觉器官，更是没有情感。人可以忌妒、愤怒、生气，但上帝则不能。或许正是因为上帝不具有任何的形体性，也就决定了上帝必然还具有单一性，也就是他的性质是单纯的，而绝对不是混合型的。

记者：

暂时撇开不可命名性和不可知性等不说，我问你：为什么说上帝是自足的呢？

斐洛：

关于上帝的自足性，其意思是说上帝是完美的，因而上帝不需要任何东西。

记者：

上帝是完美的，不需要任何东西？

斐洛：

是的啊，我在上面已经说过，上帝是绝对简单的，绝对未混合的。上帝没有任何欲望，他不需要什么，他自身是完全自给自足的。

记者：

顺便问一下：因为能自给自足，上帝的存在显然是不依赖任何第二者的，是吗？

斐洛：

当然是。

记者：

那这种上帝存在于何处呢？

斐洛：

上帝无处不在，上帝超验于万物，但是又内在于万物之中。

记者：

你是说上帝必须还要通过其创造物而存在，如必须通过土地、水、空气而存在，没有这些创造物，上帝就无法显现。

斐洛：

并非如此，上帝内在于万物之中，但是他是绝对超验于万物的，我们不能说上帝一旦离开其创造物就无法存在，只能说上帝将其力量延伸至土地、水流、空气。一句话，上帝无处不在，无物不有他的存在，但是上帝绝对超验于一切，如太阳一般绝对高悬在万物之上。

记者：

你说得也够费劲了，但我总觉得有些难以自圆其说。分歧保留吧。那我继续问你：你说上帝有不可命名性是什么意思？

斐洛：

不可命名性、不可理解性都是上帝的一种本质，二者内容大同小异。

记者：

如何理解啊？

斐洛：

关于上帝的不可命名性，我在我的文章《论更名》中已经反复论证过了，我说，“一个智性的对象只能被心灵的眼睛理解”。我说，上帝不能被任何人理解，无论是作为感觉的对象还是作为智性的对象，“因为我们的身体中没有感官能够设想它，在感觉中也没有，因为它不是用感觉感知的，也不是用心灵感知的”。而既然上帝是不可感知的，也就是不可理解的，既然上帝是不可理解的，那我们就无法给上帝“安”上一个合适的名字。

记者：

你一方面说上帝是不可理解的，一方面又一条一条地列举上帝的本质特征。这不是自己否定自己吗？说得不好听一点，不就是自己打自己的嘴巴吗？

斐洛：

天下矛盾无处不在，无时不有。上帝是可以理解的，我们对上帝本质的最深刻的理解就是唯有上帝才能感知上帝，对人类来说上帝则是不可理解的，也因而是难以命名的。

九　世界是生成的

记者：

在大多数人看来，宇宙和世界都是永恒的，也因而是从来如此，不存在什么起源问题的。似乎你的观点与之不同。

斐洛：

这不是我的观点，而是《圣经》的观点。

记者：

喔。

斐洛：

宇宙与你我眼中的世界，并非从来如此，而是存在一个起点。这个起点就是上帝创造宇宙万物的世界。用一句专业话语说就是，世界是生成的，它不仅有过去、现在，也有未来，它不仅有出生，也有灭亡。

十　理念的三种类型

记者：

关于上帝，我们已经说得够多了。我们应该说说另一个同样大名鼎鼎的概念。

斐洛：

我知道你的意思，就是与柏拉图的名字联系在一起的那个概念——理念。

记者：

根据我的研究，理念论显然是柏拉图的发明和创造。对于柏拉图的理念论，亚里士多德、斯多亚学派和伊壁鸠鲁学派的学者们是公然反对的。在他们看来，世界上根本就不存在理念这种东西。理念在柏拉图那里是作为某种真实的无形体而存在的，而柏拉图的继承者们的看法则与之不同。在他们看来，理念就是上帝的思想，而非某种真实的无形体。

斐洛：

你说得没错。对于上帝、理念以及他们彼此的关系，柏拉图的看法也是此处与彼处不一样，此时与彼时不一样，甚至经常是前后矛盾。例如，柏拉图在一些地方把理念的一部分，也就是善的理念视为上帝，有时候他又把上帝说成是“产生”和“创造”善的理念，有时候他又把理念说成某种“非产生的”“不可毁灭的”东西。

记者：

真令人莫衷一是啊。那你是如何解读理念的呢？你是如何解读上帝与理念的关系的呢？

斐洛：

这个问题很拗口，须得慢慢说的。刚才你总结得挺好，在我们那个时代，对于理念的理解是多元化的，一种可以归纳为柏拉图形态的理念，这种理念具有永恒性、真实性和无形体性等特征；一种是理念仅仅作为上帝的思想而存在，这种形态似可归纳为斯多亚形态；一种可以归纳为亚里士多德形态，这种形态下，所谓的理念被贬低为实实在在的具体事物，离开具体的形形色色的事物，理念就根本不存在。

记者：

你的观点是？

斐洛：

我的观点是：第一点，理念作为上帝的思想而存在；第二点，在上帝创世之前，理念作为上帝的创造物，是以一种真实的无形体的东西而存在；第三点，随着世界的创造，理念被上帝注入世界，因而在世界中无处不在。在此我需要强调的一点是……

记者：

什么？

斐洛：

我上面所说的三个阶段并非前后相继的阶段，它们是理念具有的三种不同类型的存在，彼此相互对应。因此，即使在创世以后，理念的三种形态依然是存在的。

记者：

别人我不关心，我只关心你的理念理论与柏拉图的理念论到底有什么不同。

斐洛：

其实，我的理念理论与柏拉图的理念论的区别是显而易见的，但有时候也是含糊不清、一言难尽的。

记者：

为什么？

斐洛：

因为柏拉图对此有时候也是前后不一、含含糊糊的。不过有一点是肯定的，在柏拉图那里，上帝与理念之间孰优孰劣似乎没有什么结论，而在我的理论中，上帝是优于理念的，上帝是创造者，而理念则是被创造物。

十一　逻各斯：神与世界的中介

记者：

研究你的著作，会到处碰到一个名词，这个名词就是“逻各斯”，神叨叨的，逻各斯到底是一种什么东西呢？

斐洛：

听说你盖过房子？

记者：

盖过，这与逻各斯何关？

斐洛：

在盖房之前，你要具体做什么事情？

记者：

最核心的工作是设计。

斐洛：

设计是不是就要先设计与房有关的元素，然后把这些元素结合在一起，从而构成一套套房子，构成一个个完整的生活居住区。

记者：

是的。

斐洛：

上帝干的事情也是这些，我们已经说过，上帝创造世界借助的是一个个现实世界的模型。这些模型就是一个个具体的理念，当这些理念构成一个系统的整体的时候，就成为一个“智性世界”。“智性世界”是理念的结合体，是外部可见世界的真正的摹本。结合到盖房，“智性世界”就相当于完整的设计图纸，在这里，以后外部可见世界的所有特征一应俱全。

记者：

是那么回事？

斐洛：

那我问你：你是用什么来构筑你的图纸的呢？

记者：

设计师的心灵与辛苦的研究。

斐洛：

没错的，上帝也是用心灵来研究“智性世界”的。具体说来，在“智性世界”出现之前，它存在于上帝的心灵之中，上帝的心灵就是逻各斯。因此，在我的书中，我多次说，逻各斯是“智性世界”的住所，自然也就是理念世界的住所。

记者：

基本明白，逻各斯就是心灵，就是一种无限的力量，上帝正是用这种力量创造了“智性世界”，而由山山水水组成的现实世界不过是“智性世界”的具体化而已，是吗？

斐洛：

是的，因此，逻各斯就是上帝借以创造世界的那个伟大的“中介”。

十二　三者之间的关系

记者：

与你的这番谈话，让我觉得很累很累，我估计读者们看这些对话，也会觉得很累很累。最后，我希望你用最简短的语言对上帝、逻各斯、理念之间的关系做个归纳，如何？说实话，到此时此刻，我对你的好多理论还是一知半解。

斐洛：

好吧，我来归纳一下。由上帝、逻各斯、理念所组成的结构，是一个金字塔式结构：高居于金字塔顶端的是上帝，如果我们用一个词来代表“普遍性”的话，上帝就是那个最具有普遍性的“属”。居于上帝之下的是逻各斯，逻各斯在整个世界之上，是涵盖天下万物的最古老、最大的“属”。

记者：

那“理念”在哪？

斐洛：

理念离可见的世界最为接近，是可见世界的摹本，但究其普遍性而言，则要比逻各斯又低了一等。因此，如果说上帝是“最大的属”，逻各斯是被造物的“最大的属”的话，那么理念则是最一般性的“属”了。这就是他们的关系。

记者：

依然有点迷糊。

斐洛：

不要紧的，慢慢研究就明白了。说实话，我也不知道自己的归纳是否正确。

十三　感觉与生命的“外在化”

记者：

感觉是人类获取知识的重要媒介，而你则对感觉可能带来的对心灵的负面影响忧心忡忡。

斐洛：

感觉是外在性因素的起念者和纵容者，是生命外在化的起因。亚当是逻各斯，是生命本身，夏娃则代表着感觉，夏娃与亚当结合，作为内在性的人与逻各斯精神体现者的亚当，便会被边缘化，逻各斯对生命的主宰力将大大削弱。而作为感觉代表的夏娃，则从外在性的东西，一步步突破逻各斯的防线，成为生命的主宰。逻各斯就是心灵，心灵就是逻各斯。随着感觉对心灵的侵袭一步步加剧，感觉逐步登堂入室，而心灵则遭遇被虐待性的放逐。

记者：

你的话，虽然有些晦涩难懂，但大意我是明白的。一句话，感觉侵袭人的身体，而心灵则遭受流放，该内在的被外化了，本该遭受排除的却成了主角。

斐洛：

对感官享受的执着，形形色色的自私行为，都来源于感觉对于人类心灵的毒害。在这些外在性的诱惑下，人性必然消弭在无边无际的欲望之都，人性的堕落自然也是必然之事。

十四　人性二重性的由来

记者：

摩西曾经说“活物的生命是在血中”（《圣经·利未记》，第十七章，第11节），你同意他的说法吗？

斐洛：

摩西是这么说的，既然是摩西说的，就不会错。但不能孤立地看待这句话。

记者：

怎么讲？

斐洛：

摩西在一些地方说人的本质存在于血中，说明人的本质是肉体的，是动物性的。但摩西在另外一些地方说，人的本质是气，人因为拥有上帝给予的气，才成为真正而完整的人。由此说明人拥有两个本质，一个是动物性的本质，另一个是属于人，即那个与神性相通的人的本质。人的这种双重本质，与其各自对应的生命能力相适应。

记者：

具体是什么生命能力呢？

斐洛：

与前者对应的能力是生存能力，因为有了这种能力，人类才能够存活下去，这种能力是那些非理性物种与我们人类所共有的。

记者：

另一种能力是什么呢？

斐洛：

是推理能力，这种能力是我们人类与神所共有的。当然啦，人是这种能力的原创者，我们人类只是一个不平等的分享者。

记者：

所以说，人就是在这两种本质、两种能力的支配下存活着。

斐洛：

你的说法基本正确，人是如动物般地发展，还是如神一样地发展，便由人不同的倾向性所决定。

十五　人性的分裂与碎片化

记者：

依你所言，人性的组成是非常复杂的，人性有血性的、灵魂性的、理性的，非理性的。善人与恶人，便因此而出现。

斐洛：

一般人并非要么是好人，要么是坏人，而是如约瑟（《圣经》中耶稣的养父，圣母玛利亚的丈夫）一般。

记者：

如约瑟一般，混合型，多元化，杂色居多？

斐洛：

是的。约瑟代表着一般人的成长模式，即：人在成长的初期，各种外在的和内在的因素总是相互交织在一起。约瑟在来到神面前的时候，他考虑更多的是治国才能，而不是真理。后来，约瑟不再沉迷于外在的诱惑，而是在理性即逻各斯的主导下，把各种善结合为一个整体。

记者：

把各种善结合为一个整体？

斐洛：

是的，感觉的、非理性的、理性的、神性的善，都结合到一起。

记者：

这个说法是不是与你刚才的表述有些矛盾？

斐洛：

如果有，以此为准。无论是感觉的、肉体的，还是其他非理性的东西，如果能够与理性和逻各斯有机而和谐地结合起来，人就是完整的。反之，如果这些元素彼此分离，信奉感觉的人，不再相信心灵，信奉理智的人，不再相信逻各斯，作为统一性的人便不再存在，而成为一个分裂的人，一个碎片化的人。人便落入万劫不复的境地之中。

十六　最好的生活就是隐修而沉思的生活

记者：

你主张人要做一个有德行的人，要做一个完美的人，具体该如何做呢？

斐洛：

首先，人必须在口头上承诺遵守上帝所制定的律法与各种训诫，同时还要付诸行动。

记者：

付诸行动？

斐洛：

是的，仅仅停留在嘴上说要遵守各种律法和训诫是远远不够的，在俗世的生活中，要时时遵守这些律法和训诫，不去做违背律法和训诫的事情，这就是行动，这就是实践。从某种意义上讲，实践生活在沉思生活之前，也就是说行动在某种程度上应该高于沉思。

记者：

是的，沉思的生活是务虚的，行动永远是第一位的。

斐洛：

你说得太过绝对，我只是说“从某种意义上讲”，行动才高于沉思。

记者：

依照你的意思，沉思生活有时候也会高于实践？我们中国人喜欢用“知”和“行”来分别表示沉思与实践两种活动，依照你的意思，就是说你更加倾向于认为“知”比“行”更加重要？

斐洛：

是的。我在《创世纪》中曾经说过，人有三种生活方式：一种是沉思的，一种是行动的，一种是愉快的。在我看来，沉思的生活是伟大的，是优秀的；愉快的生活是不重要的；行动的生活则是不好不坏的。有时候我们会说行动的生活是坏的，那是因为这种生活距离愉快的生活很近；有时候我们说行动的生活是好的，或者说是伟大的，那是因为这种行动的生活距离沉思的生活是很近的。

记者：

说来说去，你似乎特别看重沉思的生活？在你的意识中，似乎唯有智者的生活才是最高尚的生活。但是我不明白，既然沉思的生活至高无上，那你为什么还要经常参与那些烦琐的政治生活呢？你当知道，那可是实实在在的行动性的生活啊。

斐洛：

埃及的官僚们要迫害犹太人，罗马帝国的统治者们要屠杀犹太人，我不可能置之不理，不能充耳不闻。生存对于我们犹太人来说太过重要，我必须行动。但一旦行动完毕，我就会立即投入到沉思中来，不会过分留恋所谓的政治。一味地沉湎于政治，只会让你离上帝越来越远。

记者：

我相信，你的行动早已表明这一点。

斐洛：

对世界的沉思、对哲学的沉思，是一件无比高尚的事情。亚伯拉罕（希伯来先知）是一个沉思者，他从不以炫耀自己的力量，到处进行征服为理想，他的理想就是摆脱纷争，享受宁静的生活。摩西也是一位沉思者。这些先知过的生活是真正隐者的生活，不是凡间的生活，而是灵魂的生活。他们不是人间的公民，而是天国的公民，他们是美德的化身，坦然而满怀感激地站立在上帝的面前……

记者：

设身处地于你所在的位置，我也有你如此这般的感觉。

斐洛：

沉思是我最景仰的一种生活，在这里，我沐浴在上帝的阳光里，我沐浴在真理的阳光里，我觉得我的整个身心恰如蓝天里的一抹云彩，飘啊飘啊，一直飘到那神圣的极处……我相信，那些天使们过的生活也不过如此。

记者：

我们中国人喜欢把这种生活称为神仙过的生活。这就是你的梦，梦之蓝，蓝得那么透彻，蓝得那么富有诗意。

斐洛：

当我远离政治，远离一切繁杂的人间事务，全身心地投入对宇宙、对哲学、对世界的沉思中时，我就感觉到我的灵魂被一种神圣的力量带到高处。站在山顶，我觉得阿尔卑斯山在我的脚下，在那里，有太阳，有月亮，有许多其他的天体。站在山顶，我用心灵的眼睛往下看，我看到了许多尘世的景象，我觉得浸入我心扉的空气是那么的清新……啊，摆脱人间的烦恼，让自己从那些俗不可耐的尘世中解脱出来，是一件多么幸福的事情啊！

十七　一半是犹太教徒，一半是基督徒

记者：

喔，我终于明白了。

斐洛：

你明白了什么？

记者：

别人说，你的哲学时时处处洋溢着神秘主义的色彩，看到你说话时如痴如醉的表情，我终于相信了。此外，我还有个问题需要与你交流一下。

斐洛：

说说。

记者：

一些历史资料说，虽然你是一个大名鼎鼎的犹太哲学家，但当时的犹太学者并不把你当作他们的“同志”。相反，在他们的传统里，似乎找不到你的影子，也就是说犹太学者在著书立说时，从来就不引用你的什么观点。这是什么原因啊？

斐洛：

你说得没错，我虽然一直自认为是个标准的犹太学者，但是犹太学者并不同意这一点，他们更多地把我看作一个基督教徒。而那些基督教的学者们，不仅认真保存我的著作，还不厌其烦地给我画像，我穿的袍服上都被绘上十字架。

记者：

请你客观评价一下，你与那些标准的犹太教哲学家有没有不同？

斐洛：

毫无疑问有很多不同，但是我从来就没有谈论过基督，我怎么能是一个基督教徒呢？

记者：

不管怎么说，在很多人的心目中，你一半是一个犹太教徒，一半是一个基督教徒。

斐洛简传

斐洛（Philo of Alexandria，约公元前25—公元50年），古罗马帝国时期亚历山大里亚人，是第一位犹太哲学家。他对于哲学的重大贡献是用柏拉图的理念论对《圣经》予以系统性的诠释，从而把古希腊的理性主义带入东方的宗教。

斐洛是个多产的作家，重要的著作有《论世界的创造》《论凝思的生活》《寓意解经》《论上帝的永恒性》《论亚伯拉罕的移居》《论更名》《论基路伯》《论亚伯拉罕》《论摩西的生平》《论十诫为律法之首》《论律法》《创世记》和《出埃及记》等。

第五章　哲学治疗与幸福生活

——对话塞涅卡

引　子

塞涅卡是一位政治型哲学家，在政治上他是一个十足悲剧性的人物。或许正是其悲剧性的政治生涯，让他感悟到人生的悲剧与无奈。他的哲学多是用于抚慰受伤心灵的，受其抚慰的，或是他的家人，或是与其毫无关联的陌生人，但受其抚慰最大的还是他自己。他与他精神上的诸多后来者一样，都始终把心灵疗治，尤其是把对激情的救治作为自己的终极使命。让我们走近塞涅卡。

一　其兄留名《圣经》之《使徒行传》

记者：

一些资料说，你的父亲是一位大名鼎鼎的人物？

塞涅卡：

在我的心目中，父亲很伟大，他是罗马帝国西班牙行省的一位演说家、官员，具体是多大的官，我也回忆不起来。不过……

记者：

你想说什么呢？

塞涅卡：

我的父亲一共生了三个儿子，我排行老二。我的兄长名叫盖里奥，他一度官至罗马帝国亚该亚行省总督。我的弟弟梅拉，性格比较内向，没有当过什么像样的官，但他培养出一位著名的诗人——罗马诗人卢坎就是他的儿子。说起我们家的历史，我的兄长最为传奇，如果你看过《圣经》，我相信你一定看过关于我哥哥的历史记载。

记者：

你说《圣经》中提到过你哥哥？

塞涅卡：

是的。我哥哥因保护过圣保罗而被记载于《圣经》之中。

记者：

在哪一段？

塞涅卡：

《使徒行传》第 18 章第 12—17 节，说的就是我哥哥的事情。

记者：

我审查过这段文字，这段文字说，罗马帝国亚该亚总督名字叫“迦流”，此人曾经保护过使徒保罗。当犹太人联合起来攻击保罗不按照犹太律法敬拜神灵，并拉保罗对簿公堂时，“迦流”没等保罗开口，就警告那些犹太人不要借言语、名目和律法之事惹是生非，并拒绝审判保罗。

塞涅卡：

这里说的就是我兄长的事情。

记者：

但问题是，这位亚该亚总督的名字是“迦流”，而不是盖里奥。

塞涅卡：

那是你们翻译时用的名字，地球人都知道那个时期亚该亚的总督就是我兄长，我兄长就是亚该亚的总督。

二　成也政治，败也政治

记者：

你与马可·奥勒留、爱比克泰德并列为罗马帝国时期最为著名的三位斯多亚学派思想家，但据我观察，与他们两位相比，你有一个非常突出的特点……

塞涅卡：

说说看。

记者：

他们两位虽然同为思想家，但似乎都只喜欢思考，而对写书并让自己的著作流传后世兴趣不大。爱比克泰德和奥勒留每人各有一本书流传到今天，但他们所谓的书，都不过是一些私密的谈话录或随感录而已，他们从未打算公开发表这些东西。你则大为不同，你喜欢著书立说，甚至还著作等身。

塞涅卡：

这点你说得倒也没错。我自幼就随姨妈到罗马上学，曾经系统地学习了修辞学和哲学，对斯多亚学派前辈的思想和其他学派，如新毕达哥拉斯学派的思想，非常了解。我从小就对写作很感兴趣，觉得思考是一件很快乐的事情，写作更是妙趣横生。当然，我的许多哲学著作都是在从政之余写出来的，灵感往往得自于自己的政治实践。没有政治实践，我或许写不出那么多的东西。当然，对政治的深度介入，也最终断送了我的写作事业。成也政治，败也政治！

记者：

愿闻其详。一些资料说，你在上学期间，就差点死于当时的罗马帝国皇帝之手。

塞涅卡：

是的。我这人喜欢演讲，靠演讲我年纪轻轻就在当时的罗马成为人尽皆知的人物，也正因此而成为罗马皇帝卡里古拉的眼中钉、肉中刺。

记者：

为什么呢？

塞涅卡：

卡里古拉生性残暴，而且嫉妒成性，谁能力和名气超过他，他就仇视谁，就要收拾谁。我名气比他大，他自然就把矛头对准我，要置我于死地。

记者：

这不会是你的想象吧？卡里古拉并没有因为你的演讲名气大而加害于你啊。

塞涅卡：

我没有夸张，卡里古拉当时之所以没把我怎么样，是因为我当时身染重病，被我姨妈带到埃及看病去了，因而躲过一劫。

记者：

也有人说你是故意装病逃出罗马的。

塞涅卡：

或许有这种可能，我记不清了。

记者：

总之，那位混账皇帝没害成你。

塞涅卡：

是的。

记者：

卡里古拉死后，你的处境会不会好一些？

塞涅卡：

更糟糕。

记者：

怎么回事？

塞涅卡：

卡里古拉死后，克劳狄乌斯于公元 41 年登上大位。这位新皇帝和他的皇后麦瑟琳娜依然是小肚鸡肠，仇视一切超过他们的人。我是元老院元老，我的名气远远超过他们，他们自然不会放过我的。

记者：

他们这次是如何收拾你的？

塞涅卡：

他们竟然污蔑我与卡里古拉的妹妹有染，按照罗马的法律，与贵族夫人有染应当砍头治罪。

记者：

据说你又躲过一劫？

塞涅卡：

是的，我侥幸保住项上人头，但他们把我流放到科西嘉。

记者：

我研究了地图，科西嘉可是一个四面环海的孤岛啊。

塞涅卡：

是的，但这段流放生活倒是给我提供了难得的清闲，我一边研究自然科学和哲学，一边写作。

记者：

据说《致母亲赫尔维亚的告慰书》就是你在这段时间写的？

塞涅卡：

不止这本书，我的大部分哲学著作都是在这段时间写的。从某种意义上说，我还得感谢这对狗男女呢！没有他们的心狠手辣，我还没有这段宝贵的时间呢！

记者：

人生如此坎坷，你还能静下心来写书，可敬可佩！

塞涅卡：

我一生每时每刻都被不确定性所主宰，恐惧是我生活的主旋律。为了摆脱这种恐惧，我的心灵必须有所寄托，否则，我无法活下去。我的那些书，表面上是写给母亲、朋友甚至是那些混蛋的君主，其实都是写给我自己的。自我抚慰，才是我写作的根本动机。在这一点上，我或许与你所说的其他斯多亚学派哲学家没有什么区别。

记者：

明白。你真够不幸的了！不过奇了怪了，你又是怎么突然当上了一人之下、万人之上的宰相的呢？其间的故事肯定很精彩吧。

塞涅卡：

颇具戏剧性，也很滑稽。想起那段经历，宛如梦中漫步。

记者：

我相信很多人对这段时间发生的事情都会感到很好奇。快说说。

塞涅卡：

我刚才提到的麦瑟琳娜皇后也不是什么好东西，此人放荡成性，做的坏事也是数不胜数，其下场可想而知。这位皇后被皇帝处死后，阿格里皮娜做了皇后，此人与前夫育有一子尼禄。她听说我懂得哲学，觉得对教育其子或有助益，于是便凭借其三寸不烂之舌，最终说服克劳狄乌斯把我从科西嘉召回，担任尼禄的老师，也就是你们中国人所说的太子太傅。

记者：

是金子总会发光的。你早上是囚徒一个，晚上就成了太子太傅。

塞涅卡：

其实，正是从这一刻起，我才真正走上了一条万劫不复之路啊！悲剧啊！当时我竟然为能离开科西嘉激动得好几天都睡不着呢！

记者：

说说看。

塞涅卡：

每想到这段经历，我的心都会流血不止，我只能大概描述一下。

记者：

理解。

塞涅卡：

情况是这样的：公元 54 年，克劳狄乌斯不明不白一命呜呼，年仅 16 岁的尼禄即位登基。我因特殊的太子太傅身份，也被非正式地任命为“首辅大臣”。尼禄这个人执政之初还是那么回事，其政绩可圈可点。我为此还把我的《论仁慈》一书献给他。但越往后此人越不像话，他不仅处死了把他送上帝位的母后，还千方百计要治我的罪。我感到恐惧。

记者：

三十六计走为上计。

塞涅卡：

我就是这么做的。咱是惹不起，躲得起。我退出官场，又安安静静写了几本书。《道德书简》就是其中一本。我原本以为这样可以逃过尼禄的迫害，但最终尼禄还是没放过我。他抓住一些与我毫不相干的事情，逼我自杀。

记者：

这个独裁者！混世魔王！

塞涅卡：

丢掉生命，不足惜，但因丢掉生命而丢掉我的哲学，我心有不甘啊！

三　人生问题清单

记者：

你著作等身，写有悲剧9部，问答体哲学小品文14篇，还有一部书信集《道德书简》，一部讽刺作品《神圣的克劳狄乌斯变成南瓜》，一部7卷本的自然科学著作《自然问题》……翻阅你的这些著作，感觉天下没有什么问题是你所不关心、不思考的。

塞涅卡：

基本如此，天下所有问题我都关心，但是我最关心的还是那些与我们的喜怒哀乐、为人处世息息相关的问题。

记者：

可以挑重点说一下吗？

塞涅卡：

比如，究竟有没有所谓的天意？如果真有天意，那么为什么好人会遭遇不幸或磨难？人有时候为什么会气不打一处来？我们该不该愤怒？怎样才能不动怒？怎样才能从悲伤中走出来？仁慈与怜悯究竟有什么区别？怎样才能保持心灵的宁静？生命短促，究竟是该及时行乐，还是该另有所求呢？

记者：

这些问题确实与我们每个人都休戚相关，难怪你对这些问题的思考对后人产生那么大的影响。

塞涅卡：

或许是吧。

四　“最最不幸的人就是从未遭遇过不幸的人”

记者：

你曾以专题论文《天意》研究“天意”问题。

塞涅卡：

是的。

记者：

按照通常的理解，若真的存在天意，那么好人似乎理当受到垂青，而坏人则似乎理应遭到惩罚。但在现实生活中，好人却往往屡屡经历磨难，这当如何解释呢？

塞涅卡：

你说的是事实。但在我看来，各种各样的磨难和逆境，并非是上天给人的惩罚，相反，我倒认为它们是一种“历练”。

记者：

作为一种历练，这种说法没问题。

塞涅卡：

事实也是如此啊。假如你是一个摔跤手，你就应该有一个强大的对手，没有对手，你的功夫就会大打折扣。一个人功夫的强弱，只有在展现其忍受力时才能得到显现。作为一个好人，无论面临什么问题，都应该坦然接受，不应该轻易就打退堂鼓，也不应该抱怨命运。

记者：

中国古代思想家孟子曾经说过类似的话，原话是：“故天将降大任于斯人也，必先苦其心志，劳其筋骨，饿其体肤，空乏其身……”

塞涅卡：

差不多。天意如同父爱，天意让好人遭遇逆境，就如同做父亲的严格要求自己的孩子一样。让孩子懂得劳累之苦、病痛之苦、失败之苦，唯有如此，他才能成长起来，才能获得真正的力量。人间很多貌似不幸的事情，如艰辛、磨难，甚至是一些可恶的事情，都未必是真正的不幸。

记者：

可恶的事情，如何理解？

塞涅卡：

比如，外科手术、烧灼手术、饥渴疗法等，就是如此。

记者：

明白。

塞涅卡：

反过来，很多人们梦寐以求或趋之若鹜的东西，如锦衣玉食、高位重权等，却并非那么好。人一旦执迷于这些事物，对那些考验意志的事物敬而远之，就会对自己造成真正的伤害。一言以蔽之，那就是“最最不幸的人就是从未遭遇过不幸的人”。（［古罗马］塞涅卡：《论幸福生活》，覃学岚译，译林出版社 2015 年版，第 6 页）

五　教人以“生”才是哲学的终极价值

记者：

生与死，是我们每个人都必须面对的问题。无论你是王侯将相，还是平头百姓，概莫能外。

塞涅卡：

是的，但是不同的人，对待生与死的态度则有天壤之别。有的人一听到死这个字，就吓得面如土色，屁滚尿流；有的人则视死如归，坦然以对。

记者：

关于生与死的问题，不同的哲学家的看法差异很大。

塞涅卡：

没错。大体上可以分为两大类，一类是以死亡为终极关怀，这类哲学可以称为死亡哲学。在这类哲学家看来，宇宙的本质是无意义，人生的本质也是无意义。在这种哲学视野下，生不过是不能守护而只能接受的存在形式，生是人迈向终极目标即死亡的一个中介，就其本身而言，生是没有意义的。

记者：

那另一类哲学呢？

塞涅卡：

另一类可以称为生存哲学，它强调生存的意义与价值。这类哲学对死亡不回避，但从未给予过多的期待。

记者：

你属于哪一类哲学家呢？

塞涅卡：

我的人生说明一切。我从不对未来的世界寄予希望，我更看重的是如何克服一切困难，去追求生存的意义。

六　幸福永远是你所拥有的现在这个时刻

记者：

你一生在政治上屡屡遭受挫折和打击，我相信你的母亲一定为你担惊受怕。

塞涅卡：

是的。我的《致母亲赫尔维亚的告慰书》就是希望她的灵魂不要受太多的伤害。当然啦，人间遭受不幸的并非只有我一人，因此，需要得到安慰的也并非只有我母亲一个人。我的《致玛西娅的告慰书》，就是为安慰他人而写。

记者：

这位玛西娅是你的朋友？

塞涅卡：

不是。她是罗马帝国第一位皇帝奥古斯都的妻子莉薇娅的闺蜜，此人儿子死后一直悲伤不已，久久不能自拔。

记者：

不幸已成事实，任何劝慰都将无济于事。

塞涅卡：

可以这么说。悲剧已经产生，任何痛心疾首的悲伤，都不会改变一点点事实。人如果总是陷入无尽的忧伤之中，迟早也会把自己逼死。

记者：

那倒也是。

塞涅卡：

合情合理的劝慰，会让人走出悲伤的雾霾。

记者：

说说你是如何用你的高论去安慰那些灵魂受伤者的？

塞涅卡：

我先从《致玛西娅的告慰书》摘一段话给你看看：

如果共同的命运可以成为你的思慕之情的一种慰藉，你就应知道，没有任何东西一直驻留在它现在所在的位置，时间会摧毁一切事物，将所有事物带走。

不仅人类会成为时间的受愚弄者——因为就命运之神掌控的领域而言，人类只占了多么小的部分啊！……当世界消逝的时刻来临，以便这个世界又可以开始它新的生命的时候，这些事物会用自己的力量将自身毁灭，星体之间相互碰撞，这个世界中的一切规则排列着的熠熠生辉的炽热物质会在一次共同大火中燃烧殆尽。

当神认为最好还是重新创造一个宇宙时，即便是分享不死性的神圣者的灵魂也要消逝——在崩塌的宇宙当中，我们也会作为一个微小的部分加于这巨大的毁灭之上，从而重新变回我们以前所是的元素。

（塞涅卡：《致玛西娅的告慰书》，载［古罗马］塞涅卡：《哲学的治疗》，吴欲波译，中国社会科学出版社2008年版，第116—117页）

记者：

你精心找出来的这段话，无非是要告诉你的对象：一切都将毁灭，时间会带走一切！我无法知道你的那些对象会如何理解你这段话。如果他们知道连他们自己都无法逃脱那不可测、不可控的厄运，我想他们不仅不会得到什么安慰，反而会感到更加恐惧的。你这不是往人家的伤口上撒盐吗？

塞涅卡：

那我的话你就理解偏了。我的经是好的，可惜……

记者：

那请你亲自解读一下吧。

塞涅卡：

我要告诉人们的思想包括这样几个层次：第一，在长时间尺度下，人生如白驹过隙一般，稍纵即逝，短暂得令人无法想象。与宇宙世界相比，我们人的存在微不足道，肉体如此，精神也是如此，都是元素的聚散与复归而已……

记者：

明白。

塞涅卡：

第二，当我们明白了上面的道理之后，未来的世界就不是什么令人恐惧的未知世界了。未来就是尘土，未来不是妖魔，不会带给人类什么惩罚，自然就不值得为此担惊受怕。

记者：

也可以这么说。

塞涅卡：

第三，真正的圆满来自现在，如果人仅仅从暂时性而非终极性的角度来看待现在，问题就出现了……

记者：

出现什么问题呢？

塞涅卡：

一旦现在被视为终将变化为未来时空的一段，这个现在就会脱离人类的视野，人类就无法把控，无法超越，于是乎，现在就会成为充满恐惧的东西。而一旦我们把现在视为存在的全部，并且每个瞬间都充满终极性关怀，人就走向了圆满。此时的人自然也就生活于幸福之中了，而不再为恐惧和不幸所主宰。

记者：

道理曲折难懂，但核心点还是容易明白的，那就是唯有现在才是最圆满的存在。

塞涅卡：

是的。其实没有过去，没有未来，只有当下的“现在”。人能够拥有的就是现在，现在才是生活的本质，现在永远是最好的。人不应该在幻想中期待，人不应该在美化过去中靠回忆活着。满足于当下的环境，并与当下的环境和谐相处，这才是真正幸福的人生。

七　正确的判断是幸福，不正确的判断就是不幸福

记者：

幸福不在过去，不在未来，而在现在。那是不是意味着谁是帝王谁就幸福，

谁是大明星谁就幸福？是不是意味着谁一贫如洗谁就不幸福，谁暂时失去工作谁就应该绝望？

塞涅卡：

并非如你说的那样。

记者：

那如何理解幸福和不幸福呢？

塞涅卡：

生活作为现在的这种状态已经是它那个样子了，谁也无法改变。人们是感到幸福还是感到不幸福，关键取决于如何对当下这一刻的状态做出正确的判断。

记者：

什么意思？

塞涅卡：

人如果能够对当下做出正确的判断，就是幸福，反之就是不幸福。

记者：

何为正确的判断？何为错误的判断？

塞涅卡：

凡是在理性支配下的判断，就是正确的判断。凡是在激情支配下的判断，就是错误的判断。错误的判断往往迁就于人的感情，与自然规律背道而驰。在理性支配下，人就能够使自己处在正确的途径之中，不为环境迁怒别人，不为环境奴役别人，也不为环境蔑视自己。

记者：

你把人的德行与幸福联系在一起进行考察，该如何理解？

塞涅卡：

德行好的人，就能进行正确的判断。而人一旦能够进行正确的判断，自然就是一个幸福的人了。一句话，真正的幸福建立在德行之上。

八　论不屈服于且高于命运的自由

记者：

你们斯多亚学派哲学家有一个非常大的共同点，那就是对自由都极其重视。你对自由的颂扬到了极致。马可·奥勒留身为罗马帝国的皇帝，终日为政务和军务所累，他最理想的生活就是归隐田园，自由自在。爱比克泰德的奴隶出身，决定了他对自由存在天生的渴望。周游在各种凶险的政治势力之间，随时随地都可能丢掉性命的危险，让你连做梦都盼望能翱翔在自由无限的蓝天上。

塞涅卡：

不同的人对自由有不同的解读，但无人不对自由抱有天生的幻想。但我相信，我对自由的理解，或许与绝大多数人都不一样。

记者：

自由无非就是随心所欲地思考，随心所欲地行动。你能给自由增加什么新的蕴意呢？

塞涅卡：

我讲完，你就会明白的。

记者：

请讲吧。

塞涅卡：

第一，自由是一种幸福，幸福就是不带镣铐的自由。这一点就是你所讲的随心所想、随心所行。第二，自由展示了人的完整性……

记者：

从何说起呢？自由如何体现出人的完整性呢？

塞涅卡：

自由不是某种潜在的状态，而是完全现实的状态。所谓完全现实的状态，是说没有任何不高贵的东西渗透在内，没有任何的对立面。自由如此完整，如此完美，如此完全，以至自由的人不能够被征服。

记者：

你对自由的解读确实与众不同。

塞涅卡：

第三，自由还体现出思想的完整性……

记者：

如何理解？

塞涅卡：

自由的现实性必然意味着思想的完整性，没有任何东西可以改变思想的完全现实状态。此时一切思想都是必然性的东西，没有任何偶然性。

记者：

偶然性？

塞涅卡：

是的。很多思想的出现是建立在相对性的环境、机遇、能力缺失的基础上的，这些相对性的东西，必然导致忧虑、担心、烦恼和绝望。这些东西，都是一种害怕：害怕自己坠入某种不幸，害怕自己的某种变化。这就是说，人已经把自己交给某种幸运或者偶然的存在。这样的人，不能支配自己的思想，也不可能意识到自我。这样的自我，处在非自我状态，它已经受意外的东西支配，而不是让外面的东西受思想支配。

记者：

理解起来很吃力。接着讲吧。

塞涅卡：

第四，当一个人处在完全现实的状态时，他就处在完全自由之中。一个处在完全现实状态的人，他看问题的方式，始终是自足的。完全现实的状态，就是使自己的思想处在完全或者说充分展开的状态。自由就是这种完全展开的状态，就是说自己的意愿完全是他自我样式的状态。他总是拥有不会衰减的和稳定的自由。因为，他是自由的，是超越于其他一切人的。

记者：

你说完全现实的状态就是没有超越性的状态，如何理解？

塞涅卡：

所谓超越性的状态，是指它有向未来发展的空间，有向上发展的空间。一句话，这种自我是不完整的，有待进一步完善。所谓自由的现在性，是指这种自由已经达到极致，无须进一步完成。你拥有的就是你的自由，这种自由没有什么瑕疵，完美是其本质。

记者：

人们会经常提到命运，如何理解自由与命运的关系呢？

塞涅卡：

这就是我要讲的第五点，即人所拥有的此刻，就是人所能够具有的完全。当自我接近了终极性的时刻，自我接近了自由或在自由之中，在终极性的自我观念中，连命运都成了非必然性的东西了。终极性的自由是这样的一种自由，谁也丝毫夺不走这种自由，命运之神对之也无可奈何，丝毫伤害不了它。

记者：

说来说去，你心目中的自由，就是一种绝对的自由，是一种超越一切的自由！它不屈服于命运，并且绝对高于命运！

九　伤害你的不是外部事物，而是激情

记者：

关于激情，柏拉图多有研究，但柏拉图研究激情，是从如何运用理性来对激情进行必要的控制，从而建立一个理性化的城邦或国家共同体的角度进行的。

塞涅卡：

是的。柏拉图思考问题的角度总是政治性的，与苏格拉底一模一样。当然，我对于激情问题的研究，也与政治有关，只不过与柏拉图和苏格拉底比起来，要间接得多。我更多的是把激情看作一种威胁自由的疾病，是对自由的最大危害。我的哲学就是要为治疗这种病开出处方。

记者：

看得出来。你说激情对自由的危害最大，此话从何说起？

塞涅卡：

我的著作大部分是书信，这些书信就是为劝勉那些被激情所支配的人。我告诉他们，伤害他们的不是外在的事物，不是外在的环境，而是激情。激情是自由最大的对立物，激情的泛滥就是对自由最大的钳制。激情泛滥造成的后果，就是使人背离自然理性的状态。当然，我写的这些告慰信也是针对我自己的，我在告慰别人的同时，也在告慰我自己这颗时常被激情主宰的心。

记者：

明白。那我问你，你说激情让人偏离自然理性的状态，自然理性的状态是一种什么状态？请描述一下。

塞涅卡：

人自己可以养活自己，无须雇用他人劳动，这就是自然状态；如今很多人离开他人的服侍就不知道如何生活，这就是对自然状态的偏离。人原本一个人就可以进餐，无须别人陪同，这就是自然状态；如今人们没有众人的陪同就不能进餐，这就是偏离自然状态。人穿衣是为了御寒，穿的衣服只要能满足御寒的要求就可以了，这种状态就是自然状态；如今人们离开各种华丽的服装就不能出门，这就是违背自然状态。总之，自然状态的生活就是立足于人自身就能生活，反之，依靠增加不必要的其他要素才能生活，就是偏离自然状态的生活。人们如今已经不能回归到自然状态下的生活，是因为人们早已被卷入激情的漩涡之中，被各种疯狂的欲望所裹挟，而且越来越不能自拔。不仅如此，人们还把由欲望和激情支配下的生活美其名曰理性、进步、幸福。荒谬之极！

记者：

激情与欲望，人们难以抗拒。

塞涅卡：

是啊。一旦被激情所左右，人的行为就会失去控制，人就会对自身行为失去最基本的判断力。人一旦对自身的行为失去判断，就无法把握周围世界的秩序性，进而就会发现自己生活在恐怖的偶然性之中，人的不幸就由此而产生，人的恐惧、惶惑和焦虑也因此而产生。

记者：

所以你说是激情伤害了人自身，而不是别的？

塞涅卡：

是的。

十 激情的诊治

记者：

在你眼中，激情是人类自由的最大威胁，激情更是一种需要根治的病，激情的具体表现形式有哪些？

塞涅卡：

激情最典型的表现形式就是愤怒。

记者：

怎么讲？一个人动辄就怒发冲冠，这往往被视为豪爽、勇敢和直率。愤怒在很多时候能够显示愤怒者的正义色彩，并能够对恶人构成威慑。愤怒怎么能被看作病呢？

塞涅卡：

你看到的只是愤怒的表面特征，而没有看到愤怒的内在本质。

记者：

愤怒的内在本质是什么呢？

塞涅卡：

愤怒是一种特殊的心理状态，愤怒意味着自己被他人所激怒，意味着被他人所左右。人一旦被他人所激怒，就失去了自我。你想想，天下还有什么比失去自我更伤害自己的呢？

记者：

你这么说确实也有一定道理。我记得有人说过这样的话，那就是，愤怒是用别人的过错来惩罚自己。

塞涅卡：

人一旦失去自我，失控的情绪就一次又一次地被激发出来而难以收拾，久而久之，原先的愤怒似乎带有的一点点正义的影子就越来越模糊，甚至还一步步蜕变为野蛮和傲慢。这种野蛮和傲慢，不再是只指向曾经激起他愤怒的某个固定的敌对者，而是指向全人类，甚至是指向毫无过错的自然界。

记者：

一些人因愤怒而把房子烧掉，小居鲁士因为一条河流阻止他征服希腊而决定破坏河流，就是最典型的例子。愤怒，徒具勇敢、直率的外表。愤怒不仅撕裂愤怒者，而且把它的狂暴发泄到各种各样的人身上，撕裂整个国家与社会，甚至对没有任何生命特征的东西也构成毁灭性的伤害。所以，对激情的救治，首先要从消灭愤怒开始。

记者：

还应该再做什么？

塞涅卡：

要救治激情，还应该继续治疗悲伤这种疾病。

记者：

愤怒是一种病，悲伤也是一种病，这两种病有什么不同呢？

塞涅卡：

愤怒撕裂的是他人与社会，而悲伤却不同。悲伤是一种更具有个体性的疾病，人一旦被悲伤这种病所控制，他的记忆将永远注目于过去某个时刻，把过去的那个时刻当作永恒的现在。人深陷其中，不能自拔，陷得越久，越是无法逃避，最终必然是无尽的泪水与无限的绝望。

记者：

每个人都生活在亲情之中，亲人的离去必然会带来痛苦与悲伤，好多人还是能够从这种悲伤中走出来的。

塞涅卡：

这就好。悲伤总是与某件事联系在一起，当你感到悲伤的时候，这件事必然已经过去，既然已经过去，也就是必然不再存在。深陷悲伤的人，把自己的心灵永远地拴在了幽暗的过去。他们看不到未来，看不到阳光，更是看不到希望。久而久之，就连死亡都成为他们最好的期待了。与死神比较起来，悲伤的人忧郁地存在于往昔，没日没夜地胡乱回忆，或许是更残酷的一种折磨。

记者：

忧郁症也许多与悲伤有关。

塞涅卡：

或许是吧。

十一　诉诸恩惠，建立德行共同体

记者：

你曾经写了七篇文章，不厌其烦地讨论恩惠问题，许多地方重复来重复去，难道恩惠这个问题真有那么重要吗？

塞涅卡：

当然是啦。

记者：

如何定义恩惠的概念？

塞涅卡：

所谓恩惠，是指这样的一种行为：它在给施惠者带来快乐的同时，也给受惠者带来快乐；恩惠行为必须是自愿发生的。恩惠不是负担，它必须基于自由的给予与传递，唯有建立在自觉自愿基础上的恩惠，才是真正的恩惠。

记者：

很多行为表面上看起来是一种恩惠行为，实际上完全不是那么回事。

塞涅卡：

你说得没错。给予别人，意味着要主动地放弃自己所拥有的东西，而这必然意味着是一种快乐的放弃。如果自己放弃得非常勉强，那么就必然意味着这种所谓的恩惠是假的，不是出自自愿给予，极可能是带有附加条件的。

记者：

也就是施予别人的背后，意味着要求别人给予回报。而要求回报就是一种控制，恩惠一旦被打上控制的色彩，无论是对于施惠者，还是对于受惠者来说，都是一种痛苦的负担。

塞涅卡：

一些人认为不能给予奴隶恩惠，其潜台词就是奴隶无法提供回报。有些人把恩惠视为一种居高临下的施舍，这时候的恩惠就成了一种对他人实施控制的工具了。此时的恩惠已经完全异化，变成一种违背德行的邪恶行为了。

记者：

那是不是也必须对恩惠中可能出现的不健康的因素进行控制呢？

塞涅卡：

正是，恩惠应该是一种自觉自愿的给予，互爱与德行才是其根本。人如能把真正的恩惠给予其他人，人类就会成为一个健康的德行共同体，人类就能避免各种激情所带来的危害，人类就会勇敢起来，就会顶天立地，成为世界的主人，成为大自然和命运的主宰。

塞涅卡简传

塞涅卡（Lucius Annaeus Seneca，约公元前4—公元65年），古罗马政治家、斯多亚学派哲学家、悲剧作家、雄辩家。他于提比略时期进入官场，曾任罗马帝国会计官和元老院元老，后任负责司法事务的执政官及尼禄皇帝的家庭教师与顾问。他在克劳狄王朝的三位元首统治时期，多次与死神擦肩而过。在公元65年，因其侄子——诗人卢坎谋刺皇帝尼禄，多疑的尼禄逼迫他承认参与谋杀，赐以自尽。

塞涅卡一生著作颇丰，触及了可以作为研究对象的一切实际领域。他现存的哲学著作有12篇是关于道德的谈话和论文，124篇随笔散文收录于《道德书简》和《自然问题》中，另有9部悲剧等文学作品。

第六章　论法权国家

——对话西塞罗

引　子

当过国家元首的西塞罗是一个极端自信的“实践型”政治家，在他的思维中，那些把全部精力都投入哲学理论研究的“理论型”政治家们的价值极其有限。同样，他也认为，罗马人因强调实践而比过分重视抽象理论的希腊人要高明得多。

但是，对实践的重视并没有改变西塞罗对自然法和正义的尊重。西塞罗坚信，自然是最高层次的法律，国家是人民为实现正义而组建起来的法权共同体。人民是国家存在的价值所在，人民是大写的法。任何符合自然法和正义的政府便是最好的政府，反之，无论其他什么形式的政府都必然是坏政府。而事实上，没有什么政府可以不符合自然法、不依赖于正义而存在——如果它还值得被称为国家的话。让我们走近西塞罗。

一　三人行必有我师

记者：

政治上，你官至罗马共和国的执政官。学术上，你被视为拉丁哲学的创立者。你绝对牛！一些资料说，是你的父亲成就了你的伟大，这种说法对吗？

西塞罗：

我的书中很少提到我的母亲，并不等于说我的母亲对于我的成长没起什么作用。只不过比较起来，我父亲的作用更为关键。

记者：

说说你的父亲。

西塞罗：

我生于公元前 106 年 1 月 3 日，我们家属于那种比较富裕而且又有教养的骑士阶层，我的父亲爱好文学，与一些著名的政治家、法学家、文学家是朋友。我父亲在政治上无所作为，但他对培养我们兄弟俩费尽心思，为便于我们接受良好的教育和担任公职，他特意在罗马地区购置了一所房子。

记者：

用心良苦啊！据说你的老师很多，也很杂。

西塞罗：

三人行必有我师！为了能担任公职，我长期追随著名律师斯凯沃拉学习法律。在哲学方面，我首先师从斐德罗研究伊壁鸠鲁主义。公元前 88 年，由于战争的爆发，学园派的主要代表人物、拉利撒的斐洛从雅典来到罗马避难，我便拜他为师，学习学园派的思想。后来，我又向狄奥多图学习斯多亚学派哲学和逻辑知识……

记者：

如果没有如此用心的学习，我相信你也不可能写出那么多的著作，政治上要有所作为也是不可能的。

西塞罗：

我同意你的说法。但是，人的进步，仅仅靠书本知识是远远不够的，政治实践与家庭生活的锤炼才是核心。

二　为挽救共和鼓与呼

记者：

历史书说，公元前 510 年，你们罗马人驱逐了暴君卢修斯·塔克文·苏佩布，结束了罗马王政时代，建立了罗马共和国，设立元老院、执政官和部族会议，实行三权分立。掌握国家实权的元老院由贵族组成。执政官由百人队会议从贵族中选举产生，行使最高行政权力。部族大会由平民和贵族构成。历史书还说，公元前27年，罗马元老院授予屋大维“奥古斯都”的尊号，意为至尊、至高无上的意思。之后罗马建立了元首制。屋大维大权在握，成为事实上的皇帝，建立了罗马帝国，你们罗马的共和时代宣告结束。

西塞罗：

事实如此。你想问什么问题？

记者：

我关心的问题是：你的从政时间是在哪一段？

西塞罗：

这好说。公元前76年，我当了罗马共和国的财务官，受命前往西西里，负责监督向罗马运送谷物的事务，任期一年。公元前70年，我出任市政官。公元前66年，我出任执法官。公元前63年，我出任罗马共和国的执政官。那年我42岁，是有史以来担任此职位的最年轻的人。此职位任期一年，每年选举两位。公元前53年，我出任占卜官，负责解释神意和征兆。公元前51年，我服从元老院的指令，到西西里当了一年的地方总督……

记者：

能不能这么说：你的从政时间恰巧处在罗马从共和国走向独裁国家的转折时期？

西塞罗：

本来就是这么回事。

记者：

通过阅读你的著作，感觉你对共和满腔热爱，面对共和制度的陨落，你的感受是……

西塞罗：

痛心疾首，但无力回天啦！我虽然一再为此到处奔走呼号，但最终不仅没能阻止罗马共和国的衰落，反而自己也被无情地碾死在独裁主义的巨轮之下，粉身碎骨，血肉横飞……

记者：

如此悲壮？

西塞罗：

公元前44年3月，独裁者恺撒被共和派人士谋杀，他的部将安东尼成为实力最强的军事领袖，此人俨然自命为恺撒的继承人，在独裁主义的道路上越走越远。

记者：

说说这段时间你为挽救罗马的共和制度到底做了什么。

西塞罗：

我对当时的屋大维寄予厚望，期盼能在屋大维和元老院的支持下，挽救共和制度。同时，我还撰写了14篇文章，对做梦都想大权独揽而统治罗马人民的安东尼进行无情的痛斥。

记者：

结果可想而知，估计屋大维也不会支持你？

西塞罗：

是的，此人同样是个独裁的坯子，他表面上糊弄我，私下里则抛开元老院，与安东尼、雷必达组成三巨头联盟，大肆捕杀共和人士。

记者：

据说你就是被这个独裁者所害？

西塞罗：

是的。我在他们所列的“公敌名单”中，排了第一名。

记者：

你的一生，就是为共和制度鼓与呼的一生，也最终成为罗马共和制度的殉葬品！

西塞罗：

事实就是如此啊！

三　希腊哲学的拉丁化

记者：

你被公认为拉丁哲学的创始人，据说在你之前，希腊哲学的拉丁化进程早就开始了？

西塞罗：

是的。我是公元前106年出生的，早在公元前155年，应罗马人的邀请，雅典派遣了一个由其著名哲学家组成的代表团访问罗马。

记者：

著名哲学家？到底有哪些人啊，说来给我听听。

西塞罗：

我相信斯多亚学派的第欧根尼你肯定知道吧？

记者：

是的，此人是个大哲学家。还有哪些人呢？

西塞罗：

还有学园派的卡尔涅亚得、逍遥学派的克里托劳斯等人。

记者：

说句实话，对这两个人，我所知不多。不过，一些资料说，你们罗马人对这个代表团并不感冒，是吗？

西塞罗：

当时罗马负责这项工作的是监察官加图，加图害怕希腊哲学的传播会对罗马人的法纪构成危害，于是他把哲学家代表团逐出罗马。

记者：

我相信此人将来必后悔。

西塞罗：

被你猜对了。到了晚年，加图在对希腊哲学做了认真的学习和研究之后，发现自己错了。可惜晚了。

记者：

尽管如此，我相信，希腊哲学家的来访对你们拉丁哲学肯定会有一定的推动作用。

西塞罗：

没错！在这次希腊哲学家对罗马的访问中，虽然出了一些不愉快的事情，但毫无疑问，这次事件可完全视为希腊哲学开始融入拉丁文化的重要标志。我能一步步走上研究和宣传希腊哲学的道路，也与此有关。

四 傲慢与偏见

记者：

你一生中投入那么多精力和时间去学习、研究、宣传希腊哲学，足见你们罗马民族的虚心与伟大。

西塞罗：

说句实话，能以我这样的态度对待希腊文化的人还真不多。

记者：

你是说别的罗马人并非像你一样敬重希腊文化?

西塞罗：

可以这么说。实事求是地说，比较一下希腊文化与罗马拉丁文化，希腊文化的优越性是显而易见的。

记者：

说说看。

西塞罗：

公元前 776 年，希腊人已经举办了第一次有明文记载的奥林匹克竞技会，而直到公元前 753 年，罗马城才建立。

记者：

没想到差距这么大。

西塞罗：

一般说来，罗马人对希腊文化的卓越地位是承认的。根据一些资料的记载，当罗马人最初与希腊人接触的时候，罗马人实实在在感到自己很野蛮、很粗鲁，与那些文明的希腊人相比，罗马人感觉自己就是乡巴佬。

记者：

据你分析，希腊人具体在哪些方面让罗马人自惭形秽呢?

西塞罗：

希腊人的手工业水平比罗马人高，希腊人的农业技术水平比罗马人高，希腊的官员素质比罗马的官员素质高，希腊人的艺术、文学、哲学，乃至谈话的水平与技巧都远远超过罗马人。

记者：

既然希腊人的文明化程度如此高于罗马人，那你们罗马人何以又不能如你一样谦虚地对待希腊文化呢？

西塞罗：

我刚才已经说过了，在罗马人早期与希腊人接触的时候，罗马人是很敬重希腊文明的。但罗马征服希腊之后，罗马人的看法就发生了变化，甚至出现一百八十度的大转弯。

记者：

文明的优劣与国家的盛衰并非具有必然性的联系，但在一般人看来，一个民族如果被别人打倒在地，那就没有资格奢谈什么文明的伟大了。

西塞罗：

绝大多数罗马人都是这么看的。自从罗马人征服希腊民族之后，罗马人就不再仰视希腊人的文明了，而是采取居高临下的态度藐视希腊文化了。

记者：

此一时，彼一时啊。描述一下罗马人是如何藐视希腊文化的，可以吗？

西塞罗：

曾经当过七年执政官的罗马政治家马略，他不仅承认自己是“粗人”，而且以此为荣，他还嘲笑那些向自己的奴隶学习希腊文化的罗马人。许多罗马的知识分子走得更远……

记者：

怎么个远法？

西塞罗：

这些人大做翻案文章，例如，原来人们都认为罗马城邦在公元前454年派出一个考察团到雅典去学习梭伦所制定的新法律，然后把希腊人的法典带回罗马。罗马征服希腊以后，罗马学者瓦罗表示不相信罗马法典是从雅典输入的。

记者：

瓦罗怎么看？

西塞罗：

瓦罗说一切罗马制度都是在拉丁区域土生土长出来的。他指责希腊人是出自民族虚荣心，才自吹自擂说他们将文明传播到全世界，还指责罗马的《十二铜表法》来自希腊的说法，就源于一种希腊人的虚构。

记者：

还有别的例子没有？

西塞罗：

多了去了。罗马诗人维吉尔仿照《荷马史诗》的风格写成《埃涅阿斯纪》，在这部史诗中，维吉尔把埃涅阿斯说成罗马人的始祖，称埃涅阿斯为特洛伊王子，并有鼻子有眼地说，当希腊人攻陷特洛伊时，埃涅阿斯幸免于难，在海上漂流七年，历经千辛万苦，从迦太基来到意大利台伯河畔，创建了罗马。

记者：

按照维吉尔的说法，你们罗马人与希腊人简直就是两个平起平坐、各有胜负的民族了。滑稽的是，你们竟然还是具有不共戴天之仇的两个民族了。

西塞罗：

类似的说法有很多，一句话，罗马人就是想说他们不输于希腊人，甚至还比希腊人厉害。致命的自负啊！

记者：

在这种氛围下，你能保持一颗公允的心去认真学习、研究希腊文化，不简单。

西塞罗：

或许是吧。

五　剽窃者抑或传承人

记者：

你的观点一向如此。恕我直言，有一个问题，我特别不明白，几乎所有的西方政治法律学术史家都认为，你对西方的政治法律思想传统没有作过什么独特的贡献。细读你的著作以后，我也同意这个评价，你的著作基本上是对古希腊那些著名作家著作的拷贝而已，独创性东西寥若晨星。

西塞罗：

你这个说法是不是太武断了？

记者：

一点都不。《国家篇》被公认为你的著作中最具有创造性的一本，一些研究者大言不惭地说此书是你著作中最为辉煌、最为引人入胜的。但我细细把你这本书与柏拉图的《理想国》做了比较……

西塞罗：

有什么发现？

记者：

我发现两本书惊人地相似，形如此，神也是如此。不会是柏拉图抄袭你的著作吧？

西塞罗：

你就不要拐弯抹角了，柏拉图比我早出生几百年，他是不可能抄袭我的著作的。你是想说我的书是剽窃柏拉图的《理想国》。我问你，我的书在哪些方面与柏拉图的《理想国》相似呢？

记者：

既然你真想知道，那我就直说了。

西塞罗：

说吧。

记者：

先说“形似”方面吧，有六点相似：1. 两本书所设计的对话过程中，出现的人物都是相当地多，而实际参加谈话的却限于几个人；2. 两本书所设计的谈话都发生在一个神圣节目提供的闲暇里；3. 所有对话都是从一个远离国家的一些题目谈起；4. 各种议题，如正义与非正义、政体、理想政治家、教育和戏剧的影响的引入顺序也基本相同；5. 主要谈话者，在你的书中是西比阿，也像柏拉图《理想国》中的苏格拉底一样，都拒绝扮演其他参加对话的人的老师；6. 两本书所设计的对话都描述了一种神秘性的体验，把读者带到现实生活范围之外。此外，为了让人们觉得是对话，也不断营造对话被打断的细节。

西塞罗：

看来，你是真的研究过我的那本书了。我是一个政治家，我没有柏拉图那么多的闲暇时间。

记者：

别插嘴。就“神似”来说，你们的书书名（《理想国》又译作《国家篇》）完全一样，核心观点也是一样的。苏格拉底认为君主政体优于贵族政体和民主政体，你似乎也是这个观点。

西塞罗：

不过，你应该同意这样一个看法，古希腊文化是我们西方文化的最终渊源，但是在古希腊文化与古罗马文化之间存在一个巨大的断裂带。我自认为是第一个把希腊文化引入古罗马的人，没有我的著作，人们很难了解柏拉图的著作，人们很难了解苏格拉底的思想，人们很难了解斯多亚学派是一种什么东西。你们中国人在翻译我的书时，有一个评价说我是“从古希腊时期到欧洲进入中世纪这一历史时期唯一具有代表性的政治思想人物”。“希腊文化的传承人”，我认为这种说法还是客观的。

记者：

就算是吧，或许他们说得也有一定道理。你能通过你的著作把希腊的观念移植到拉丁时代，确实也是一个了不起的创举。

六　一种古代的“实用主义”

记者：

你把创立超越希腊哲学的拉丁哲学作为自己的历史使命，不知道你的目标实现了没有？

西塞罗：

基本实现了。当然，离我心目中的终极目标还有一定的距离。

记者：

你的终极目标是……

西塞罗：

希腊人野心勃勃，他们想用他们的著作去塞满整个世界，我的梦想是用我们的著作去取代希腊人的著作。

记者：

理想何其伟大！不过，当代哲学家罗素对你们的所作所为似乎不以为然。

西塞罗：

罗素怎么说？

记者：

关于你们罗马哲学，罗素在其所著《西方哲学史》中如此不客气甚至有点刻薄地说："没有什么是可以归功于罗马哲学的，因为根本就没有什么罗马哲学。"（［英］伯特兰·罗素：《西方哲学史（上）》，何兆武、李约瑟译，商务印书馆2010年版，第14页）

西塞罗：

罗素这个家伙简直是胡说八道！

记者：

罗素的评价与你的自我感觉差距如此之大，是不是与你们对于哲学的定位的认知存在很大差距有关？

西塞罗：

或许是吧。

记者：

罗素是科学家、数学家、逻辑学家，他对古希腊的哲学顶礼膜拜，他对苏格拉底、柏拉图、亚里士多德也是敬爱有加。我相信唯有像希腊哲学家那样的人才能入他的法眼。

西塞罗：

我知道你的意思。如果罗素把希腊哲学家们一天到晚关心的问题作为判断属于哲学范畴的标准的话，我想他就不可能对我们罗马哲学说什么好话。

记者：

那在你看来，什么样的东西应该属于哲学研究的内容呢？

西塞罗：

哲学是神赐予人类的伟大礼品，但哲学家不应该一天到晚研究那些玄乎乎的问题，否则就是辜负了神的厚爱。

记者：

一家之说，继续。

西塞罗：

哲学的功能或者说价值应该是研究如何加强行政管理，如何洗涤人类心灵的污垢，如何驱除人类心灵的恐惧与紧张，如何让人类的心灵保持宁静与和谐，如何治疗人类心灵的疾病，如何……

记者：

哲学是一种理性上的思考，不是医生开出的什么手到病除的处方药。

西塞罗：

哲学离不开理性思考，人类不去最大限度发挥自己的智慧，就是对神的大不敬。但是有一点我必须再次强调，哲学生活不是单纯的沉思生活，而是用法权建立生活权利的政治实践，从本质上讲，哲学首先应该是一种政治生活。离开国家治理，离开心灵的救治，任何高端的议论，都是毫无意义的空气振动而已。

七　为政治家的生活辩护

记者：

我拜读你的著作《国家篇》，感觉到你好像满腹冤屈似的。你也不想想，在古往今来那么多的学者中，又有几个在政治上达到你那样的巅峰状态呢。

西塞罗：

我只是一吐为快罢了。不知道是什么原因，为什么那些整天无所事事的所谓哲学家或者思想家们要用那么刻毒的语言来谈论我们呢？他们似乎并不了解，政治家看似风光无限，却是一个多么危险的职业。米太亚德是领导希腊人击败波斯人的伟大将领，他在光荣的前线所受到的伤还未痊愈，就被他的同胞投入铁锁链之中，并在这些同胞的手中失去了连敌人的武器都无法夺取的生命。地米斯托克利也是一位伟大的政治家，他刚领导人民解放他的国土，就被流放到他曾经使之臣服的最蛮荒的地区。卡米卢斯、阿哈拉、奈西卡、莱奈斯、奥比米乌斯、梅特卢斯、盖尤斯·马略、苏拉等等，有多少杰出的政治人物遭到如此厄运，我自己也是如此。我比上面那些人还要惨，你想想我遭受过多少次政治暗杀，最终我还是死在同胞的屠刀之下。

记者：

确实是让人心寒。

西塞罗：

但是，政治家所付出的血腥代价并不能打动那些思想家的铁石心肠，他们搬动他们的三寸不烂之舌，说我们都是一些只知道攫取权柄而尸位素餐的无能之辈。似乎人类社会延续到今天，全是那些文人墨客的功劳，而我们政治家都是阻碍历史前进的绊脚石似的。事实上，政治远远高于哲学，与那些只知道在阴暗的角落里嘀嘀咕咕的理论家相比，政治家，也只有政治家，才是推动历史前进的唯一力量。苏格拉底也不得不承认……

记者：

苏格拉底怎么说？

西塞罗：

苏格拉底曾经说过，对于任何一门技艺来说，除非你运用它，否则就不足以拥有它。任何事物的使用者乃是对它最有经验的人，政治自然也不例外。哲学家说得再透彻，或者再玄乎，也都是隔靴搔痒而已。就职业的品德来看，城市的执政官们的价值要远远超过那些从来就不参与城市治理的人，再也没有什么职业比政治家更接近诸神的庄严职责了。

记者：

其实你也没有必要抱怨什么，政治虽然充满着很多的危险，但是一旦你取得成功，你所得到的也是无比的多啊。你们呼风唤雨，粉丝满天下，你们居高临下，掌握国民的生杀予夺大权，俨然就是人间的上帝。此外，国家的国库也由你们随意调拨，你有什么值得抱怨的呢？我不知道还有哪种职业的回报超过你们政治家的呢。

西塞罗：

当然有，就是这些吵吵嚷嚷的哲学家。知识是人世间最值钱的东西，那些哲学家拒绝服务于国家管理，利用国家的支持轻易地就把那些知识据为己有，这是天下最大的不公平。你要知道，我们的祖国生养和教育我们，并非不期待我们给予某种积极的回报。祖国并非仅仅是为了使我们便利，才给我们提供一个舒适而安全的庇护所，为我们的成长提供一个宁静的隐居地。相反，祖国给我们提供了这些有利条件，她就可以在需要的时候期待我们把自己的勇敢和才华贡献出来。但当国家遇到紧急情况需要这些哲学家为国家献计献策时，他们躲到什么地方去了？不仅如此，他们还厚颜无耻地宣传说，搞政治出力不讨好，同胞不领情；还说君子不与小人斗，不愿意与那些危害国家的小人们面对面进行斗争；还说治国之术太庸俗，不值得大学者们浪费时间去学习；还说搞政治有风险，得不偿失，随时有被杀死的可能……

记者：

这些是你们罗马的哲学家，不是我们东方的哲学家。在我们这些东方国家，好多哲学家连做梦都想参与到政治中去，但就是没有机会。国家如果有需要，他们是不会躲起来的，是时代不让他们为国家作贡献。

西塞罗：

喔，原来是这样，跟我们罗马确实不一样。

八　政治家与思想家，一个都不能少

记者：

你批评哲学家、思想家，其实又走向了另一个极端。在我看来，对一个国家来讲，无论是政治家群体，还是思想家群体，都是必不可少的。政治家是所有国家和民族进步的领头羊，而思想家则是所有国家和民族进步的智慧之源。对于任何国家和民族的进步与发展，这两个精英群体肩负着非常特殊的使命和责任，离开任何一个，我们的世界都会走向灭亡。对于这两个群体来讲，应该明智地跳出相互指责、相互妖魔化的泥潭。如果他们为一己之虚荣，拼命往对方脸上涂墨水，那么在外人看来，这两个群体就是一路货色，就是一丘之貉。

西塞罗：

听你的语气，你似乎不属于这两个群体中的任何一个。

记者：

您愿意怎么想就怎么想吧，我只喜欢研究政治。

西塞罗：

那在我的理论中，你也属于政治家的一种。

记者：

笑话。

西塞罗：

绝对不是，在我看来，政治家有两种，实践型政治家是一种，理论型政治家是另一种。不过……

记者：

不过什么？

西塞罗：

如果就这两种类型的政治家来进行一下比较，在我看来，实践型的政治家才是真正的政治家，而理论型的学者，例如你吧，虽然生活经常是很快活，也没有什么生命危险，但价值远远不如我们这些玩命的政治人物。

九　自然法是最高的法律

记者：

在一般人看来，学习法律，首先得去认真学习浩如烟海的法律法规。而你则认为，法律探讨与研究，首先是一种哲学探讨，此话怎讲？

西塞罗：

任何学科的学术研究，都首先应该把研究这门学科的最基础性的哲学原理作为研究清楚的对象。就法律科学来说，这种基础性的科学，就是关于法的观念，就是自然法。不弄清楚这些东西，要想对各种实在法做出科学的解释是不可能的。

记者：

原因是什么？一般说来，关于法的观念，存在于各种各样的实在法之中。因此，要想弄清楚法的观念，首先得去研究实在法，你是不是说反了？

西塞罗：

是你说反了，而不是我说反了。

记者：

你解释一下如何？

西塞罗：

与国家和民族这样的政治实体比起来，法的观念才是真正第一位的东西，法的观念决定着国家与民族，国家与民族是法的观念的外化。法的观念远远早于任何曾经存在过的成文法和任何曾经存在过的国家。一些人说，法的观念来自国家颁布的法令，是从诸如罗马人制定的《十二铜表法》中推演出来的，这是完全错误的。

记者：

按照你的说法，法的观念是一切法律和国家存在的前提，那这种观念到底包含着什么具体的内容呢？

西塞罗：

说到底就是自然法，自然法就是所有国家和法律得以产生的基础，自然法是公民权利得以产生的基础。

记者：

在这一点上，你与希腊的斯多亚学派哲学家几乎没有任何区别。

西塞罗：

很多人都这么说，我也不反对这么说。斯多亚学派说，宇宙是一个共同体，神、万物和人都是这个共同体的成员。如果说我们人与万物有什么区别的话，那就是我们人类拥有智慧，富有理性。

记者：

这种理性与智慧，应该是属于人与神共同拥有的东西，是吧？

西塞罗：

这种为人与神所共同拥有的东西，就是自然法。

十　自然法：灵魂、品行、理性

记者：

那自然法是否还包含着一些相对具体的内容呢？

西塞罗：

当然啦。概括地说，自然法包括三块：灵魂、品行、理性。

记者：

具体说说。

西塞罗：

自然法是把人与神连接在一起的“血缘”，通过对自然法的学习与钻研，人类将认识到人类与神有着共同的起源。就自然法的内容来看，它包括三大板块，要点我刚才已说过。具体而言，第一块，自然法告诉人类：人是从神那里获得灵魂馈赠的，人之所以为人，根本原因就在这里。

记者：

如何理解？

西塞罗：

人的身体是会死亡的，而人的灵魂则不会随着肉体化入泥土而消失，相反，人的灵魂是不死的，是不朽的。正是因为灵魂不死，人才拥有对神的记忆，正是因为这种记忆，从而使得人成其为人，而不同于其他创造物。这是自然法的第一块内容。

记者：

说说品行。

西塞罗：

品行构成自然法的第二块内容。

记者：

详细说说。

西塞罗：

品行就是希腊哲学家所说的德性，品行只存在于人与神之间，它是人完善和发展的最高点。理性是自然法的第三块内容。人具有学习的本性，能够接受和使用自然的馈赠与教诲，最重要的是人能够模仿自然，并进行创造，这就是理性的能力。当然，在我看来，人的理性能力与感觉能力并不矛盾，感觉是大自然赋予人类的随从和信使，人的感觉能力如果能够得到充分的发挥，自然就会促使人的理性能力得到最大程度的张扬。

十一　人民才是国家的法律基础

记者：

你把自然法定位到最高的法律这个位置，我想问一下，现实中的国家如何实践自然法的要求呢？

西塞罗：

这个问题问得好。自然法高居于一切之上，人们按照自然法行事，必须能够区别好的法律与不好的法律，必须能够区别什么叫正义，什么叫非正义，还必须能够区别什么叫光荣，什么叫耻辱。

记者：

你所在的罗马共和国做到了吗？

西塞罗：

基本做到了。自然法指导罗马人拓展疆土，尽可能统治更多的民族，成为统治者和主人，享受富有和快乐。自然法秉持正义的原则，指示罗马人不要伤害他人，要考虑人类的共同利益，分给每个人所应该得的东西，不去侵犯公共的或者属于他人的财产。

记者：

还有吗？

西塞罗：

还有就是，自然法告诉人们，人民才是国家的基础，离开了人民，国家就没有任何存在的必要。

记者：

从何说起呢？

西塞罗：

一些人说国家是因统治人民的需要而产生，这是不对的。人们最初是为了找一块地方居住下来，以便劳作与生活，久而久之，这个地方就逐渐变成一个城镇，人们在城镇里建立神庙和其他集会场所，这就是国家的最初形式。为了让人民更好地生活，法律、军队、警察、法院、监狱等国家机器也逐步完善起来。不管这些国家机器如何强大，都是为了让人民更好地劳作与生活。国家机器的背后是人民，没有人民，就不需要国家机器。

记者：

也可以这么说。

西塞罗：

既然国家和法律因人民的利益而存在，那么任何统治者都不能随意剥夺人民的权利。罗马的政治家们，有的做得很好，有的做得很糟糕。克劳狄二世属于前者，他颁布了这样一条法令：禁止任何行政官因某个公民上诉而处死或鞭打这个公民。这样的法律是为了人民的生活安宁和幸福，而遵守法律就能获得光荣幸福的生活。法律的价值与灵魂就在这里。

记者：

很多统治者很难或不愿意这么做。

西塞罗：

是的。一些人一旦成为国家的统治者，就肆意剥夺人民的权利。他们认为国家就是他们对人民进行统治的工具，而人民则是他们的私有财产。很多僭主就是这类货色。

记者：

依照你的说法，人民反抗、铲除这些人也是符合自然法的？

西塞罗：

是的。统治者本是人民实现自我利益的工具，如果这些人自以为是，竟然想把人民作为统治的对象，这是胆大包天，这是罪恶与异化，予以否定绝对符合自然法。

十二　人民是大写的法

记者：

关于正义与国家的关系，似乎也是你非常关心的问题。

西塞罗：

我们之前已经说过，国家是一种人民的共同体，你说说，人民为什么要建立国家这个东西？

记者：

为了正义？

西塞罗：

是的。国家、法律、人民、正义诸概念的逻辑关系是这样的：1. 人民需要在某个地方居住，于是就有了国家这个东西。2. 法律是人民意见和意愿的集中体现，国家的属性最集中地体现在法律之中。3. 人民意愿的核心就是对正义的诉求。4. 因此，国家便成为人民实现其对正义诉求的工具。反过来说便是：人民如果没有这种对正义的诉求，个体就不会居住在一起；人民不居住在一起，自然就不会有国家这种共同体的存在……

记者：

同意你的论证。相对于国家和法律来说，人民显然是核心。

西塞罗：

是的。一旦你认同我上面的几个结论性的东西，你就应该同意如下的一个推论。

记者：

不妨详细说说。

西塞罗：

人民既然是国家和法律的核心，所有立法者、国家的实际管理者和法官们必须对法律的各个细节问题进行不厌其烦的解释。人民需要明白法律，唯有明白了法律的实际内涵，人民才会知道如何利用法律去约束那些管理者和法官们。如果人民对法律是一头雾水，人民就会成为被统治者操控的傀儡。说人民是主权者，不过是一句空话。

记者：

这个推论没问题。

西塞罗：

一旦确认了人民是国家和法律的主权者，必然就会得出如下的结论：在法律的实施层面，人民是法律的庇护者，除了法律之外，任何人都不能剥夺人民的权利，谁剥夺了人民的权利，谁就是正义的背叛者。

记者：

你刚才表述的这些是以法律本身的正义性为前提，如果法律本身就悖逆了正义，如何办？

西塞罗：

非正义的东西不应该成为法律，体现正义的法律应该凌驾于各个民族的法令、君主的敕令和法官的判决之上。

记者：

一句话，恶法不应该成为法律？

西塞罗：

是的。

十三　社会契约论的鼻祖

记者：

在没有阅读你的《国家篇》和《法律篇》之前，我一直就以为社会契约论是一种很近代的理论，我也一直把卢梭看作社会契约论的鼻祖，我相信有此看法的绝对不会是我一个人。

西塞罗：

是这样。

记者：

想想自己还真是孤陋寡闻啊。

西塞罗：

你难得谦虚一下，很可爱。

记者：

彼此彼此，与你一样。

西塞罗：

我是公元前出生的人，我是在那本《国家篇》中提出社会契约理论的，那本书也是写于公元前的。很惭愧，我的观点非常不系统，但是直截了当，毫不含糊。

记者：

怎么说？

西塞罗：

我的社会契约论核心思想是：国家是一个民族的财产，但是一个民族并不是随随便便的一群人，国家不是以一种胡乱的方式组合在一起的一个共同体。

记者：

那是什么？

西塞罗：

国家首先是很多人依据一项关于正义的协议和一种为了共同利益的伙伴关系而联合在一起的一个集合体。

记者：

正义的协议？促使这个联合体得以成立的第一动因是什么？

西塞罗：

你问得很专业嘛！

记者：

快说吧。

西塞罗：

亚里士多德说人天生就是“一种政治动物”。

记者：

马克思也说人的本质是“社会关系的总和”。

西塞罗：

他们说得都对。人，自然包括你我在内，并非是一种独特的不合群的创造物，他生来便有这样一种天性，无论贵贱，无论贫富，他都无法独立于他的同胞。人的社会性是人必须组成国家的内在的第一原因。

记者：

作为个体，人实在是太过弱小了，要维持自己的生存自然就必须联合成一个政治共同体。

西塞罗：

你说的或许是一个原因，但最根本的还是源于人的聚合性，或者说是社会性，而不简单是弱小性。

十四　共和政体即混合政体最好

记者：

你在著作中，反复论证共和政体如何如何好，可否请你系统地说一下？

西塞罗：

没问题啊。我之所以坚持共和政体最好，最重要的原因就是这种政体符合自然法原则。

记者：

怎么讲？

西塞罗：

自然法告诉我们：自然并没有将生存的禀赋只赋予某一种类型的人，自然将正义的观念赋予所有不同类型的人……

记者：

应该也包括弱者吧？

西塞罗：

毫无疑问。自然为了保护弱者的利益，一直都把统治权赋予所有种类的事物。对自然而言，没有纯粹的统治者，也没有纯粹的被统治者。不同类型的人是不同类型的统治者和被统治者。

记者：

你想说共和政体能够体现所有人都是平等的统治者和平等的被统治者的理念，是吗？

西塞罗：

是的。所有人都是平等的，每个人都是统治者，都是被统治者，这是共和政体的优越性之一，也可以说是第一个优点吧。共和政体的第二个优点是这种政体可以满足社会各个阶层都能伸张其自然权利的愿望。

记者：

请解释一下。

西塞罗：

共和政体一方面认可人人平等，另一方面又承认存在社会分层，人们分属于不同的阶层。因此，按照共和原则进行管理的体制，就不是由某个单纯的阶层进行统治，而是由多阶层基于自然法的分工实施共同管理。

记者：

难道其他政体就不是如此吗？

西塞罗：

可以这么说。君主制下，一个人掌握国家的统治权，其他人都是无足轻重的东西。僭主制从君主制转变而来，这个僭主与君主一样，他对一国人民都拥有生杀予夺大权。贵族体制下，贵族们富有、出身高贵，但这种体制极容易演变成寡头政体，寡头政体就意味着其他杰出的人和普通民众的权利随时会被剥夺。

记者：

民主体制如何呢？

西塞罗：

民主体制下，国家权力由普通的人民掌握，普通人往往被欲望所主宰，他们习惯于认为拥有自由就可以为所欲为，而丝毫不顾理性的引导。在这种体制下，人与人之间的冲突成为一种家常便饭。

记者：

按照你的分析，无论是君主体制、僭主体制，还是贵族体制、民主体制，都无法满足社会各个阶层依照自然原则实现自己价值的愿望。

西塞罗：

是的。唯有共和体制才能同时发挥各个阶层的才能与智慧，让各个阶层在自然权利上都得到伸张。

记者：

共和政体还有什么优点呢？

西塞罗：

共和政体能够将其他各种政体的优点予以统摄。哪一种体制都混杂着众多的毒素和贪婪，但也有其优点。君主制的优势在于“感情”，贵族制的优势在于“智慧”，民主制的优势则在于“自由”，而共和制能够将这三种优势都结合起来。完美与和谐的音乐出自不同音节的恰当混合，与此相同的是，一个理想国家，要通过不同的因素之间的协调而获得和谐。只有把上、中、下三种不同的等级和谐地结合起来，社会与国家才能达至完美的境界。

十五　共和让罗马很伟大

记者：

通过看你的著作，我感觉到你虽然执政在帝国时代，但你对希腊和罗马的共和国却情有独钟。

西塞罗：

罗马的强大，主要有两大原因，第一个原因就是我们罗马城的创建者——罗穆路斯，他在国家首都的“选址”这个重大问题上做出了一个无比英明的决定。

记者：

什么决定？

西塞罗：

别人喜欢将首都选址在沿海之滨，而罗穆路斯则主张将首都选在一条河面宽阔、流量恒定、永不枯竭且奔腾入海的大河之岸，这样既获得了沿海国家的优势，又避免了沿海国家的麻烦，进可攻退可守。罗马的持久强大，这个英明的选择是关键。

记者：

第二个原因又是什么？

西塞罗：

罗马的共和政体是也。

记者：

如何讲？

西塞罗：

别的帝国实行寡头政治，好多重大的决策往往出自一个人的头脑，大多数人被视为粪土一堆。而罗马的政治是建立在共和制基础之上的，好多重大的决策是建立在众人智慧的基础之上的。因此它多了几分成功，少了几分失败。这就是罗马之所以是罗马的原因。可惜……

记者：

可惜什么？

西塞罗：

可惜到了最后，我们的共和国徒具共和国的外壳，而其实质没有了，早就变味了。

记者：

所以罗马就不是那个罗马了。

西塞罗：

唉！

记者：

英国历史学家爱德华·吉本在他的《罗马帝国衰亡史》中说，实行独裁制度是导致罗马帝国走向衰落的原因，你是不是赞同他的说法？

西塞罗：

我同意吉本的观点，是独裁让罗马走向毁灭。

十六　诉诸耻辱感，遏制政治家犯罪

记者：

有一个现象，不知道你注意没注意？

西塞罗：

神叨叨的，什么现象？

记者：

国家为惩罚政治家犯罪，制定了越来越严厉的法律，但这种情况还是越来越严重，屡禁不止。

西塞罗：

在预防政治家犯罪方面，发自本能的耻辱感要远比严刑峻法有效得多。因此要阻止政治家犯罪，就得千方百计唤醒潜藏在政治家灵魂深处的耻辱感。

记者：

具体如何实施？

西塞罗：

说难也难，说容易也容易。

记者：

你又开始卖关子了。

西塞罗：

通过公共舆论不断宣传，通过教育不断灌输和强化。

记者：

基本上是老调常弹，不起作用的。说点别的吧。

西塞罗：

也行。

十七　恶法非法

记者：

在《法律篇》中你曾经说过，真正的法律和正确的理性是永恒的，它们并不随着成文法规开始或者结束。

西塞罗：

我说过。

记者：

你还说正如神的心灵是至高无上的法律，每一个真正可以称为法律的都是值得赞赏的。难道并非所有的成文法都可以被称为法律，或者说在“法律”这一概念中的定义中就固有某种价值判断？

西塞罗：

当然是。

记者：

为什么？

西塞罗：

法律是国家最大的善，一个国家如果没有法律那简直就不是一个国家，或者说简直就是一个无法无天的土匪窝。但是如果这些成文法违背理性，悖逆正义，那就不配称为法律。

记者：

你的意思是说恶法非法。

西塞罗：

正如一个庸医开出的不是救命的药方，而是致命的毒药一样，一个国家制定出来的并不符合正义的法律自然也就不能称为法律。法律的使命是惩恶扬善，如果某些法律走向了反面，自然就堕落为邪恶的教条了。

十八　战争与和平

记者：

你是一个政治家，但你对如何建设当时能看见的整个世界的统一与和平也特别关注。

西塞罗：

是的。作为一个政治家，我深切感受到人类相互竞争的残酷性与极端的危害性。就我们当时的全人类来看，也是如此。人类好像与那些最低层次的动物一样，一天到晚只是忙于屠杀，似乎一天不进行屠杀就无法活下去。若长期如此，人类如何存在下去？人类都不存在，还有我们罗马共和国吗？

记者：

你对其中原因的解释挺有趣。

西塞罗：

我知道你说的是什么。大自然是宇宙间最伟大的神，正是这个唯一的神把我们的宇宙连接在一起并维持着宇宙的日常运行。大自然用同样的力量，也就是血缘关系，把我们人类紧密地联系在一起。人类因是同根而生，本应该和谐相处，共享永久的和平。

记者：

我们中国有一首古诗特别适合形容你说的这层意思。

西塞罗：

说来听听。

记者：

这首诗是中国魏晋时期诗人曹植写的，诗的全文是：

煮豆持作羹，漉菽以为汁。
萁在釜下燃，豆在釜中泣。
本是同根生，相煎何太急？

西塞罗：

能否翻译一下？

记者：

当然可以。大概的意思是说：煮豆子正燃着豆秸，因煮熟豆子来做豆豉而使豆子渗出汁水。豆秸在锅下燃烧着，豆子正在锅里哭泣。本来我们是同一条根上生长出来的，你为什么要这样紧紧逼迫呢？

西塞罗：

是这种感觉。我们所有人都是同一个祖先，如今却热衷于互相屠杀，真是可悲啊！

记者：

是的。

西塞罗：

人类已经堕落得太久太久，整天忙于相互争吵，根本意识不到我们都来自于同一血脉的事实。每个民族都自认为是地球上唯一的物种，而其他民族都是不共戴天的异类物种，其间除了冲突、矛盾和屠杀外，实在找不到别的模式来处理彼此的关系。一句话，战争是现代人类彼此之间的唯一关系模式。这个世界怎么能获得和平呢？不可能。

记者：

是的，不可能。

西塞罗：

我们人类要想继续生存下去，必须意识到这个同宗同种的事实，并服从于共同的政治安排。只有在共同的正义之下，人类才有和平可言。只有这样，人类才能过上高尚的神一般的生活。

记者：

点赞！

十九　仅有理性是不够的

记者：

看你的著作，我感觉有点小矛盾。

西塞罗：

什么矛盾？

记者：

一方面你对理性非常重视，你把最好的国家和最好的法律视为某个缔造者的卓越的个人智慧产物；另一方面你又非常重视历史与习俗的价值。你对此如何解释？

西塞罗：

我是一个思想家，这决定了我不可能否定理性的价值；我是一个政治家，这决定了我的思想和行动不可能受制于某种抽象的理性的制约。在我看来，理性、传统和历史是可以结合在一起的。我们罗马共和国得以长期坚持的惯例、法律制度就是理性的体现。

记者：

你的意思是不是说，你集政治家和思想家于一身，在你的政治生涯中，你不仅重视理性的作用，还高度重视历史与传统的价值？

西塞罗：

自然。一些政治家动辄就把什么抽象的原则作为决定自己的行为的准则，我则高度重视宗教法的作用。在一般人看来，宗教法与理性是完全相互矛盾的，我则善于通过利用宗教法来实现政治目的。

记者：

说说你的观点与做法。

西塞罗：

在我看来，宗教法的作用更多的是让一个民族具有精神上的凝聚力，而对个人则具有精神上的净化和升华作用。因此，对于我们这些政治家来说，治理国家不能拘泥于烦琐的规则、文字和愚蠢的信条。我通过宗教法来要求人们不要给神敬献土地和贵重的财物，我通过宗教法禁止人们去搞奢华的葬礼，最后都取得非常好的成效。

记者：

这个观点似乎卢梭也说过。宗教法是一种什么东西？

西塞罗：

你们中国人经常说的“礼”，在我看来就是宗教法。

二十　论人的全面发展

记者：

关于道德目的，你似乎并不赞同伊壁鸠鲁的看法？

西塞罗：

是的。在伊壁鸠鲁看来，伦理学的要旨就是把快乐视为至善，把痛苦视为至恶。

记者：

你为什么不同意伊壁鸠鲁的说法？

西塞罗：

伊壁鸠鲁的理论逻辑是：每个生命体，一旦出生，就寻求快乐，并把快乐中的喜悦当作至善，同时把痛苦作为至恶，而尽可能地避之。生命体只要保持正常状态，就会在大自然公正而可靠的裁决激励下趋乐避苦。

记者：

应该是的。

西塞罗：

其实，伊壁鸠鲁的说法是错误的。在伊壁鸠鲁那里，快乐就是不痛苦，痛苦就是不快乐。无论是就人的心理论之，还是就人的身体论之，都是如此。实际上，在快乐与痛苦之间，还存在若干个中间状态。还有，伊壁鸠鲁把没有痛苦等同于快乐，这也是错误的。没有痛苦不等于快乐，感到快乐与不感到痛苦是两回事。严格说来，快乐不快乐，不属于善的范畴。伊壁鸠鲁把快乐不快乐作为人生的目的，自然就会对这个问题给出错误的解释。

记者：

你认为在考察人生的道德目的的时候，不应该考虑快乐不快乐的问题，那应该如何解释人生的目的呢？

西塞罗：

伊壁鸠鲁把快乐作为人生的目的是错误的，伊壁鸠鲁和他的门徒有时候把这种快乐称为“公正的快乐”，有时候把这种快乐称为“自制的快乐”，有时候又将其称为“勇敢的快乐”，其实都是一回事。人生的目的是一个道德问题，道德价值必须合乎理性，合乎理性才能合乎自然。伊壁鸠鲁把人生的目的贬低为感官的快乐，显然把人降低到普通动物的层次了。人生的目的，不应只是为了自己而活着，还应该为国家、为同胞而活着，至于为自己，那只是很小的一部分。

记者：

应该是。

西塞罗：

人应该追求真理，获得知识，拥有尊严，顶天立地，藐视一切丑陋，抗拒一切强力，唯有这样的人生，才是值得过的人生。否则，像阿猫阿狗那样活着，人不像人，鬼不像鬼，不如死掉！

记者：

你对人生目的的看法与斯多亚学者，如芝诺的看法非常相似。

西塞罗：

有些相似，但在根本点上是不同的。芝诺过分强调人内在善的问题，以至达到一种玄术的程度。在我这里，人的至善，不仅包括人内在的心灵的善，还包括外在的善，如对朋友、父母、孩子、亲戚等的善，这些从本质上都牵涉我们的内在的感情。但它们毕竟属于外在的东西，人生也应该把这些作为目的予以统摄。把内在的善与外在的善都作为人生的目的，这样的人生才是最全面的人生。

西塞罗简传

马库斯·图留斯·西塞罗（Marcus Tullius Cicero，公元前106年—前43年），古罗马著名政治家、演说家、雄辩家、法学家和哲学家。他出身于古罗马阿尔庇努姆（Arpinum）的奴隶主骑士家庭，以善于雄辩而成为罗马政治舞台上的显要人物。他从事过律师工作，后进入政界。他最初倾向平民派，以后成为贵族派。公元前63年他当选为执政官，在后三头同盟成立后被后三头之一的政敌马克·安东尼（Mark Antony）派人杀害于福尔米亚。

他在政治、法律思想方面的代表作是《国家篇》和《法律篇》。他认为国家是人民的事务，是人们在正义的原则和求得共同福利的合作下所结成的集体；君主制、贵族制和民主制三种政体都是单一政体，理想的政体应是“混合政体”，即以当时罗马元老院为首的奴隶主贵族共和国。

他在哲学方面的创作有《论至善和至恶》《论神性》等，他主张综合各派的学说，因此被认为是古代折中主义最典型的代表。他是第一个将古希腊哲学术语译成拉丁文的人，对哲学的发展有极大影响。

早在罗马帝国初期法学家兴起以前，他就系统地论证了自然法和实在法之间的关系，认为自然法代表理性、正义和神的意志，是普遍适用、永恒不变的，它在国家产生以前早已存在；实在法必须符合自然法，否则根本不配称为法律。

第七章 暴君与暴民：共和永远的敌人

——对话普鲁塔克

引 子

“普鲁塔克”，在西方世界其影响已远远超过学院的门墙。普鲁塔克如今几乎成为一种文化符号，一种时代精神的代表，一种政治文化的象征。当年卢梭和他的手工艺人的父亲在工作之余一道阅读普鲁塔克的作品而热泪盈眶时，人们似乎已经可以看到《社会契约论》中公民共和精神的孕育与萌发。普鲁塔克对后亚里士多德时期希腊各大哲学流派大多持严厉的批评态度，但与“普鲁塔克”这个符号联系在一起的是其一以贯之的共和主义。在众多罗马史学家和哲学家中，以怀恋和张扬希腊共和主义传统为已任的，唯有普鲁塔克。一些资料说，拿破仑是普鲁塔克《希腊罗马名人传》的热心读者，法国大革命中保皇分子夏洛蒂·科尔黛在刺杀民主派革命家马拉的前一天，读的也是普鲁塔克。让我们走近普鲁塔克。

一 从帝师到终身祭司

记者：

你被公认为罗马一流的思想家，你总结没总结过是什么原因成就了你的伟大？

普鲁塔克：

离开家庭的熏陶、社会的影响和政治实践的锤炼，我什么都不是。

记者：

请说说。

普鲁塔克：

我出身于希腊中部地区波埃提亚（Boeotia）的一个小镇喀罗尼亚（Chaeronea），波埃提亚位于希腊的中部。我们那地方山很多，闭塞得很。这里的居民大多懦弱怕事，奴性很重。

记者：

这个地方能培养出你这样一位大学者，不容易。这应与你家庭，特别是你的父亲有关。

普鲁塔克：

在我们那地方，我的家族确实最显赫。我的曾祖父尼查克斯（Nicharchus）在当时就很有影响力。我的曾祖父是一个大善人。当年安东尼和屋大维争夺天下，所有的城市被迫交出固定数量的谷物给他们。市民们要背谷物到安蒂赛拉（Anticyra）的海滨，士兵们用鞭子抽打市民，强迫他们动作快一点。这时候正好安东尼战败的消息传来，征收粮食的人和手下狼狈逃窜，我的曾祖父就利用这个机会把留下的谷物分给市民们。

记者：

据说你的祖父在当地的威望也很高？

普鲁塔克：

我的祖父兰普瑞阿斯（Lamprias）极其健谈，想象力异常丰富。我祖父特别喜欢喝酒，酒一喝，立即妙语连珠。我的祖父与当时的御医关系很好，他最大的特点就是与人为善，是一位可靠的同伴和朋友。

记者：

听说你的父亲是一位哲学家？

普鲁塔克：

我的父亲亚里斯托布鲁斯（Aristobulus）是一个哲学家，他在我们那个时代的哲学和神学上都有相当的造诣，对很多大诗人的作品也非常熟悉，也是一个传记作家。我父亲是一个非常有教养的人，只要有机会，他就会教导我一定要谦虚，不能傲慢，对任何人都必须礼敬有加。

记者：

有这样的家庭环境，我相信你肯定得到了不错的教育。

普鲁塔克：

自然是的。家庭的教养，让我养成了对知识的向往，青年时期我就喜欢四处游学，拜访名师。在老师们的教育下，我很早就对数学、修辞学、医学、哲学、历史学有了较为深入的接触。此外，由于家庭宽裕，我游历了希腊爱琴海诸岛，到过非洲的埃及、小亚细亚、意大利等地。每到一处我都会留心搜集历史文化资料，这些为我后来进行传记写作打下基础。

记者：

据说你对政治也很热衷？

普鲁塔克：

我的一生，共经历了罗马帝国的前三个时期——克劳狄王朝、弗拉维王朝和安敦尼王朝。我曾经担任过两个皇帝的老师，后来又被提拔为希腊的财政监察。我一生大多数的时间是在喀罗尼亚生活，我一边担任地方行政长官，一边开办一所学校，教授哲学和伦理学。到了晚年，凭借我的学识和社会影响，我还出任了希腊圣地阿波罗神庙的终身祭司。

二　谩骂只会让人远离智慧

记者：

伊壁鸠鲁学派是希腊晚期哲学最主要的一个流派，他们的伦理学对后世影响很大，到今天依然如此。但感觉你对伊壁鸠鲁学派并不感冒？

普鲁塔克：

撇开伊壁鸠鲁的理论好不好不说，他的那帮后生实在太过狂妄。

记者：

不可能吧？

普鲁塔克：

伊壁鸠鲁有一个学生，名字叫科洛特（Colotes），曾经出版过一本名字很长的书。

记者：

多长呢？说说看。

普鲁塔克：

书的名字是《服从其他各派哲学家的教义将会使生活不可能》。

记者：

书名的火药味是太浓了一点，简直如一篇檄文的题目。

普鲁塔克：

其实，这位科洛特先生已经够文雅的了。与科洛特相比，伊壁鸠鲁和他的重要助手梅特洛多诺（Metrodorus）则极端得多。

记者：

极端到什么程度呢？

普鲁塔克：

这两位仁兄把人间最难听的词都收集起来，并一股脑儿地套到亚里士多德、苏格拉底、毕达哥拉斯、普罗泰戈拉等人的头上，说这些人“吹牛”“肤浅”，是“造假的”“娼妓”“杀人犯”“低沉呻吟者”“干尽坏事者”“傻瓜”“诗人中的胡话者”“荷马的蠢货”……（［古罗马］普鲁塔克：《古典共和精神的捍卫：普鲁塔克文选》，包利民、俞建青、曹瑞涛译，中国社会科学出版社 2017 年版，第 3 页）

记者：

别说了。学者之间争论问题，竟然像泼妇骂大街似的，我想十之八九是出于嫉妒。嫉妒心太强的人，必然刻薄无比。我一直认为，谩骂永远也不能解决问题，动辄对他人破口大骂，只会让人远离智慧。有理说理，骂人干嘛！

普鲁塔克：

是的。

三　伊壁鸠鲁：让幸福生活打水漂

记者：

撇开讨论伊壁鸠鲁的个人品质不说，我想问一下：你对伊壁鸠鲁的理论如何评价？

普鲁塔克：

看不上，太低端！伊壁鸠鲁的哲学是原子论，他的老祖宗是德谟克利特，胡说什么宇宙起源于原子和无限的空间……

记者：

你反对原子论？

普鲁塔克：

荒谬之见！伊壁鸠鲁的伦理学就是“肚子”理论，就是“肠胃”理论，更是不上路子。

记者：

怎么讲？

普鲁塔克：

在伊壁鸠鲁和其门徒的心中，唯有筵席和餐桌才是最可爱的。说到底，所谓的伊壁鸠鲁主义，就是以口腹为中心的享乐主义理论。

记者：

根据我的研究，伊壁鸠鲁主义似乎并非如你所说的那样。但话又说回来，即便如此，人们把享受世俗生活作为生活的目的，又能有什么错误呢？这不也是天经地义的事情吗？

普鲁塔克：

关于伊壁鸠鲁的理论，我也不想说太多，我已经用太多的篇幅去说伊壁鸠鲁了，不值得。他的理论鼓励人们去追逐感官享受，似乎感官享受能得到满足，人就会获得幸福，就会感到快乐。事实上并非如此，人的一部分感官获得快乐，往往是以其他部分感官遭受痛苦为代价的。口腹之乐享受了，它只会给人的脚和手等部位带来痛苦。

记者：

那倒是。人总是酒足饭饱，必然带来这样或者那样的疾病。这点我也相信。

普鲁塔克：

感官享受无法永远获得满足，一种欲望享受满足了，就会立即引起其他的欲望，饱暖思淫欲，说的就是这个意思。人一旦被感官享受所主宰，人的整个生命就会堕落到整个动物的水平，永远处于各种俗不可耐的欲望的支配之下，使人不成其为人。久而久之，各种罪行和过错随之而生，放纵和任性便逐渐成为人性的主旋律。人便因此而堕落！

记者：

如此严重？

普鲁塔克：

是的。财富是好东西，我不反对人们追求物质生活，但除了物质生活外，人应该还有更高层次的生活，如对学习的热爱，对荣誉的热爱，对真理的热爱，对他人与社会的热爱。而且我还认为，对物质生活以外东西的热爱，应该远远高于对物质生活的热爱，这才叫人的生活，只有这样才会使幸福生活成为可能！

四　“隐秘无闻的生活”太虚假！

记者：

伊壁鸠鲁主张人们无论做事还是做人，都必须低调，最好默默无闻。

普鲁塔克：

此人很虚伪。

记者：

你为什么这么说他？

普鲁塔克：

伊里希斯（Eryxis）的儿子菲洛克森努斯（Philoxenus）和西西里的格纳松（Gnathon）对美食情有独钟，他们看到特别喜欢吃的美味佳肴，便在各道菜肴上打喷嚏，其他出席宴席的客人见此便退却，不去碰这些美食，这样他们便可以独享所有的饭菜了。

记者：

怎么扯到吃饭问题上了？

普鲁塔克：

我想说明的是：那些建议别人甘于默默无闻生活的人，就如往美食上打喷嚏一样，他们是为了谋求属于他们自己的名声。简直是虚伪透顶。

记者：

你是说伊壁鸠鲁太虚伪。

普鲁塔克：

是的。我主张人们坚持生活的公开性，不必偷偷摸摸，谨小慎微。

记者：

明白你的意思。问题是很多事情是不适合公开的啊。

普鲁塔克：

任何人，如你，如我，如果我们拥有美好的德行，我们完全没有必要遮遮掩掩，羞羞答答。我们让更多的人知道我们，这样就可以影响别人，带领更多的人去修炼自己的德行。

记者：

如果你我并非有德之人呢？

普鲁塔克：

如果我们并非一个完美之人，我们就应该让人们知道我们的缺点，如此一来，别人就会批评我们，监督我们改正这些缺点和错误，以促进我们不断改善自己的德行。伊壁鸠鲁建议人们如偷鸡摸狗般地活着，就如建议人们永远要避开太阳，而必须生活在黑暗之中。如此一来，善良之辈得不到表彰，丑陋之人也便可以横行天下。这绝对是个错误的建议。

五　点滴的进步对于德行非常重要

记者：

你的作品曾经提到品达（Pindar），我知道品达是古希腊的伟大诗人，他的很多作品至今依然很受欢迎。

普鲁塔克：

品达的文笔绝美，人们说他的嘴巴像涂了蜂蜜似的。但也有很多人对品达颇有微词。

记者：

怎么讲？

普鲁塔克：

很多人都批评品达笔下的凯涅厄斯（Caeneus）是一个虚构人物，此人刀枪不入，对任何外来的打击都毫无感觉。品达说此人能直立着撇开大地，沉入地下，而毫发无损。此人所具有的特征与斯多亚学派的道德哲学很类似。

记者：

我知道你对斯多亚学派哲学很不感冒。你将如何评价斯多亚学派哲学呢？

普鲁塔克：

斯多亚学派哲学就是一种靠不断锻造出类似凯涅厄斯这样的大英雄而立论的哲学。

记者：

听不懂。

普鲁塔克：

品达笔下的大英雄，今天是凡体肉身，明天是刀枪不入；今天是柔弱女子，明天是刚强男子。在斯多亚学派的哲学中，人分善恶，非善即恶，非恶即善。

记者：

你的意思我懂，你是说斯多亚学派似乎认为人在道德修炼上没有中间地带，要么是这样，要么是那样……

普鲁塔克：

是的。在斯多亚学派那里，早上还是十恶不赦的人，到了下午可能就变得最有美德。一个人在上床入睡的时候，或许还是精神错乱、愚蠢透顶、贪婪无比，而一睡醒，他就会变成一位富裕的神圣君主，头脑清醒，公正坚定，不为任何幻想所欺骗。

记者：

那在你看来，人的德行修养是按照什么样的路径进行的呢？

普鲁塔克：

任何事物的变化，都是一点一点进行的。对于道德进步来说，点点滴滴的进步，是必须的。人们一旦把道德进步视为某种偶然性的跃迁，事实上就否定了普通人进行自我修炼的可能性。这种说教毫无价值。

六　哲学家尤其应该与当权者多交流

记者：

哲学家大都很清高，他们不屑于与当政者打交道，似乎与当政者关系太过密切，会玷污他们的名声。

普鲁塔克：

是这样，其实这样做除了可以达到哲学家的明哲保身外毫无益处，也可以说有害无益。

记者：

此话怎讲呢？

普鲁塔克：

哲学家的智慧水平显然要高于政治家，但是政治家是国家的统治者，他们的影响力是哲学家所不可比的。一个好的统治者，能带领其属下所有的人民去遵守法律；反之，一个不好的统治者，则可能带领他的人民一起藐视法律。哲学家如果能与政治家保持一种良好的关系，就可以借助于这些政治家，把自己的思想传播到寻常百姓那里去。当年柏拉图多次前往西西里岛，去拜访那里的僭主狄奥尼修斯，目的就在这里。

记者：

效果如何呢？

普鲁塔克：

那个狄奥尼修斯不是个好东西，柏拉图很失望。但这不能说明柏拉图有这个想法是错的。还有……

记者：

还有什么呢？

普鲁塔克：

很多政治家是混世魔王之类的东西，很难有人能驯服他们，他们做起事情来，为所欲为，祸害天下。作为哲学家，如果我们能够借助我们的知识和智慧，说服、改造这些政治家，让他们改弦易辙，即便我们或许因惹恼这些人而丢掉性命，也是值得的。只要我们能教育或改造好哪怕一个人，也可以间接地保护好许多人。这就是我们的价值之所在。

七　在德行上，男女完全平等

记者：

我看过修昔底德写的《伯罗奔尼撒战争史》，感觉这位仁兄对妇女颇有歧视。

普鲁塔克：

修昔底德是个大男子主义者，他不主张妇女抛头露面，他说贤淑之女，应当待在家里，不能到处乱跑。他还说，世界上最好的女子，是那种被别人议论最少的女子，无论这种议论是批评还是表扬。

记者：

你同意他的这种看法吗？

普鲁塔克：

著名智者高尔吉亚说，一个妇女，不管其外貌如何，她的好名声都应当公之于众。罗马的传统也不错，罗马对于去世的妇女，就像对去世的男子一样，都给予公开的荣誉。

记者：

我应该能猜到你的观点了。

普鲁塔克：

我曾经对希腊和罗马各地的妇女做了认真的研究，研究发现，无论在体力上妇女如何弱于男子，但在德行的修炼上妇女一点都不弱于男子。

记者：

男女平等问题到了今天都没有很好地解决，你是公元前后的人，就能如此看待这个问题，不简单嘛。

普鲁塔克：

谢谢鼓励！

八　论命运

记者：

绝大多数人特别看重命运的作用，你意下如何？

普鲁塔克：

柏拉图在其著作中多次提到命运这个概念。例如，在《理想国》中，柏拉图认为命运“决定所有事物未来、现在和过去的联系”；在《费德鲁斯篇》中，柏拉图把命运说成是“神的道理，归于一种不可逃避也不能逾越的成因”；在《泰密乌斯篇》中，柏拉图把命运说成是“基于宇宙的性质所制定的一种法律，决定所有事物来和去的路径”。（［古罗马］普鲁塔克：《普鲁塔克全集》，第Ⅵ卷，席代岳译，吉林出版集团有限公司 2017 年版，第 1266 页）

记者：

柏拉图的研究很细致，通过聆听柏拉图的表述，我感觉在柏拉图那里，命运就是一种必然性，一种决定着我们现在、未来与过去的联系的必然性。既然是必然性，自然就不可逃避，不可违背，不可抗拒了。

普鲁塔克：

可以这么说，对于人生的发展来说，命运主宰一切。但是也并不意味着，在命运面前，人类只能乖乖地俯首称臣。

记者：

是吗？

普鲁塔克：

是的，以亚历山大为例，撇开其政治品行不说，就其个人的成功而论，命运女神始终是与他作对的。但他始终不服命运的摆布，最终实现了个人的成功。由此可见，人要获得成功，必须善于并勇于与命运抗争。

九　永远怀念雅典的民主

记者：

看你的文章，感觉你对希腊的民主制度情有独钟。

普鲁塔克：

希腊的政治中有君主体制、寡头体制和民主体制，如果说希腊政治是一顶桂冠的话，那么其民主体制就是这顶桂冠上的珍珠。

记者：

你的著作记载，梭伦（Solon）说，雅典的民主制度重点在于使人人都不会受到罪行的伤害。不仅如此，谁如果受到伤害，就可以告发罪犯，通过城邦给予施害者相应的惩罚。

普鲁塔克：

我的文章《七位哲人的午餐》关于梭伦的话是这么记载的。

记者：

根据你的文章记载，另一位学者毕阿斯（Bias）说，卓越的民主体制意味着人民对于法律的畏惧更甚于暴君。安纳查西斯（Anacharsis）说，民主制度可以使人人皆获得同等的尊重，好坏则取决于操守的德行。尼西菲卢斯（Mnesiphilus）认为，生活在民选政府下，人与人之间不因财富和地位的不同而不平等，在法律面前，人人都是平等的。还有不少人说，在民主体制下，人不会太富，也不会太穷。也有人说，在民主体制下，公众人物对舆论的恐惧甚于法律对其的制裁。还有人说，民主体制就是不让邪恶小人得到高位，还得让正人君子必须出来为国家做事，且不能拒绝国家的召唤。

普鲁塔克：

是有这么多说法，仁者见仁，智者见智。

记者：

我关心的是：你是如何评价民主制度的？

普鲁塔克：

雅典的民主是克利斯提尼（Cleisthenes）于公元前 508 年建立起来的，这套制度包括四个层面的丰富内涵。

记者：

说说看。

普鲁塔克：

第一，雅典民主的基础是思想自由，雅典将 10 个城邦联结为一体，赋予每个城邦相当大的自由，这种自由是与生俱来、不可剥夺的。雅典千方百计保护这种自由，使之免于遭受各种无端的侵犯……

记者：

是这样。

普鲁塔克：

第二，借助语言的统一以及由此产生的哲学、艺术、戏剧、建筑和科学，整个雅典社会凝聚成为一个同心合力的生命共同体。第三，系统的法治基础，无论是城邦体制下的五百人会议、市民大会或最高委员会，它们制定的法律都能符合公正平等的要求。即便是饱受诟病的陶片放逐制度，也是为了根除动乱的根源，维持社会的秩序……

记者：

还有什么？

普鲁塔克：

第四，就是雅典拥有雄厚的经济基础。从资产阶级的建立到重商政策的落实，从屯垦区的建立到殖民地的建立，都为雅典社会的全面发展提供了很好的基础。

十　促进社会整体进步乃为政之根

记者：

谈起雅典的民主制度，你是侃侃而谈啊，足见你是多么喜欢雅典的民主啊。

普鲁塔克：

雅典民主是一种极好的政治，在这种民主制度下，民意能够得到很好的运用、教育、控制和尊重，真正的反对党和持不同政见者的价值也得到很好的保护；权力的行使被置于严格的法治的控制之下，政治家在任用人才上，也能让其各尽其能，也不违背基本的原则和底线。总之，有了好的制度，就可以促进社会的整体进步和发展。而这在其他制度下是不可能的。

记者：

那在你看来，什么样的统治者是一个好的统治者，什么样的统治者是一个不好的统治者呢？

普鲁塔克：

好的统治者，应当在民主的框架下，根据人民的授意，以建立伟大的荣誉为唯一追求。对于这些领导者或统治者来说，权力仅仅是他们服务人民、建功立业的手段而已。

记者：

不好的统治者呢？

普鲁塔克：

不好的统治者，是指那些不是把人民的利益放在首位，而是把个人的安全放到首位的统治者，在这些人看来，所谓的权力不再是他们建立荣誉的工具，而是他们统治人民的手段。

记者：

你说得对。一个统治者，如果仅仅把自己的安全作为其治国理政的最高目标，这种统治与他统治其属下的成群的牛、羊和马之类的牲口，就没有任何不同了。

普鲁塔克：

说得好。补充一句，好的统治者，应该惧怕人民，而不应该为人民所惧怕。

十一　暴君与暴民都应该被消灭

记者：

很显然，民主制度是你心目中最好的制度。

普鲁塔克：

是的。民主政治是所有制度中最好的制度。我心目中的圣人都是那些在民主体制下奋发图强、大有作为的政治家，莱克格斯（Lycurgus）、努马（Numa）、伯里克利、梭伦都是我心目中的大英雄。他们虽然一度拥有极大的权力，但他们是民主体制下的强人，他们从未放肆使用他们的权力，一切举动都接受人民和法律的管束。相反，像亚历山大、恺撒、亚杰西劳斯（Agesilaus）、苏拉（Sulla）这些人，都是暴君，他们一旦大权在握，就为所欲为。他们的政治生涯往往也是旋起旋灭，昙花一现。我也坚信，这些暴君下场不会好的。

记者：

别的人我没研究过，我只知道，你所说的恺撒的下场就不好，他 58 岁就被仁人志士所刺杀。这位勇士名字叫布鲁图斯，布鲁图斯在刺杀恺撒后，还面向罗马市民发表演说："我这样做，不是爱恺撒爱得少，而是爱罗马爱得多。"

普鲁塔克：

是的。独裁者不会有好下场。在我看来，所有的暴君都是凶猛的野兽，而那些善于奉承的马屁精，都是被驯服的家畜而已。无论是这些野兽还是家畜，都应该被杀掉。让那些暴君和马屁精活到老年而且还寿终正寝，是天下最违背情理的事情。

记者：

你似乎对那些乌合之众也不感冒？

普鲁塔克：

暴民阶级代表着人群中的大多数人，但这些人从来就代表不了社会和国家发展的方向。这些人没有什么原则，一遇到物质利益，就失去了基本的原则。他们在狂热中用手中的选票，把那些利欲熏心的人推到政治舞台上，而把国家推到病态的疯狂之中。这些人虽然可能也会幡然悔悟，但等到他们觉醒的时候，天已经不是那个天，地也不是那个地了。一切都悔之晚矣！

普鲁塔克简传

普鲁塔克（Plutarch，约公元 46—120 年），罗马帝国时代最伟大的作家、哲学家、历史学家、道德学家之一。他曾是罗马帝国的哈德良皇帝和图拉真皇帝的老师，他的"哲学王"的治国理念，缔造了雄踞古今的罗马帝国的黄金盛世。普鲁塔克以其最重要的两部著作，即《希腊罗马名人传》和《道德论丛》闻名后世。他的作品在文艺复兴时期大受欢迎，蒙田对他推崇备至，莎士比亚的不少剧作都取材于他的作品。

第八章　论自由意志与理性

——对话爱比克泰德

引　子

在斯多亚学派哲学家中，我们的主人公出身最为低贱，年轻时所受到的教育也最为有限，与苏格拉底极为相似。我们的主人公从不写作，只关心与人谈话，教人在实践中追求至善。或许与其长期不自由的奴隶生活有关，爱比克泰德（一译埃皮克提图）对自由意志的强调，也是别人所不可比的。让我们走近爱比克泰德。

一　出身于奴隶之家

记者：

你与塞涅卡、马可·奥勒留，被称为斯多亚学派的三位杰出代表。塞涅卡是罗马帝国皇帝尼禄的老师和顾问，马可·奥勒留本人就是罗马的皇帝。与他们两个人比起来，感觉你更加不容易。

爱比克泰德：

他们都是达官贵人，我出身于奴隶之家，可以说我的身份一直就是地位比较低微的奴隶。如果你懂得希腊语的话，你就会知道我的名字是什么意思。

记者：

你的名字爱比克泰德，在希腊语中是什么意思呢？

爱比克泰德：

我的名字爱比克泰德，在希腊语中意思是：获得的、买来的。说得不好听点，我根本就没有名字，我的名字只是主人随口起的。

记者：

据说，你的主人是一位趋炎附势的小人，而且经常对你实施家暴？这种说法对不对？

爱比克泰德：

我的主人名字叫爱帕夫罗迪德。

记者：

这是一个什么样的人呢？

爱比克泰德：

爱帕夫罗迪德自己本身曾经是尼禄皇帝的奴隶，后来被释放成自由人，最终当了尼禄的秘书，也因而成为一个有钱有势的人物。

记者：

据说，你的腿就是被他打残的？

爱比克泰德：

爱帕夫罗迪德是一个虐待狂，他的很多奴隶都遭受过他的虐待。而且，此人还是一位小人，一旦他的奴隶获得比他高的地位，他就会去讨好他的奴隶。

记者：

有这事？

爱比克泰德：

有的。爱帕夫罗迪德有一个奴隶名叫腓力肖，此人曾经遭受爱帕夫罗迪德的虐待。但这位奴隶后来被爱帕夫罗迪德卖给了恺撒大帝的管家，最后成了修鞋匠。就是对这样一位修鞋匠，爱帕夫罗迪德也是奴颜婢膝，只要有机会，就去讨好这位腓力肖。

记者：

通过看你的著作，感觉你对你的主人非常反感？

爱比克泰德：

我的这位主人到处吹嘘他拥有财富、拥有权利，也拥有自由。但在我看来，他比我们这些奴隶还要没有自由。

记者：

此话怎讲?

爱比克泰德：

爱帕夫罗迪德敬重拥有权力的人，而不知道敬重自己的意志自由。这样的人，不可能是自由的人。我虽然是一个奴隶，但我拥有我的意志的绝对自由。我俩相比，他是奴隶，我是自由人。

记者：

你的著作通篇都在谈论意志自由。这是不是与你作为一个奴隶没有自由有关呢?

爱比克泰德：

或许是吧，但这不是根本。哲学家就得研究自由。

二　简单的知识构成

记者：

通过看你的著作，感觉你所受到的文化教育似乎并不多。

爱比克泰德：

我出生在奴隶之家，没有那么多时间去看书。我的知识结构非常简单。

记者：

我对你到底看过哪些书很感兴趣，请你介绍一下。通过你看的书，我也就能够知道你的哲学取向了。

爱比克泰德：

我看的书包括四大方面。第一大方面是《荷马史诗》，荷马是古希腊第一位思想家，他的著作对我影响很大。第二大方面，我看得最多的是柏拉图的书。

记者：

一些人做过统计，说你引用柏拉图的书至少有 60 次，如果包含你间接性引用的语言，则大概有 100 次之多。或者正是因为这个原因，有些学者说，你继承了柏拉图的思想。

爱比克泰德：

柏拉图是一位了不起的哲学家。我在写书的时候，多次引用柏拉图的语言，他的思想必然对我有很大影响。当然了，克塞诺芬尼的作品和苏格拉底的一些言论，对我的影响也很大。

记者：

除此以外，还有什么别的呢？

爱比克泰德：

希腊的一些著名的悲剧，尤其是欧里庇得斯的悲剧，我看得也很多。还有，一些犬儒学派、伊壁鸠鲁学派、怀疑主义学派的著作，我也看得很多。要想成为一名职业哲学家，不看这些学派的书，是不可能的。

记者：

还有别的没？

爱比克泰德：

没有了，这就是我接触的全部知识。当然了，我对这些知识的学习，并不是简单地引用。我的很多东西，都是我的独创。

记者：

是不是独创，我不好讲。但确实有些学者怀疑，你的很多思想都是从你看到的书里照抄过来的。

爱比克泰德：

别人怎么说是别人的事。没有这些前人的著作，我是不可能搞出我自己的一套东西的，这一点我也承认。

三　人并非一条被命运“马车”拖着走的狗

记者：

研究你们西方哲学，我发现：你们斯多亚学派，在自然哲学与逻辑学领域，坚持严格的决定论；而在伦理哲学方面，则又坚持意志自由论。这个看法对不对？

爱比克泰德：

你的表述不准确。在我们斯多亚学派内部，并非所有哲学家都赞同意志自由。

记者：

你是说，就是你们斯多亚学派的哲学家，也有人认为在伦理学领域必须坚持严格的决定论？

爱比克泰德：

是的。很多人说，人的思想和意志，永远取决于以前所发生的一切，而人的行为也永远受制于人的思想和意志。

记者：

没有任何的例外，没有任何的选择？

爱比克泰德：

如果有，也是完全被动性质的选择。

记者：

怎么讲？

爱比克泰德：

打个通俗的比方就是：人就像是一条被拴在马车上的狗，它所能做出的选择就是，要么不情愿地被拖着走，要么非常情愿地跟着走。仅此而已！

记者：

在命运面前，人类是如此的可怜！你同意这个说法吗？

爱比克泰德：

自然不会。

四　哪些是我们的意志能管控的事情，哪些是我们的意志不能管控的事情

记者：

在人所拥有的各种能力中，哪种能力最重要？

爱比克泰德：

理性能力。

记者：

原因是？

爱比克泰德：

理性能力，是所有能力中的能力，它能够帮助人类进行自我观察、自我认知。具体而言就是，理性能力能够帮助人类审查自己到底是什么，审查自己到底有什么能力，到底有没有或有多大价值；同时，理性能力还可以对其他能力进行审查。

记者：

难道其他能力就不如理性能力？

爱比克泰德：

是的。苏格拉底说哲学的使命就是帮助人类认识自己，唯一的路径就是使用这种伟大的理性能力。其他能力则难以望其项背。

记者：

明白，也请再举例说明一下。

爱比克泰德：

可以的。语法能力是人的重要能力之一，但这种能力只能帮助人类提高其表达能力，至于这种能力能否帮助人类进行自我认知、自我审查就很难说了。

记者：

怎么讲？

爱比克泰德：

如果你要给一位朋友写信，语法能力可以帮助你把信写得很漂亮，但是这封信到底该不该写，你的语法能力则无法提供帮助。音乐能力也是如此，音乐能力可以帮助你非常好地把握音律，但是至于此刻的你是否应该歌唱，是否应该弹琴，这则是你的音乐能力所无法提供帮助的。

记者：

明白。那我问你：理性能力是人类天生所有，还是后天培养的呢？

爱比克泰德：

都不是。

记者：

那理性能力莫非是神所赐？

爱比克泰德：

是那么回事，是伟大的神授予我们这种独特的理性能力。

记者：

神是万能的，为什么他不一起把其他能力都授予人类呢？是他不愿意吗？

爱比克泰德：

不是神不愿意，是他做不到。

记者：

神既然是万能的，还有他做不到的事情？

爱比克泰德：

在我看来，神并非是万能的，神只能在精神上帮助我们，至于物质性的肉体，则是神所无法提供给我们的。神热爱人类，他只能尽其所能，把所有能力中最优秀的能力，即理性能力赐予我们。

记者：

理性能力对于人类的意义是什么？

爱比克泰德：

这个问题你问到点子上了。借助理性能力，人类可以知道哪些事情属于我们人类的意志能够把控的，哪些事情属于我们的意志所无法把控的……

记者：

那在你看来，哪些事情属于我们人类的意志能够把控的呢？

爱比克泰德：

所有由我们自己做出来的事情，如我们对某些事情持有看法，我们想要得到一些东西，我们想要回避一些东西，等等。

记者：

哪些事情属于我们人类的意志所不能把控的呢？

爱比克泰德：

我们的肉体、财富、名誉、职位，以及其他所有不是由我们自己做出来的事情。

记者：

针对这两类不同的事情，应该采取不同的对策吧？

爱比克泰德：

那些属于我们人类意志能够控制的事情，从本性上讲都是自由的，是不受任何阻碍和束缚的。在这些方面，我们人类拥有绝对的自由，即便是上帝也没有权力剥夺这些自由。而对那些超越我们意志控制的事情，则当顺乎自然，不必过多在意。

记者：

但一般人很难处理好这些事情。

爱比克泰德：

是的，很多人把肉体、财富、名誉、职位这类不应当予以关注的事情，作为生命的核心内容，从而把自己搞得狼狈不堪，心烦意乱。唯有把自己的注意力集中到人类能够自己把控的事情上，才会顺风顺水，才能把事情做好，才能维护自己的意志自由不受到任何侵犯。

五　在任何情况下都要坚守自己的本性

记者：

对于一个理性的动物来说，什么样的东西是可以容忍的？什么样的东西是不可容忍的？

爱比克泰德：

对于一个理性的动物来说，理性的东西是可以容忍的，这些东西会让其感到幸福而快乐；反之，非理性的东西则是不可容忍的，这些东西会让其感到痛苦。

记者：

所谓理性，其实就是讲道理，但不同的人有不同的道理。

爱比克泰德：

你说得没错。例如，在有的人看来，如果他不给别人端夜壶，他就会挨鞭子，就会没饭吃，甚至会因此丢掉生命。因此，在这些人看来，给别人端夜壶，自然就是无可厚非的，因而也就是合乎理性的。但在另外的人看来，不要说让他给人端夜壶是他所极端厌恶的，就连他听到一些人给另外一些人端夜壶，也是他所极其反感的。因此，在这些人的心目中，给人端夜壶就是一种耻辱，是对理性的大不敬，简直就是一种罪恶。再如，在一些人看来，好死不如赖活着，活着才是最高目标，才是硬道理。因此，如果有人能做到砍掉他们的脑袋，但能让他们苟且地活着的话，他们也会心甘情愿让别人把他们的头砍下当球踢。

记者：

是的，同样是理性动物，人与人的境界就是不一样。

爱比克泰德：

一些人整天给别人端夜壶而不觉得耻辱，一些人头被砍掉也整天美滋滋的，这些人都是一种异化的动物。他们长期生活在畸形而变态的环境中，他们的理性能力不知不觉蜕化变质，远离自然的本性，远离神性的光芒。他们的理性化水平已经与非理性水平没有什么区别了。

记者：

确保在任何情况下都能按照自己的自然本性生活，是一件很难的事情。

爱比克泰德：

我做过别人的奴隶，即便生活在奴隶的状态下，依然保持贵族的尊严与思想的自由，我做到了。因此，我相信别人也能做到。

记者：

分享一下你的感受。

爱比克泰德：

要做到这样，首先要不断进行心灵的修炼，要试图从神和自然的角度去理解什么叫自然、什么叫非自然……

记者：

明白，其次呢？

爱比克泰德：

其次是，要学会将自己从神与自然的角度对理性与非理性的理解，应用到日常的生活中去，不能华而不实。

记者：

其三呢？

爱比克泰德：

其三是，要锤炼自己的力量。一头牛，如果虚弱无力，即便它愿意殊死相搏去对付一头冲击牛群的狮子，也是徒劳无益的。因此，要想把自己对于理性与非理性的理解付诸实践，就必须经历艰苦的锤炼。唯有力量，才能让你成就一切。

记者：

问题是：并非每一头牛都能训练出足够的力量来完成保护牛群的使命……

爱比克泰德：

即便如此，也要尽最大努力去完善自己，绝对不能气馁！

六 别让自己成为一个“混账动物”！

记者：

每位哲学家都必须就神与人的关系阐述自己的论点，你呢？

爱比克泰德：

我对神的看法很简单：神是人类之父，我们都来自神。还有，神也是众神之父。

记者：

前一句好理解，后一句不好理解，你为什么说“神也是众神之父”呢？

爱比克泰德：

在我们罗马人看来，神并非只有一个，神有很多。在这些神中，也有超越一般神灵之上的神。因此，那至高无上的神就是那些并非至高无上的神灵的父亲。你觉得这样好理解吗？

记者：

足见你的神学理论是多神论。犹太教和基督教说，人无论是其肉体，还是其精神，都是由神所创造出来的，你同意吗？

爱比克泰德：

我的看法与犹太教和基督教的看法不一样。

记者：

说说看。

爱比克泰德：

人由两种东西混合而成。

记者：

哪两种东西？

爱比克泰德：

一种是肉体，一种是理性与智慧。肉体是与动物相同的东西，而理性与智慧则是与神相同的东西。

记者：

人拥有肉体，也就是人拥有与动物相同的东西，是不是就可以解释人性中为什么会拥有一些野蛮之处了？

爱比克泰德：

是的。就人作为一个整体而论，真正值得珍惜的是人的理性与智慧，而不是肉体，但绝大多数人并不这么想。人的肉体之身，不过是一具臭皮囊而已，但绝大多数人只抓住这具臭皮囊不放，把全部身心都用来经营这具臭皮囊了。

记者：

于是人就离动物越来越近，而离神却越来越远？

爱比克泰德：

是的。于是乎，我们中的有些人就变得越来越像豺狼，卑鄙奸诈，无恶不作。有些人变得像狮子，凶狠残酷，专横霸道。而我们中的绝大多数人都变成了狐狸，狐狸的本性是狡猾多疑、造谣中伤……

记者：

那人如何才能不让自己变成像动物一样的东西呢？

爱比克泰德：

远离那僵尸般的、惰性的肉体，珍惜那与神性相同的理性和智慧。唯有如此，才能确保自己不会变成那些“混账动物”！

七　美德即进步，罪恶即退步

记者：

你们斯多亚学派的哲学家，似乎个个都是伦理学上的强迫症患者，你们的眼中容不得一粒沙子。

爱比克泰德：

什么意思？

记者：

在你们的学说中，似乎美德就是美德，罪恶就是罪恶，美德与罪恶毫不相容。换句话说就是，人要么是好人，要么是坏人，绝对没有中间道路可走。

爱比克泰德：

这是我们的观点，人生活在充满着罪恶的世界里，确如逆水行舟，不进则退。我们对进步与后退的理解也是从这个角度出发的。

记者：

说说看。

爱比克泰德：

之前我们曾经谈过人的理性能力。理性能力告诉我们如何得到那些我们希望得到的东西，理性能力也告诉我们如何避开那些我们所不愿意要的东西。

记者：

是这么说的。

爱比克泰德：

我们所愿意要的东西就是美德，就是至善。我们所不愿意要的东西就是罪恶，就是人间至丑。美德可以促进人类灵魂的安静，人类对于美德的追求，就是进步。反之，人类对于那些丑陋不堪东西的追求，就是退步。

八　神——一位“伟大的工匠”

记者：

研究你们斯多亚学派的哲学，感觉在你们的哲学中，神是一个非常核心化的概念，而你似乎比别的斯多亚学派哲学家们更重视神的概念。

爱比克泰德：

是的。关于神，作为一个哲学家，首先要建立这样的几点确信。

记者：

哪几点确信呢？

爱比克泰德：

1. 要确信神是存在的；2. 要确信神维系着整个宇宙的存在。就我们人类来说，无论是人的所作所为，还是人的主观目的和想法，无不在神的感知之中。

记者：

关于神，除了首先必须建立你所说的几个确信外，还需要做些什么呢？

爱比克泰德：

其次，就是必须了解神是一种怎样的存在。

记者：

那请你说说神到底是一种怎样的存在。

爱比克泰德：

别人如何看待神，我管不了，但在我的眼中，神永远是一位伟大的创造者，一位伟大的“工匠”。

记者：

伟大的创造者？伟大的工匠？

爱比克泰德：

神为人类创造了色彩，深知如果没有视觉能力，人类也是无法认识这些色彩的，于是神又为人类创造了视觉能力。有了色彩，有了视觉能力，神又意识到，如果这些色彩没有纳入人的视觉所能观察到的范围，色彩和人的视觉能力同样没有意义。此后，神还意识到，即便这些都做到了，如果没有光，一切都毫无价值，于是伟大的神又创造出光。你说，神是不是一位伟大的工匠？

记者：

听你这么一说，真是那么回事。还有别的例证没有？

爱比克泰德：

还有很多例证：是谁把这个东西和那个东西相互配合起来的呢？是谁给刀配了鞘、给鞘配了刀？是谁让不同的物体具有不同的结构和不同的形态？……

记者：

是谁呢？难道你要说就是神？

爱比克泰德：

是的，就是神。神在这样做的时候，绝对不是偶然为之，而是有目的、有计划的。这就是一位伟大的工匠、伟大的创造者！

九　不能纯粹为了逻辑而学习逻辑

记者：

你是一位哲学家，但感觉你对逻辑学也特别重视。

爱比克泰德：

我从来就不反对人们学习逻辑，甚至多次鼓励人们学习逻辑。我在创办的哲学学校里，就开设了逻辑学这门课。学习逻辑，可以让人的表达能力和辩论能力迅速得到提升，可以让人的语言变得更加绚烂多彩。但是，与逻辑比较起来，我更重视道德实践，我更强调行动。

记者：

据说你的老师鲁福斯（Rufus）也持这个观点？

爱比克泰德：

是的。我从来就不主张人们纯粹为了逻辑而学习逻辑。行动，唯有促进道德完善的行动，才是第一位的。一些人不注重道德实践，整天沉迷在逻辑之中，掌握了一点逻辑技巧，就自认为了不得，自命不凡。让这些人掌握逻辑，还不如让他们远离逻辑更好。

十　我是一位“世界公民”

记者：

你曾经给你的学生提出一个建议，即当有人问你学生是哪国人时，你建议他千万不要说是雅典人，或者说是科林斯人，而应当说是世界公民。你为什么要提出这个奇怪的建议？

爱比克泰德：

这个建议有什么奇怪的呢？非常正常嘛！

记者：

还是希望你解释一下。

爱比克泰德：

我对一个人说自己是雅典人或科林斯人很反感。

记者：

什么原因呢？

爱比克泰德：

人之所以说自己是雅典人或科林斯人，无非是要告诉你他的祖先居住在这个地方，他与这个地方的什么君主、什么贵族有某种特别的关系。一句话，他说自己是某个地方的人，无非是强调自己的权威感和优越感，其实很好笑。

记者：

为什么好笑呢？

爱比克泰德：

无论是雅典，还是科林斯，或是什么别的地方，都不过是人类摆放自己那副可怜躯壳的小角落而已，这些地方绝对不是人类的故乡。

记者：

那人类的故乡在哪里？

爱比克泰德：

对于一个睿智的人来说，当他审视这个世界的时候，他会发现，人类最伟大的、最崇高的、最广阔的共同体，就是由人和神组成的共同体。是神撒下种子，造就了人类的祖先，造就了地球上的所有生物，尤其是造就了地球上所有的理性生物。只有这些理性生物的自然本性，才使他们得以与神交流，而且通过理性与神结合成一体。

记者：

你的结论是？

爱比克泰德：

在我看来，每个人都不是某个角落的人，而是世界公民。神是全人类的父亲，是全人类的监护人。有了神的佑护，人类就永无悲伤、永无担忧。

十一　不要轻言逃离

记者：

你们斯多亚学派哲学家非常强调精神，而对肉体似乎不当回事，甚至是很蔑视。

爱比克泰德：

是的，人的理性来自神，而肉体与神无关，人因肉体而与其他动物联系在了一起。对这个可怜的肉体，我们必须给它安排吃的、喝的，让它休息，要经常给它洗澡，或者为了它而不得不跟这样或那样无聊透顶的人打交道。真是烦不胜烦啊！

记者：

既然如此，便有很多人提出要逃离肉体，实在离不开，他们也期望离开充满强盗、法庭、暴徒，还有暴君的城市。脱离了肉体，脱离了城市，人就可以实现绝对的自由，那样就不会有任何人可以控制他。

爱比克泰德：

对此我并不以为然。

记者：

为什么呢？

爱比克泰德：

对于这些人，我的回答是：朋友，请你等候神的召唤吧！当他发出信号，要免除你的义务的时候，你再离开此地去见他吧。不过目前，请你暂时在这个地方忍耐一下吧，神派你到哪儿去，你就在哪儿生活吧。我们在尘世间的生活，毕竟是短暂的，时光更易流逝。既然肉体和一切财产对我们来说都是毫无价值的，那么，对于暴君、恶贼、法庭等，我们又有何恐惧呢？等着吧，不要违反理性地离去。坚持才是硬道理！

十二　我们要认真审查的是我们的认识和看法

记者：

哲学中有一组概念，叫内因与外因。在决定事物发展变化的过程中，这两个概念所代表的现实力量所起的作用是不同的，你同意吗？

爱比克泰德：

你这是明知故问，对于事物的发展与变化，外因只是条件，属于次要的原因，而内因才是第一位的，才是关键。

记者：

就人类行为的驱动而论，决定性的原因是什么？

爱比克泰德：

我们做什么、不做什么，我们说什么、不说什么，我们什么时候高兴、什么时候不高兴，我们什么时候烦恼、什么时候不烦恼，都得从内部去寻找原因，而不能从外部去寻找。

记者：

你的结论是？

爱比克泰德：

我的结论是：我们做不做一件事，并非是因为死亡、流放、痛苦之类的东西使然，而是因为我们自己的认识和看法使然。

记者：

我们中国的一些学者在论及行与知的关系时，把知视为第一位，你的看法似乎也是如此。

爱比克泰德：

别人如何说，我管不了，但在我的眼中，是人的看法和认识决定着人类的行为取向。要确保我们的行为沿着理性的方向往前走，必须认真审查我们的认识和看法是否符合理性，而不是审查别的东西。

记者：

那如何才能做到这一点呢？

爱比克泰德：

那就得学习，就是当学生。除此之外，没有别的出路！

十三　人的任何行动都不会逃过神的眼睛

记者：

关于神，不同的人有不同的看法。

爱比克泰德：

是的，大体上有五种看法。

记者：

说说看。

爱比克泰德：

有些人说神是不存在的。这是第一种说法。有些人说神是存在的，但它是不动的、冷漠无情的，而且什么都不关心。这是第二种说法。

记者：

第三种说法是什么？

爱比克泰德：

第三种说法是，神是存在的，而且关心这个世界，只是它所关心的都是天上的大事，对人间的事是不关心的。

记者：

有意思。第四种说法是什么？

爱比克泰德：

第四种说法是，神对天上和人间的事都是关心的，但它只对世界整体上的事予以关心，而并不对每个具体的事情都予以照应。

记者：

第五种说法是什么？

爱比克泰德：

第五种说法是，人的任何行动，都不会逃过神的眼睛。

记者：

你的观点属于哪一种？

爱比克泰德：

我的观点属于第五种，苏格拉底也同意这个观点。

记者：

你为什么说人的一切行动都逃不出神的眼睛呢？

爱比克泰德：

原因很简单，万物皆统一于神，人间的事物都会感应到天上事物的影响。世间万物的运动如此和谐有序，原因就在这里。一句话，万物皆在神的主宰之下，作为万物之一部分的人，其一切行动自然也逃不出神的眼睛。

记者：

有意思。

爱比克泰德：

神让植物开花，植物就开花；神让它们长出嫩芽，于是，嫩芽就长出来了；神让它们结果，于是，果实就结了出来；神让果实成熟，于是，果实就成熟了；神让果实落下来，于是，果实就落了下来；神让叶子落下来，于是叶子就落了下来；神让它们蜷缩起来静静地休息，于是，它们就蜷缩起来静静地休息了。月圆月缺、日升日落，世间万物此起彼伏、此消彼长、轮流交替，是怎么回事呢？既然植物和我们的身体都与宇宙紧密相连、相互感应，那么，我们的灵魂不应该更是如此吗？人与神紧密相连，是神的一部分。所以，人每一部分的每一次运动，对于神来讲，不仅是人自己的运动，而且还与神同步进行。

记者：

你说人的一切行动都在神的监视之下。有那么多人，神能监督得了吗？

爱比克泰德：

太阳能够把宇宙这么大的地方照耀，而且只留下这么一小部分，让地球的阴影占上。神创造了太阳，并让太阳旋转，可是，与宇宙相比，太阳只是它极小的一部分。神如此伟大，它还会看不清世间的万物吗？神在每个人的身边都安排了一个精灵做他的监护神，让它照看我们每个人。它从不睡觉，谁也永远欺骗不了它。有谁会比神安排的那个监护神更认真、更专心呢？所以，当你关上门，屋子里漆黑一片的时候，请记住，永远不要说这里只有你一个人。不！你不是一个人，神在，精灵也在。神无须借助什么光线就能看清楚你在干什么。神伟大无比，人再多，它也能监督过来的。

十四　顺乎自然、各得其所才是最高贵的自由

记者：

你一方面强调人的所有行动无不处于神的监视和掌控之下，一方面又说人还可以拥有自由，而且是相当不错的自由，你不觉得这是矛盾的吗？

爱比克泰德：

不矛盾，一点都不矛盾。

记者：

自由就是人们做事时，可以随心所欲，永远不受任何人的羁绊和阻碍。如果人的行动时时处处都受制于你所讲的神，哪还有什么自由可言呢？

爱比克泰德：

此言差矣！随心所欲那是疯狂，自由和疯狂是完全不相干的两回事。取得自由是一件崇高的事情，随心所欲一点也算不上什么崇高，而正好相反，十分卑劣。

记者：

怎么讲？

爱比克泰德：

写字的时候，我能把狄翁（古希腊哲学家、演说家）的名字爱怎么写就怎么写吗？不行的。

记者：

那怎么写呢？

爱比克泰德：

我在接受老师教导的时候明白，应该以此为自己的愿望：这个名字本来应该怎么写，我就应该希望自己怎么写。音乐呢？也是同样的道理。艺术和科学的每一个领域，也都是同样的道理。如果一切都随了大家，每一个人的愿望和知识还有什么价值呢？所有世上的事情，是按照什么样子发生的，我们就把什么样子当

作我们的愿望。如此行事才是自由。

记者：

那我问你：世界上的事情是怎么发生的呢？

爱比克泰德：

神怎么安排，它们就怎么发生。神安排了夏天，又安排了冬天；安排了拮据，也安排了丰足；安排了美德，又安排了丑恶。所有这些，都相互对立，这样整体的宇宙就和谐地统一起来了。

记者：

你是口口声声不离开神？

爱比克泰德：

是的。对于我们每一个人来说，神赐予了我们身体、财产和伙伴。记住这一点以后，我们就应该去接受教育。

记者：

接受教育去干什么呢？

爱比克泰德：

我们去接受教育，目的不是去改变事物的结构。我们没有资格这么做，也不应该这么做。既然世间事物都顺乎自然、各得其所，那么我们同样能够让我们的心永远与事物和谐一致，这就是最高贵的自由。

十五　哲学的使命

记者：

据说，在你所在的那个时代，你的名气很大，有许多人经常登门请教，还有许多达官贵人也登门请教。

爱比克泰德：

情况大体如此。不过，到我这儿请教问题的，大多数是我创立的学校的学生，年龄大约在 18 岁到 25 岁之间。当然啦，没有女性向我请教问题。有时候，也有父子俩一起来向我请教问题的。

记者：

知道了。听说有一个人来向你请教，问他该如何劝说他的兄弟别再跟他生气。你是如何来回答这个人的呢？

爱比克泰德：

我对他的回答是：无可奉告。

记者：

你为什么这么说呢？

爱比克泰德：

我告诉他，哲学并不应许会帮助人们得到什么外在的东西。如果哲学企图做出这样的应许的话，它就超出了自己研究的范围。木匠的材料是木头，雕刻家的材料是铜，而生活的艺术所加工的素材是我们每个人自己的生活。

记者：

你绕来绕去，莫非是说，他请教的问题不在你思考的范围之内？

爱比克泰德：

没错。他兄弟的生活，属于他自己生活的艺术所要解决的问题。这个问题，无论对谁来说都只是外在的东西，就像健康、财富、名誉一样。这些东西都不是哲学所应该回答的问题。

记者：

那哲学最应该关心的是什么问题呢？

爱比克泰德：

哲学最关心的是，无论是在任何情况下，人都要保持自己的灵魂与自然和谐一致。

记者：

大自然是一种神秘莫测的存在，如何与大自然保持和谐一致，这不是一件容易做到的事。

爱比克泰德：

容易做到的事情，往往也不属于我们哲学所考虑的范围，我们考虑的都是大问题。

记者：

大问题？

爱比克泰德：

任何大事，都不是一下子办得到的。一串葡萄、一粒无花果都不是一下子从地里冒出来的。如果你跟我说，你想要一粒无花果，我则会回答说，这需要时间。我们要让它先开花，然后结果。既然连无花果都不可能一下子突然成熟，或者一小时之内成熟，那么，我们怎么可能奢望人的思想在很短的时间之内与神保持和谐一致呢？因此，要想实现我们的灵魂与自然保持和谐一致，千万别有那种一蹴而就的奢想。

十六　理性本身也应接受永无止境的批判

记者：

你极其重视理性的作用。我想问一下，理性到底是什么？

爱比克泰德：

理性是一种对事物进行分解、分析的能力，也包括对其他的能力予以完善的能力。

记者：

按照你的说法，理性是对事物进行剖析的能力，那理性本身是不是也要接受剖析呢？

爱比克泰德：

当然了。理性具有一种剖析其他事物的能力，理性本身也应该接受剖析。

记者：

那么，这种分析理性的东西，又应该是什么呢？

爱比克泰德：

这种分析理性的东西，要么是理性本身，要么是某种比理性更高的东西。

记者：

很显然，在这个世界上，不存在比理性更高的东西。难道你是说，理性可以对理性本身进行分析？如果是这样的话，又有一个新的问题出现，那就是：又有谁来对这个新的理性进行剖析呢？

爱比克泰德：

这是个永无止境的过程。任何一个理性都应该接受另一个理性的剖析与批判，这种剖析永远没有止境，永远应该毫不停息地进行下去。

记者：

理性剖析理性，用的工具是什么？

爱比克泰德：

农民测量粮食之前，要先检查测量的仪器，这个东西或者叫斗，或者叫秤。在对粮食测量之前，首先要知道什么叫斗、什么叫秤，这个东西就是标准。对于理性剖析来说，它的工具就是逻辑。

记者：

你是说，逻辑是理性知识不断深化的工具？理性正是通过这个工具不断地对理性本身进行检验，从而促进理性向更高层次发展。是不是这个道理？

爱比克泰德：

可以这么说。人们正是通过这种工具，正是通过这种一环套一环的逻辑分析，从而能对很多概念作出明确的定义。而正是通过这种明确的定义，人们的认识才得以逐步得到提升。没有这种逻辑分析工具，一切都无从谈起。

十七　我只在乎我自己

记者：

假如一个人比别人高明，或者虽然并不比别人高明，他却自以为比别人高明，而且他没有受过什么恰当的教育，他一定会因此飘飘然、趾高气昂起来。是不是？

爱比克泰德：

没错。这样的人，比比皆是。那些暴君经常会说，我是全世界最有权力的人，这些人从来就不知道自己姓什么。

记者：

从你的口气来看，你对这些人似乎不那么当回事。但是，事实上有很多人对这些人心存敬畏，甚至是心存恐惧。我问你，对这样的人，你完全不在乎吗？

爱比克泰德：

一个东西，我在乎不在乎，取决于这个东西对我有没有用。我吃饭用的盘子，我很在乎，每天要洗它、擦它。为什么呀？因为这个盘子对我有用。我每天要给我的驴洗蹄子、梳理皮毛，这说明什么？说明我很在乎这头驴。原因是什么？是因为这头驴能为我干活。每天我要清洗马桶，这说明什么？说明我很在乎我的马桶。为什么我在乎？是因为我每天要用到它。

记者：

不说你的盘子、驴和马桶了。我是说，对你刚才所讲的那些暴君，你在乎吗？

爱比克泰德：

这些暴君能为我做什么呢？我想要的理性，他们能给我吗？我想要的智慧，他们能给我吗？这些人对我来说没有价值，我是不可能在乎他们的。

记者：

这些暴君手中拥有生杀予夺的大权，你得罪了他们，他们可能会要你的命。

爱比克泰德：

没关系，这些君主只不过是我的尸体，也就是我的身体的主人，对我的尸体，他们可以想怎么样就怎么样。但是，对我的灵魂，他们没有办法想怎么样就怎么样。

记者：

你的口气很大。那我问你，你在乎什么呢？

爱比克泰德：

我只在乎我自己。

记者：

你这是不是有点过分自爱、自以为是、唯我独尊？

爱比克泰德：

错，这是一种本性。所有的生物都有一种倾向和能力，那就是：它们不仅可以意识到和体会到自身在躯体和心理上的各种机能，而且还会努力地运用、保护和发展这些机能。尤其是，它们天然地会把有些东西放到自己的圈子里面，而把另外一些东西放在圈子的外面。换句话说，所有动物都会围绕自己，从内向外、由近及远画上多个同心的利益圆圈。这些利益圆圈里面，有物质利益，有亲戚朋友。这个圈子内部之人或者东西，就是自己的，就要努力保护；不在这个圈子里面的，就不属于自己。对那些不在圈子里面的人和物，如你刚才所讲的暴君，就可以不在乎。难道这不对吗？

记者：

你这属于典型的个人主义。如果人人都像你这么想、像你这么做，那社会由谁来照顾？

爱比克泰德：

你所讲的这个问题，在动物那里，没法解决，但在我们人类这里，能够得到解决。人类有理性、有灵魂，人类意识到，人与神、与整个世界是一体的。人意识到，如果他仅仅把自己的利益放到至高无上的地位，而把别人的利益放到其次或者无足轻重的地位，最终，他个人的利益也将得不到保障。

记者：

你的意思是说，人们虽然强调要在乎自己，但必须也要把周围的人，乃至整个国家和社会放到圈子里予以考量？

爱比克泰德：

没错。我们斯多亚学派历来主张，要把远的、圈子外的人或东西，带到近处来；努力把远的东西也当作距离自己最近的一样来对待。这就是人的本质，这就是神意。

记者：

你现在所说的与你刚才所讲的似乎有矛盾：你刚才说，凡是不在圈子里面的，就不属于自己，就可以不在乎；你现在又说，要努力把远的、圈子外的人或东西也拉到距离自己近的地方来对待。这是不是有点矛盾？

爱比克泰德：

没有矛盾。我只是强调诸如君主、权力、利益这些东西，属于我们不该重视的东西，自然不应该成为我们在乎的对象。但是，对于我们所属的国家和城邦，同样是世界理性或者说是神性的一部分，这部分必须成为我们在乎的对象。否则，我们人类就和一般的动物没什么区别了。

十八　未经检验的经验绝不能相信

记者：

在你的哲学中，理性的作用要远远高于其他的能力。

爱比克泰德：

没错。理性与其他技艺和能力相比，它的最大特点就是能够认知自我。

记者：

这话如何理解？

爱比克泰德：

每一种技艺和能力，都以某一事物作为其认知的对象。没有对象，就没有技艺和能力可言。

记者：

应该是这样。

爱比克泰德：

一种能力，如果它与自身所认知的事物是同一类事物的话，那就说明这种能力具有认知自我的能力；如果不是同一类事物，它就不可能认知自我。

记者：

应该是这样。

爱比克泰德：

比如，皮匠拥有的技艺是加工皮子，他的技艺本身和他所加工的皮子是完全不同的。因此说，皮匠所具有的工艺，无法认知自身。再比如，语法知识是研究书面语言的技艺，但它本身不是书面语言。因此说，语法能力也无法认知自身。

记者：

我知道你要说，理性能够认知自身。

爱比克泰德：

没错。所谓理性，它既是一种重要的认知能力；同时，它又是一种技艺、经验和各种感觉知识的结合体。理性与它所要认识的对象，显然属于同类事物。既然是同类事物，理性就能够辨别出自身是好，还是坏，或者说是既不好也不坏。

记者：

我明白你的意思，你赋予理性检验自身的特异功能。作为研究理性的哲学家，是不是说其使命就是要研究如何运用理性检验理性，最起码说，运用理性去检验记忆材料、经验材料、感觉材料的真理性与否？

爱比克泰德：

没错。哲学家首要的、最重大的职责就是检验这些东西，认识这些东西。任何未经检验的记忆、经验和感觉，都不值得相信。

记者：

理论上你的看法不错，在实际生活中人们也都是这么做的。例如，人们要判断一枚硬币是真是假的时候，会把硬币在地上扔个几遍，通过反复倾听其声音，从而辨别出这枚硬币是真是假。相对来说，你把理性作为检验真理的标准，真理性或许会更强一些。当然了，理性能力的培养，那是个系统工程，不是一般人所能够培养得了的。

爱比克泰德：

没错。这需要大量的工作、学习、磨炼。当人们能够运用自己的理性去判断理性所包括的各种对象是否具有真理性时，就达到了至善的高度。

记者：

你把对事物真的把握与善的道德判断结合在一起，很有意思。

爱比克泰德：

这是一个很大的命题，需要我们以后反复不断地探讨，才能搞得清楚。

十九　任何东西都无法征服我的认识和看法

记者：

你多次强调，善的本质是一种意愿，恶的本质也是一种意愿。这如何理解？

爱比克泰德：

所谓意愿，就是一种态度、一种想法、一种认识。

记者：

既然善与恶的本质都是一种意愿，那么，在什么情况下的意愿体现为善的本质？什么情况下的意愿体现为恶的本质？中间有没有判断的标准？

爱比克泰德：

当然有标准。这个标准就是：看人们如何去处理与外在之物的关系。

记者：

何谓外在之物呢？

爱比克泰德：

外在之物说到底就是人的意愿之外的事情，如财富、名誉、地位等。人正是在处理与外在之物的关系的过程中，体现出人的本质到底是善还是恶。

记者：

在何种情况下，人的本质能体现出善呢？

爱比克泰德：

当人们不去珍视那些外在的东西的时候，就得到了善。相反，当人们把那些外在之物奉若神明的时候，人的意愿就变成错误的了，就变成了恶。

记者：

能否举例说明，人在什么情况下体现为善，在什么情况下体现为恶？

爱比克泰德：

当然可以。当一个人面临暴君威胁要把他捆绑起来、威胁要砍掉他的手和脚、威胁要砍掉他的头、威胁要把他关进监狱的时候，这个人镇定自若，对暴君说，你威胁的是我的小小的躯壳，而这些东西恰恰是我最不重视的。你对我无可奈何。在这个时候，他对待暴君所采取的态度就体现为善。

记者：

那请你描述一下，体现为恶的是一种什么情形？

爱比克泰德：

在我们周围，有的人面临暴君威胁的时候，吓得屁滚尿流，于是，便做出很多低三下四的事情，这就是恶。

记者：

有人总结你的理论，说你是在教导人们蔑视君主，挑战统治者的权威。

爱比克泰德：

这从何谈起呢？当一个国王提出要剥夺我的财产、剥夺我的身体、拿走我的名声、带走我的伙伴的时候，我从来没有鼓励人们去抵抗。相反，我要人们逆来顺受，让这些君主想怎么干就怎么干。如果我鼓动人们抗拒君主，那说明我蔑视统治者。但是，我从来没有这么做过。

记者：

对君主来讲，统治人们的思想最为关键，君主希望控制你的认识和看法。

爱比克泰德：

问题就在这里。我明确告诉你，要想改变人的思想，唯有依靠思想本身，要想凭借武力是不可能的。只有意愿才能征服意愿自身，只有认识和看法才能征服认识和看法自身，只有思想才能征服思想自身，其他任何东西都不可能征服人的思想。

记者：

苏格拉底在临死的时候说，统治者可以杀死我，但不能伤害我。似乎他在这里说的伤害，所指的对象就是他的思想。

爱比克泰德：

没错。统治者可以把毒药灌进苏格拉底的嘴里，可以让他的身体僵硬起来，可以让他命归西天。但是，他们对苏格拉底的思想是一点办法都没有。苏格拉底被认为是善的化身，道理就在这里。

二十　自信与谨慎是不矛盾的

记者：

你说过，我们人类的一切行为都既要自信，又要谨慎。在我看来，你的这种说法有点自相矛盾。

爱比克泰德：

你为什么这么说呢？

记者：

谨慎就是指人在做事的时候，要反反复复地考虑，不可贸然采取行动；而自信则是对任何事情都充满信心，在行动上也潇洒自如。很显然，自信与谨慎是相反的。相反的事情是不可能统一的，所以我说，你要人们做事情时既要自信，又要谨慎是自相矛盾的。

爱比克泰德：

你的看法和一般人的看法似乎没有什么区别。我要人们做事情时既要自信，又要谨慎，如果是用在做同一件事情上，很显然就是矛盾的，你的指责，就是站得住脚的。但是，你的理解是有问题的。如果我们所讲的这句话是用来指两种不同的行为，就不会有矛盾了。

记者：

那请你说说看。

爱比克泰德：

在之前的谈话中我们已经说过，我们人要经常面临处理我们自身与我们主观之外的事情的关系，恰恰是在这时，显示出我们的能力和素质。

记者：

愿闻其详。

爱比克泰德：

财富、金钱、名利、地位等这些东西，都属于我们身外之物。我们能否得到这些东西，都不是由我们说了算的。既然我们对这些东西无法进行干预，那么，我们对这些东西就是无所谓的，我们也就应该充满自信，不必一天到晚殚精竭虑。

记者：

也可以这么讲。既然我们对这些东西没有选择权，我们自然不必过多地为此焦虑。

爱比克泰德：

相反，处理我们“身内之物”，如我们的思想、观点、看法、意见等的时候，我们就必须相当谨慎。因为，我们对问题的看法决定着我们的行为，我们的思想关系到我们的行为和判断。同样，在我们处理与周围世界关系的时候，我们的想法和思想是我们唯一与周围世界进行交流的工具。运用好了，就能够产生善的效果；运用不好，就会产生恶的效果。

记者：

明白你的意思。你是说，你所讲的人必须谨慎从事，是针对人的思想、看法、观念。因为，这里面涉及一些选择，所以不能贸然处置，必须慎之又慎。

爱比克泰德：

就是这么回事。这么一来，我相信，你就不会再指责我，再说我的观点有什么矛盾了。

二十一 “那些能够控制你拼命想要得到或者回避的东西的人，就是你的主人”

记者：

我是一位律师，看你的《论述文集》，我经常看到你论及法律、谈打官司的事，我觉得很亲近。

爱比克泰德：

哦，原来你是律师，刚好有些问题我想和你交流一下。

记者：

请讲。

爱比克泰德：

作为一个律师，你走上法庭，你要达到什么目的呢？

记者：

当然是打赢官司了。打赢官司，律师高兴，当事人更高兴。

爱比克泰德：

当事人为什么高兴？你为什么高兴呢？

记者：

一般来说，打赢了官司，就能够为保护当事人的身体做点贡献，或能够为当事人争取到一点钱财，或为当事人争取到好的名誉。

爱比克泰德：

你说的这些东西都属于身外之物，你本人对这些东西没有控制权。

记者：

那你认为，谁是身外之物的控制者呢？

爱比克泰德：

那些能够控制你拼命想要得到或者回避的东西的人，就是操纵者，就是你们这些律师的主人。在这里，这个主人就是法官。你要想打赢官司，你就应该做好充分的准备，以应付各种可能发生的事情。而且，你还应该仔细研究一下法官和对手的性格，以做到知己知彼，百战不殆。

记者：

按常规是这样。很多律师和当事人为了打赢官司，千方百计要拉近与法官的关系，甚至会送钱、送物，或做出一些预期的承诺。

爱比克泰德：

如果你的需求就是这些，你就应该做好当奴隶的准备：如果有必要抱住法官的腿，你就抱住法官的腿；如果有必要流泪，你就让自己泪流满面；如果有必要发出痛苦的声音，你就发出痛苦的声音吧。既然你已经完全屈从于外在之物，你就要做好从今以后当奴隶的准备，全心全意、一以贯之，不要有任何的折扣。只有这样，你的主人才会满足你的需求，才会把那你所关心的身体、健康、财富和名誉给你。否则，你将一无所有。

记者：

听你的口气，你似乎认为律师和当事人不应该这么做，似乎这么做有点俗不可耐。

爱比克泰德：

我只是谈理论，没有谈具体的事情。我只是强调如果你被身外之物所控的话，你将成为这些能够控制你身外之物的人的奴隶；而那些能够控制你拼命想要得到或者回避的东西的人，就是你的主人，就是你至高无上的统治者。但是……

记者：

但是什么呢？

爱比克泰德：

但是，苏格拉底走上法庭时，他并不是这么做的，他从头至尾都是主人，而不是奴隶。

记者：

请你说说苏格拉底是如何应对法庭的？

爱比克泰德：

当有人提醒苏格拉底为出庭做准备的时候，苏格拉底说，难道你不觉得我一辈子都在为此做准备吗？

记者：

那如何理解苏格拉底的这句话呢？

爱比克泰德：

苏格拉底说，无论是在集体生活中，还是在个人生活中，我都从来没做过一件不正义的事情。我维护我的思想，维护我的意见，维护我的观点。在这个问题上，任何人都无法控制我。

记者：

苏格拉底也是我非常敬佩的思想家。他的一生就是维护其思想的独立和自由的一生。

爱比克泰德：

或许正是因为如此，所以当苏格拉底出庭的时候，才显得那么坦然、那么从容。当法庭判他死刑的时候，苏格拉底没有任何的惊慌失措。他只是对那些刽子手说，你们可以拿走我的身体，但真正属于我的思想，你们是动摇不了的，我永远是我自己的主人。这就是苏格拉底。

二十二　人异于禽兽的不是伦理而是理性

记者：

你多次谈论善，我想问一下，到底什么是善？

爱比克泰德：

善是什么？善就是神，神就是善。

记者：

那神是什么呢？

爱比克泰德：

神不是肉体，不是房产，也不是名声，而是智慧、知识和正确的理性。正是理性让我们人类区别于禽兽。

记者：

我们中国古代的圣贤说，人与禽兽不同的地方就是人有伦理道德，而禽兽没有。

爱比克泰德：

你们中国的圣贤这么说，自然有他们的道理。但在我看来，这种说法是有问题的。因为，在禽兽那里，也有家庭，有亲戚关系，也就是说，有伦理道德。既然人和禽兽都有，那就说明伦理不是人与禽兽的不同点。

记者：

所以，你把理性作为人与禽兽的不同点。那如何理解你所讲的理性？

爱比克泰德：

所谓理性，就是能够运用逻辑论证的方法来阐明道理的一种思维模式。在这里，没有什么权威，没有什么统治者，没有什么导师，唯有经得住逻辑论证的东西，才具有价值。在这一点上，理性与你刚才所讲的伦理道德完全是两回事。伦理道德强调的是上下尊卑，强调的是权威，而我们所讲的理性原则完全不同。

二十三　做人是很难的

记者：

你把人的本性界定为理性，并说这是人与禽兽的最根本性的区别。

爱比克泰德：

没错。如果驴拥有理性，它就和我们人类一模一样，它就不会受制于我们人类，它就不会服服帖帖地为我们人类服务。

记者：

这种情况是如何产生的呢？

爱比克泰德：

人与禽兽都是神的作品，但是，人是神的主要作品，而禽兽则是神的次要作品。再有，人既是神的作品，也是神的一部分，因此，人性就分享了一部分神性，这部分的人性就是理性。相反，动物虽然也是神的作品，但它不是神的一部分，因此，它就不拥有理性。

记者：

你把神性与理性赋予人性，看来人确确实实要高于其他动物若干等。

爱比克泰德：

正因为如此，做人是很难的。作为一个人，应该对自己精神之外的东西，也就是物质世界，持一种无所谓的态度。对于这些东西，要漠不关心。相反，对于精神一类的东西，必须格外地关心。但是……

记者：

我知道你要表达什么意思。

爱比克泰德：

说说看。

记者：

那就是：一般人做不到这一点，很多人往往是反其道而行之。

爱比克泰德：

没错。好多人堕落到像一只羊一样，就知道吃和交配。一些人堕落到像野兽一样，尚武好斗，杀生成性，性情乖戾，横行霸道。总之，有的人变成了大野兽，有的人变成了小野兽，好好的人间变成了一个野生动物园。

记者：

你所讲的情况，确确实实存在。各种各样的战争就是因此而产生的。

爱比克泰德：

人如果不像人，而像禽兽，那这个世界与其存在，还不如不存在的好。

二十四　名分应当与责任相符合

记者：

中国古代哲学非常强调名实相符。在你的哲学中，我也发现了类似的观点。

爱比克泰德：

名，就是名分；实，就是实际，就是具体的行为，就是具体的责任，也可以说就是具体的权利。名实相符，要求人的名分与他所承担的责任相符合，人们也可以通过一个人的名分来认识他的责任。

记者：

同意你的看法。我们是人，这就是名分；我们所做的一切，就是责任。我们所做的事情，应该与人这个名分相符合。

爱比克泰德：

你说得对。你是个人，我也是个人，我们的能力就是我们的思想，就是我们的看法，就是我们的观点。这些东西不仅控制着所有其他一切的能力，而且完全自由，不受任何束缚和奴役。同时，既然是人，我们就应当有理性，与野兽不同，与牛、羊这类家畜不同。我们是世界公民，相应的责任应该与名分相符合。

记者：

怎么讲呢？

爱比克泰德：

我们是世界公民，我们是世界的一部分，在这个世界上，我们不是居于次要地位，我们不是服务于别人的一部分，而是处于主导地位的主要部分。我们代表神来统治这个世界，同时能够用我们的理性，也就是神性来考虑一切。此外……

记者：

还有什么呢？

爱比克泰德：

作为世界公民，我们不能把任何事情都当作个人的事；思考问题的时候，不能把自己当作独立存在的个体，而要当作人身体上的手和脚这样整体的一部分。

记者：

手和脚又怎样呢？

爱比克泰德：

假如手和脚也有理性，能够理解自然的构造的话，它们在行动时，一定会考虑到整体，而不会居高临下地对待整体。整体应该高于部分，国家应当高于公民，这就是作为世界公民的一项义务。假如你是一个儿子，或者是一个兄弟，你的责任也应该与这些名分相符合。

记者：

从逻辑上讲，应该如此。

爱比克泰德：

你是一个儿子，儿子的义务就是要把自己所拥有的一切，都当作父亲的：凡事都要听父亲的话，绝不当着他人的面指责自己的父亲，绝不做有害于父亲的事，绝不说有害于父亲的话；凡事不仅要让着父亲，不与父亲争吵，而且还要尽力与父亲合作。

记者：

作为一个兄弟，应该如何做呢？

爱比克泰德：

作为兄弟，你要向自己的兄弟让步：听他的话，说他的好话；不要跟他争抢任何身外之物，要高高兴兴地把这些东西让给自己的兄弟。这样，你就能占有更多精神方面的东西。你把椅子和房子让给了你的兄弟，你得到他的感激，何乐而不为呢？

记者：

你也曾经说过，人既是理性动物，也是政治动物。在这里，怎样做才符合你所讲的名实相符呢？

爱比克泰德：

如果你进入了国家的议会，你就应该做得像个议员，随时为你所代表的人民去奋斗。

记者：

你说的道理，我明白，也赞同。每个人都应该做与他的名分相符合的事情。否则，人就不成其为人。

爱比克泰德：

没错。如果你去诋毁自己的父亲，你就忘记了自己儿子的名分；如果你是个铁匠，但锤子使得不好，你就忘记了自己铁匠的名分；如果你不能做到像个君子，温文尔雅、与人为善，而是成了一头野兽，任意胡作非为、凶相毕露，你就不是一个人，而是一头野兽。

记者：

所以，人应该修炼好自己，保持好人的本性，不能把这个本性丢掉，否则，损失就太大了。

爱比克泰德：

没错。身外之物，如名誉、财物等精神之外的东西，丢了就丢了，放弃它们，也不是什么可耻的事情。但是，一旦丢掉精神一类的东西，人就成为禽兽，人就变成可耻的、应当谴责的东西了。

二十五　哲学的开端与任务

记者：

作为一位大哲学家，你是如何看待哲学的开端与终极使命这个问题的？

爱比克泰德：

这个问题，我早就思考过。

记者：

是否可以分享一下？

爱比克泰德：

当然可以。对于任何一个想学习哲学或者是已经开始学习哲学的人来说，如果他的入门之路走得是对的话，他就会意识到，面对人生可能会遇到的实际问题，人类是多么的软弱无能。当你有了这种意识，哲学的开端就出现啦。

记者：

你说得有点玄乎，如何解决人生中的这些实际问题呢？

爱比克泰德：

要解决这些问题，就需要各种知识。人的知识大体上有两类，一类是那些必须通过学习才能获得的知识，一类是人天生就知道的知识。

记者：

你是从获取知识的路径方面将人的知识分成两类的。那么，哪些是人必须通过学习才能获得的知识？哪些是人天生就知道的东西？

爱比克泰德：

什么叫正方形、什么叫三角形，什么是四分音、什么是半分音，这些知识我们不是生来就知道的。但是，我们可以通过某种系统的教育掌握这些知识。一旦掌握了这些知识，它们就具有某种程度的固定性。虽然人有不同，但通过某种系统的教育，人们所得到的知识可以是一样的。你所掌握的三角形的概念，与我所掌握的三角形的概念是一样的；你所掌握的四分音的概念，与我所掌握的四分音的概念是一样的。

记者：

这点我同意。但哪方面的知识属于人生来就知道的呢？

爱比克泰德：

什么是善、什么是恶，什么是美、什么是丑，什么是幸福、什么是不幸等这类伦理与道德方面的知识，当人们来到这个世上的时候，就已经掌握了它们。人们无须通过某种系统的教育，就可以掌握这些知识。

记者：

严格来说，即便是你所讲的关于伦理道德的知识，有些还是需要通过系统的教育才能获得。

爱比克泰德：

那是你的看法。在我看来，这些知识属于某种人类无须通过系统的教育就可以掌握的天然的认知。

记者：

好吧，我们不在这里进行争论，就按照你理解的往下讲吧。

爱比克泰德：

人生活在世界上，每时每刻都要利用自己掌握的知识来解决所面临的实际问题。也正是在解决问题的过程中，出现了两方面的倾向。

记者：

哪两种倾向呢？

爱比克泰德：

生活在世界上，人痛感实际生活之艰难；面对那么多的实际问题，人感到软弱无能。于是，人便设法运用自己所掌握的知识去解决各种各样的实际问题。也正是在解决实际问题的过程中，每个人都从自认为是正确的知识出发，并把这些自认为是正确的知识应用于各种各样问题的解决中。由于各人对世界的理解不同，因而在应用的过程中，各种各样的矛盾和争执就产生了：每个人都认为自己所掌握的知识是真理，而别人所掌握的知识就是谬误。于是，各人都自以为是、不可一世。

记者：

你讲的这些情况确实存在。但问题是，如何解决这些问题呢？是不是说，只有那些大家已经形成共识的东西才是正确的呢？

爱比克泰德：

错。即便是所有的人都认为是正确的，也未必是正确的。

记者：

那如何解决不同的人之间的争执和矛盾呢？

爱比克泰德：

那就要确定某个标准。

记者：

这个标准是什么？

爱比克泰德：

这个标准就是可以用来检验各种认识是否正确的东西。这个标准是存在的，既然存在，我们就应该每时每刻、坚定不移地去寻找它、发现它，并应用它。一旦发现了这个标准，一旦拥有了这个标准，就可以使那些把自己的思想当作唯一可以衡量各种事物价值的标准的人保持冷静、免于疯狂。只要发现了这个标准，我们就可以从已知的、精确的原则出发，把我们所掌握的各种天然的认知进行有机的分类，然后再正确地运用到具体的实际情况中去。

记者：

现代人经常说，实践是检验真理的唯一标准。我感觉你讲的这个东西，就是我刚才提到的实践这个名词所包含的意思。

爱比克泰德：

不同的时代，有不同的表达，根本的意思差不多。总结一下，当人们试图运用自己的知识解决实际问题的时候，人与人之间的矛盾和冲突就已经开始。哲学的开端和最终的使命就在于：认识到人们的认识和看法之间的矛盾，从而探索这种矛盾背后的原因。杜绝凭空臆想出来的认识和看法，不要轻信它，进而努力明确判断的标准，印证自己的认识和看法是否正确。就像我们用天平来称重量，用尺子来测量距离一样。检验和确立这样的标准就是哲学的使命。有了这个标准，人们就可以应用它去解决所面临的实际的问题。哲学的价值就在这里。

爱比克泰德简传

爱比克泰德（Epictetus，约公元 55—135 年），古罗马著名的斯多亚学派哲学家。他出生于古罗马东部弗里吉亚的一个奴隶家庭，童年时被卖到罗马为奴，后师从斯多亚学派哲学家鲁福斯，并获自由。他在罗马建立了自己的斯多亚学园，从事斯多亚学派哲学的教学。罗马皇帝图密善害怕哲学家日益强大的影响力对其王位构成威胁，便将爱比克泰德等驱出罗马。他移居希腊尼科波里斯后以教书终其一生。

爱比克泰德对斯多亚学派学说有极其重要的发展和突破，是继苏格拉底后对西方伦理道德学说的发展作出最大贡献的哲学家，是真正集希腊哲学思想之大成者。他把注意力集中在对具体的生活伦理学的思考上，重心性实践，主张遵从自然过一种自制的生活，他的思想对后来的哲学与宗教都产生过深远的影响。

第九章　论人的自我完成与救赎

——对话马可·奥勒留

引　子

与苏格拉底之前的哲学相比，马可·奥勒留的哲学缺乏对宇宙世界构成元素的探索，同样也缺乏对宇宙世界内在统一性的探讨。与柏拉图、亚里士多德的哲学比起来，马可·奥勒留的哲学看不出有什么严密的系统性与逻辑脉络。与苏格拉底的哲学比起来，马可·奥勒留很少谈论人间政治的得失，他更多关注的是作为个体的人类的自我救赎与自我超度。这种救赎，与基督教式的救赎不同，其无须借助上帝和神灵的指导，也无须国家和诸如教会这类社会机构的具体督办。还有一点最值得关注，马可·奥勒留为我们提供了一个崭新的观察世界的角度，那就是：在越来越分裂的社会和人群中，他总能看到或者说总希望看到某种来自宇宙的统一性和和谐性。马可·奥勒留正是用这种被其称为宇宙理性的统一性和和谐性，为我们勾勒出一个几乎完全宿命化的世界。

一　并非因血统而当上皇帝

记者：

通过看你的《沉思录》，感觉你从骨子里是一位真正的学者和思想家。在我的印象中，你并非出生于帝王之家，在你当皇帝之前，你似乎也并没有当过什么别的官，你是如何一下子当上皇帝的？

马可·奥勒留：

你说得没错，马可·奥勒留原本不是我的名字，我的原名叫玛克斯·阿尼厄斯·维勒斯。我的出生地在罗马，但我的父亲一族是西班牙人。当然啦，我父亲的家族早就定居罗马，并从韦帕芗（Vespasian）皇帝那里获得了贵族身份。

记者：

听说你父亲在你幼年时期就离开了你们，是谁让你接受了完整的教育？

马可·奥勒留：

说到这，我得感激我的母亲和祖父，是他们用心培养了我，使我在希腊文学、拉丁文学、修辞、哲学、法律甚至绘画等方面，得到了在当时来说是最好的教育。

记者：

你还没回答我的问题呢？

马可·奥勒留：

我孩提时的皇帝是哈德良（Hadrian）皇帝，他在位的时间是从公元 117 年到 138 年，差不多 21 年。

记者：

你是说是这位皇帝把皇位传递于你，你不是他的儿子，也不是他的兄弟，怎么可能呢？

马可·奥勒留：

这里面有点弯弯绕。当时，罗马帝国的皇位常常并不是按照血统，而是由选定的过继者来接替的。

记者：

以前我一直误以为罗马帝国的皇帝也都是按照血统来继承的。

马可·奥勒留：

当原来选定的接班人柳希厄斯（Lucius）意外死亡后，哈德良皇帝选定我的叔父安东尼·庇护（Antoninus Pius）为自己的接班人。

记者：

真是天上掉馅饼，你的家族竟然有人要当皇帝了。

马可·奥勒留：

是的，我们家谁也没想到啊。当然了，这位大权独揽的皇帝也给我的叔叔设置了一些条件。

记者：

人家把皇帝的位置都给你叔叔了，还有什么条件不能接受呢？

马可·奥勒留：

是的，其实条件也没什么。哈德良皇帝只是要求我叔叔亦要收养我和那个意外死亡的柳希厄斯的儿子科莫德斯，让我俩当我叔叔的接班人。

记者：

这个要求合情合理嘛。于是你的叔叔后来就登上皇位了？

马可·奥勒留：

是的，哈德良皇帝在公元138年去世以后，我的叔叔就当上了罗马帝国的皇帝，于是我也获得了恺撒的称号，你要知道唯有那些皇帝的助手或继承者才有资格得到这个称号的。

记者：

我相信，你叔叔之后，你肯定就是罗马帝国的皇帝了。

马可·奥勒留：

是的，我的叔叔，事实上也就是我的养父，他在公元161年去世以后，我就成为罗马帝国的皇帝了。当然，我严格遵守诺言，没有独享皇权，而是与科莫德斯共享皇权，他后来的名字不叫科莫德斯，而叫维勒斯。

记者：

很多资料说，维勒斯虽说与你共享皇权，其实只是个傀儡而已，徒具其名。

马可·奥勒留：

不能这么说，只是他起的作用没有我那么大而已。

二　伟大的品性无不来源于学习

记者：

你是一位伟大的政治家，同时也是一位伟大的哲学家，好多人把你视为柏拉图笔下那个“哲学王”。

马可·奥勒留：

别人如何夸奖我，那是别人的事，我知道我是什么样的人。

记者：

你非常注重品性的修养。我想了解一下，一个人的伟大品性是如何造就的呢？

马可·奥勒留：

从理论上来讲，所有人都是一样的。我们都分享了宇宙理性，我们是同根同源，因此就品性的基本面来看，人人都一样。但是，在现实生活中，人与人之间的差距很大，有的人是天使，有的人简直就是魔鬼。

记者：

这种情况是如何产生的呢？

马可·奥勒留：

学习使然。天使是通过学习造就的，同样，伟大的品性也是通过学习造就的。

记者：

可否以你自己为例，说一说你是如何通过学习来逐步完善自己的品性的呢？

马可·奥勒留：

首先我声明，我不是什么天使，也不是圣人。但是，我确确实实注意向周围的人学习，也正是通过这种学习，才使自己的品性逐步得到完善。

记者：

愿闻其详。

马可·奥勒留：

我从我的祖父维勒斯那里，学习到了对道德的重视和如何去控制愤怒的情绪。我从我的父亲那里，学习到了谦虚与果断。在这里，我所讲的我的父亲，是指我的亲生父亲阿尼厄斯·维勒斯。我从我的母亲那里，学习到了虔诚、仁爱，以及作为一个人不仅要戒除丑恶的行为，而且要戒除丑恶的思想。同时，我也从母亲那里学到，要远离奢侈，生活越简朴越好。

记者：

请继续讲。

马可·奥勒留：

我从我的曾祖父那里，学习到了人必须注重学习。在学习这个问题上，绝不能吝啬钱财，为了学习，倾家荡产也是可以的。我从我的老师那里，学习到了作为一个年轻人，要想有所发展，就不要加入马戏中的任何一派，也不要陷入决斗中的竞争。我还从我的老师那里，学会了忍受劳作、清心寡欲、事必躬亲，不去干涉别人的事务，也不轻信流言、诽谤。

记者：

你所说的老师，是指哪一位呢？

马可·奥勒留：

我在这里说的老师，包括很多人，也不是具体指哪一位。如果要说具体哪一位，我有一个老师，叫拉斯蒂克斯（Rusticus），我从他那里学习到的东西更多。

记者：

请说说看。

马可·奥勒留：

我从我的老师拉斯蒂克斯那里，学习到的东西特别多。通过向他学习，我感觉我的品格需要不断地改进和训练。我知道我自己不能去诡辩，不能去学习那些投机取巧的东西。要做点仁慈的事情，要悄悄地去做，不能去炫耀自己。从我的老师那里，我还学会了宽容。对那些以言辞冒犯我，或者对我做了错事的人，一旦他们表示出和解的意愿，我就乐意与他们和解。我还学会了阅读。真正的阅读，不应该满足于表面的理解，不能轻率地同意那些夸夸其谈的人，尤其是……

记者：

你想强调什么呢？

马可·奥勒留：

最重要的是，拉斯蒂克斯让我熟悉了爱比克泰德的言论，这是斯多亚学派最伟大的哲学家。我的老师拉斯蒂克斯从他自己的收藏中，把爱比克泰德的著作传授给我，让我终身受益。

记者：

你说的没错。我回顾自己的学术研究，从老师那里也学到了很多，但相对来说，要比你从老师那里学到的东西少得多。

马可·奥勒留：

我从朋友戴奥吉纳图斯那里学会了不使自己忙碌于琐事，不去相信那些驱除鬼怪精灵的鬼话，学会了不畏惧也不热衷于战斗，学会了尊重别人说话，学会了去亲近哲学。此外，我从另一个朋友阿珀洛尼厄斯那里懂得了意志的自由和对目标的执着追求；懂得了在任何时候，都要依赖于理性，而不依赖于任何别的东西。我从另一个朋友塞克斯都那里，看到了一种仁爱的气质、一个以仁爱方式管理家庭的榜样和一种符合自然的生活的观念。塞克斯都对朋友的事情从来都是高度重视，为了朋友两肋插刀也在所不惜。此外，他对朋友也很宽容。对无知者和那些不假思索就发表意见的人，他也能够宽容。他与周边的朋友是水乳交融的关系，也很少看到他愤怒或者是有极端的情绪。这一点，对我影响也很大。

记者：

据说，你从你的兄弟那里也学到了很多东西？

马可·奥勒留：

没错，我的兄弟叫西维勒斯。通过和我兄弟的接触我意识到，作为一个统治者应该以同样的标准、同样的法律对待所有人。一个国家最好的政体，应该是那种能够实现权利平等和言论自由的政体。尤其是，作为一个伟大的君主，他应该最大限度地尊重被统治者的所有自由。只有这样的政体，才是符合正义的政体。当然了，我的兄弟热爱哲学，通过和他的交往，我也学会了对哲学的尊重和热爱。

记者：

你说的够多了。这足以说明你周围的人对你影响之大。不过，根据你的《沉思录》记载，我感觉你的养父，也就是你的叔叔安东尼·庇护皇帝对你影响最大。

马可·奥勒留：

我的养父虽然贵为一国之君，但他一直把自己视为与任何别的公民一样平等的公民，无论是那些整天陪他一起喝茶的朋友，也无论是那些很少与他在一起的朋友，他都一视同仁，从不厚此薄彼。他讨厌诡辩家，对卖弄学问深恶痛绝。不过，我的养父对真正的哲学家非常敬重，即使是对那些学问很一般的哲学家们，他也是礼敬有加。

记者：

看来，我的感觉没错。任何伟大的品质都是学习来的。

马可·奥勒留：

你说的没错。虽然从本性上来讲，人有许多共性，但人与人的不同点则与学习有关。要想成为一个天使，要想成为一个圣人，除了持续性地向周边所有人学习以外，别无他法。

三　唯一能从人那里夺走的只有现在

记者：

从你著作的字里行间，我感觉你对死亡的态度很坦然。说得通俗点，就是说，你不怕死。

马可·奥勒留：

明白了死亡是怎么回事，你自然就不会对死亡持恐惧之心。

记者：

那你是如何理解死亡的呢？

马可·奥勒留：

所谓死亡，有两种表现。一种是在宇宙中突然消失，另一种是指人们对这种事物记忆的消失。死亡，不过是自然的一种运转，如果有什么人害怕自然的运转，那么他只是一个稚气未脱的孩子。

记者：

你对死亡的理解，确实比较另类。

马可·奥勒留：

死亡所带走的既不是一个人的过去，更不是一个人的未来。

记者：

那死亡带走的是什么呢？

马可·奥勒留：

死亡带走的只是人现在的生活。事实上，一个人的生活，既不是过去的生活，更不是未来的生活，而只是他现在的生活。

记者：

你的话如何理解？

马可·奥勒留：

你记住两点就可以啦。第一点，所有来自永恒的事物，都是循环往复的。一个人在一百年，还是在两千年，或者是在无限的时间里，看到的都是同样的事物，这些事物对他来说都是一回事。第二点，生命最长的人和那些濒临死亡的人，失去的是同样的东西。唯一能从一个人手里夺走的，只是现在。一个人只能有现在，而没有过去和未来。你应该知道，一个人不可能丧失掉他不可能拥有的东西，他只有现在，没有过去和未来，那他可能被夺走的只能是现在。

记者：

虽然你对死亡的态度很豁达，但你对生命的理解很有点悲观的气息。

马可·奥勒留：

每想起生命，我就感到有点淡淡的忧伤。赫拉克利特说，人不能两次踏进同一条河流。在我看来，人的生命只是一道激流，属于灵魂的只是一种梦幻。生命不过是一场战争，是一个过客的驿站。一个人名气再大，名声再好，财富再多，也会很快落入被遗忘的深谷。

记者：

那如何才能让生命更有意义呢？

马可·奥勒留：

那就是哲学。有了哲学，人就不会去做那些无目的的事情，就会免于痛苦与过分的快乐；有了哲学，人就不会有虚伪和欺骗；有了哲学，人就会对周围的事物予以准确理解，就能够按照自然的本性分享他应该得到的东西。尤其是……

记者：

你想强调什么？

马可·奥勒留：

尤其是，有了哲学，人就会以一种快乐的心情等待死亡，而把死亡看作一种自然的东西；坦然地去面对死亡，而不带有一丝恐惧的心理。

四 人与宇宙在本性上是同一的

记者：

我们中国哲学向来主张天人合一，你的哲学中，似乎也是这么主张的。

马可·奥勒留：

我没有时间去研究你们东方的哲学，但关于人与宇宙的关系，我历来认为二者在本性上是一致的。

记者：

说说你的观点。

马可·奥勒留：

好的。在我看来，宇宙是由原始的、神圣的火演变而来的，而宇宙本身是一个美好的、有秩序的、完整的有机体。

记者：

赫拉克利特曾经说世界是由火发展而来的，你似乎对他的观点很赞同。

马可·奥勒留：

没错。

记者：

你说宇宙是一个有机体？难道宇宙也是某种生命？

马可·奥勒留：

可以这么说。宇宙的存在，并非某种漫无目标的存在，它存在一天，都在朝着某个目标挺进。

记者：

那如何看待人与宇宙的关系？

马可·奥勒留：

你问得好，人是宇宙伟大体系的一个部分，是神圣之火的一个小火花，也可以说，人本身就是一个小火花。

记者：

宇宙是火，人是小火花，由此看来，从本性上来看，人与宇宙是同一的。

马可·奥勒留：

是的，作为宇宙的一部分，也作为一个独立的小宇宙，人应该与宇宙的目标和行动保持某种一致性，并力图依托于伟大宇宙的运动，实现自我的目的，从伦理上推动自我最大限度地完善。

记者：

宇宙虽然说也是生命，但他无法向人类发出明确的指令，人类如何才能循着宇宙进化的步伐不断实现自身的价值呢？

马可·奥勒留：

人类能够做到的是让自己的灵魂永远保持清醒，让理性统帅自己的思想和行动，而理性恰恰就是宇宙之所以保持永恒进化的那种神秘而伟大的力量。

五　友爱应当是人类结构中的首要原则

记者：

你曾经说过，理性动物是彼此为了对方而存在的，所以，在人类的结构中首要的原则就是友爱。这句话的合理性应该说毋庸置疑。不过，我还是建议你适当地展开讲一下，以便更多的人接受你的思想。

马可·奥勒留：

没问题。我们斯多亚学派强调人要遵从自然而生活，要按照自己的本性而生活。

记者：

中国道家学者主张人要依照“道”而生活，这里所说的“道”，我感觉就是你所说的“自然”“本性”。

马可·奥勒留：

或许是的。所谓自然、本性，或你们中国哲学所讲的“道”，说到底就是一种普遍的理性，或者说是一种逻各斯，或者说是一种最具有普遍意义的法。

记者：

自然、本性、理性与法，这些概念虽然说并非具有完全等同的意义，但在一般情况下，还是相通的、可以互用的。

马可·奥勒留：

存在的本性是理性，是自然，作为存在之一部分的人，自然也作为理性的分享者而存在。

记者：

你在《沉思录》中多次提到人拥有身外的神和身内的神，是不是就是这个意思？

马可·奥勒留：

关于我所讲的人身外和身内的神，应该这样来理解……

记者：

如何理解？

马可·奥勒留：

身外之神是指宙斯，其是宇宙之神，是理性；身内之神是指人从宙斯那里分享的理性和神意。人唯有凭借身内的神，才能去认识身外的神意和理性。

记者：

理论上讲得通。既然人人都分享身外之神的理性和神意，于是人人都具有理性上的等同性和相通性。

马可·奥勒留：

你反应得很快。宇宙间所有的事物都因为拥有共同的宇宙法则而彼此相互联系着。所有的事物唯有相互合作才能存在，才能构成一个完整的宇宙。在这些事物中，低等的事物为了高等的事物而存在，无生命的事物为了有生命的事物而存在，有生命的事物为了有理性的事物而存在。

记者：

绕得这么远啊！

马可·奥勒留：

人是宇宙间最伟大的存在，人是为什么而存在的呢？

记者：

你说。

马可·奥勒留：

人是为了彼此而存在。每个人都是理性的动物，这种理性是人类共同体的根源之所在，因此，人应该用友爱的态度来对待自己的同类，而不是相反。

记者：

人类命运共同体的框架。

马可·奥勒留：

随便你怎么说。

六　一切人天生都是平等的

记者：

天赋人权的思想，根源于你们的自然法。伯特兰·罗素说是你们斯多亚学派学者第一次把自然法（jus naturale）与万民法（jus gentium）区分开来。

马可·奥勒留：

我不知道伯特兰·罗素是谁，但他的话没错。在我的印象中，在我们之前似乎没有谁提出过自然法这个概念。

记者：

你们把自然法与万民法区分开来想说明什么呢？

马可·奥勒留：

我们只是想说明这样一个道理，那就是在人类的历史长河中，存在这样一个自然阶段：在这个阶段，没有国家，没有阶级，没有军队，没有奴隶与奴隶主……总之，人人天生平等，谁也不拥有比别人更多的权利。

记者：

你是罗马帝国的皇帝，你是罗马帝国的统治者，你如此强调自然法意义何在呢？

马可·奥勒留：

我是罗马帝国的皇帝没错，从一个皇帝的角度来讲，毫无疑问我乐意享受罗马帝国带给我的一切，但从一个学者的角度出发，我则对罗马的体制持有某种保留态度。

记者：

此话怎讲？

马可·奥勒留：

作为一个学者，我更欣赏立足于自由与平等原则的体制。

记者：

明白。你心目中的政体应该是什么样的呢？

马可·奥勒留：

这种政体让一切人置于同一法律的统治之下，法律面前应该做到人人平等。

记者：

明白。

马可·奥勒留：

这种政体立足于权利平等和言论自由，当然，最核心的是……

记者：

应该是什么呢？

马可·奥勒留：

那就是，在这样的政体下，被统治者的所有自由和权利都能得到最大程度的支持。（［古罗马］马可·奥勒留：《沉思录》，第1卷，第16节，何怀宏译，中国社会科学出版社1989年版）

记者：

从一个皇帝的口中说出这样的话，不容易，似乎以前没有哪位帝王说过类似的话。

马可·奥勒留：

这个观点不是我想出来的。

记者：

那是谁启发你的呢？

马可·奥勒留：

我的弟弟西维勒斯。还有我的养父、叔叔，也就是那位后来把皇帝之位传递于我的安东尼·庇护皇帝，他在权力最顶峰的时候，也能时时把自己视为与任何别的公民一样平等，从不把自己视为高高在上的特殊人物。我的养父对他的朋友和手下一视同仁。他们以实际行动让我悟出了上面的道理。

记者：

明白，听你刚才的口气，你似乎对共和体制非常景仰，因为唯有在共和政体下，你所景仰的平等与自由的价值才能得到实现。。

马可·奥勒留：

那倒不一定，即便在其他政体下，平等与自由也能得到实现。就政体而言，我最喜欢的体制依然是君主政体。（［英］伯特兰·罗素：《西方哲学史（上）》，商务印书馆 1963 年版，第 341—342 页）

记者：

你的这个理论在你之后的罗马帝国并没有得到实现。

马可·奥勒留：

太遗憾了！

记者：

不过，你的理论对罗马帝国的立法产生了非常大的影响，妇女们和奴隶们的地位得到显著改善。

马可·奥勒留：

我很高兴听到这些。

七　灵魂先于身体早衰是让人羞愧之事

记者：

人从一出生就开始向死亡迈进。想一想，挺可怕的。

马可·奥勒留：

关于死亡，我们早就讨论过了，死亡不过就是一种自然元素的重新组合而已。对这种自然现象，每个人都应该坦然地接受，这没什么可怕的。在我看来，可怕的是……

记者：

在你看来，就生命来说，什么东西更可怕呢？

马可·奥勒留：

老年型昏聩的到来，是最可怕的。

记者：

你为什么这么讲呢？

马可·奥勒留：

我们的生命每时每刻都在耗费，剩下的部分越来越少。这一点，对每个人来说，都是一样的。在生命一天天耗费的过程中，很多人的思考能力却呈现加速度衰退。

记者：

是这样。

马可·奥勒留：

人的大脑需要不断地使用。好多人不会使用自己的大脑，因而造成理解力的衰退要超过身体衰退的程度。人的理解力一旦衰退，就无法思考真理，就无法获得有关神和人的知识。

记者：

是这样。

马可·奥勒留：

人在他的听觉、视觉或别的类似器官衰退之前，往往就开始进入老年型昏聩的阶段。一旦这个阶段来到，人类就无法运用自己的能力去分辨什么是该做的事情，什么是不该做的事情；人类就无法去分析什么是善，什么是恶。这是一件让人类非常蒙羞的事情。

记者：

那如何办呢？

马可·奥勒留：

要不断训练自己的大脑，不断训练自己的思考能力；唯有不断地使用，才能让这种能力保持健康的状态，才不至于过早地衰退。一句话，要抓紧训练自己的理性能力。只有这样，我们才能在我们的身体死亡之前，保证我们的思考能力和理解能力保持不错的状态，才不会让我们感到羞耻。

八 要热切地追求你热爱却还未拥有的东西

记者：

万物皆变，无物长存，但很多人，尤其是那些一度赫赫有名、风光无限的人总希望自己万寿无疆，最起码也要流芳万古。

马可·奥勒留：

这是人性的弱点之一，很好笑的一个弱点。怎么可能呢？一切物质性的东西都将烟消云散，一切精神性的东西也将消失在宇宙的理性之中，人们对一切事物的改变也会很快淹没在历史的长河之中。你即使再伟大、再辉煌，也将很快被人们遗忘；那些遗忘你的人，也将很快被人遗忘。

记者：

既然生命如此匆匆，那人应该如何过好自己的每一天呢？

马可·奥勒留：

要想到死亡随时会到来，不要老想你没有的东西，也不要老想你已有的东西，要热切地去追求那些你热爱却还未拥有的东西。

记者：

对于如你一样的君主们来说，具体应该如何做呢？

马可·奥勒留：

不断地行善，把每一天都作为最后一天去过。对于任何事情，既不做激烈的反应，也不麻木不仁，关键是随时做好迎接最难听的批评的准备。

九 一定要让你的生活井然有序

记者：

你强调人一定要让自己的生活井然有序，如何做到呢？

马可·奥勒留：

这里面学问很深，关键是要把与你有关的各类关系处理好。

记者：

怎么讲？

马可·奥勒留：

任何一个人都要面对三大类关系：一类是你与周围物体之间的关系；一类是你与所有事物所产生的神圣的原因之间的关系；一类是你与周围人的关系。

记者：

人的本质是社会关系的总和，处理好各类关系，自然就抓住了本质性的东西。

马可·奥勒留：

是的。一个人要善于观察，善于观察，就能做出明智的调查和判断。在这个基础上，人就能够把握处理上述几大关系的原则。

记者：

根据你的经验，有无一些具体的经验可以分享呢？

马可·奥勒留：

我们谈的所有事情都是围绕我提出的几大关系而展开的，处理好这些关系，人的生活就会变得更有理性，就会更加井然有序。这是你作为人的特权，也是你作为人的义务。

十　幸福在于做人的本性所要求的事情

记者：

你倡导人们要像哲学家那样度过自己的一生，什么样的人生才能达到这个层次呢？

马可·奥勒留：

哲学家的生活，是人世间最幸福的生活。这种幸福，在财富中找不到，在名声中找不到，在享乐中找不到，在任何地方都找不到。

记者：

神叨叨的！那这种哲学家式的所谓幸福的生活，到底在哪里？

马可·奥勒留：

当人们按照自己本性的要求去做事的时候，幸福就得到了。

记者：

如何做才能称为是按照人自己本性的要求做事的呢？

马可·奥勒留：

做到了如下几点，就可以称为是按照人自己本性的要求做事的了。

记者：

请说来听听。

马可·奥勒留：

首先要坚持抑恶扬善的原则。这个原则的核心内容包括两个“凡是”：凡是不能使人变得公正、节制、勇敢和自由的事情，都不能称为好的事情；凡是不使人沾染与公正、节制、勇敢和自由这些品质相反的品质的事情，都不能称为坏事情。

记者：

接着说。

马可·奥勒留：

宇宙的本性是运动，人不能两次踏进同一条河流，一切都会化为乌有。因此，人不能被眼前的任何变故所打扰，要坦然面对一切变化，聚精会神做好当下喜欢的事情，不要轻易搁置那些今天该做完的事情，不可片刻懈怠。做到了这一点，就是按照人的本性生活。这是第二点。

记者：

接着说。

马可·奥勒留：

还有，本真是人的本性，人要以谦虚而毫不虚伪的态度，说出心中想要表达的东西。任何矫揉造作的虚夸，都是对人本性的违背，都是不幸的事情。

记者：

是的，一个人连心中的话都不能表达出来，简直就不是人。在这一点上，很多人连动物都不如。

马可·奥勒留：

大自然是公正的，它会按照每一事物的价值平等地给予其时间、实体以及其他价值。无花果就应该结果，病人就应该生病，舵手的天地就在船上，厨师的天地就应该在厨房……一切都是必然。

记者：

这意味着什么呢？

马可·奥勒留：

意味着：面对大自然的赐予，人要学会坦然地接受，不要有任何的抱怨。

记者：

还有什么？

马可·奥勒留：

要始终把做一个善人、好人作为人永恒的追求，这才是根本！

十一　与持有同样原则的人一起生活

记者：

看你的书，我有一个发现。

马可·奥勒留：

什么发现？神叨叨的。

记者：

我发现，你把宇宙存在分成了四个不同的等级。

马可·奥勒留：

说说看。

记者：

植物、石块、树林，没有生命，更谈不上拥有理性，属于最低等级的存在。蜜蜂、牲畜，有生命，但没有理性，属于比较高的一个等级。人，有生命，有理性，属于高等级的存在。而星宿，拥有最接近宇宙的理性，故属于最高等级的存在。

马可·奥勒留：

你的分析能力确实不错，我虽然没有做过如此明确的划分，但我的心中确实是这么想的。不错！你有问题快点提出，我愿意与你这样的人交流，你我拥有同样的原则。

记者：

未必，你有你的原则，我有我的原则。秉承不同原则的人在一起交流，更是趣味盎然啊。

马可·奥勒留：

这是你的观点，我的观点是：不与无知的人做无谓的交流，唯有与拥有相同原则的人在一起才最有价值。

记者：

请你说说理由。我虽然喜欢听听不同的意见，但说句实话，坚持不同原则的人确实很难走到一起。

马可·奥勒留：

宇宙间的所有物体都倾向于与自己的同类生活在一起，如拥有土壤特性的物体都倾向于大地，拥有流水特性的物体都倾向于液体，拥有气体特性的物体都倾向于空气。如果人们硬是把这三种物体混合在一起，它们就会千方百计要彼此分开。唯有彼此分开，各自才会心安理得。

记者：

你研究过背后的原因没有？

马可·奥勒留：

一切存在都是由原子借助某种作为黏合剂的东西而结合形成的，这种黏合剂就是事物的特性。水的特性是把那些水的原子结合在一起的黏合剂，土壤的特性是把那些土壤的原子结合在一起的黏合剂，生命的特性则是把那些生命的原子结合在一起的黏合剂。同样的道理……

记者：

理性，也自然是把我们人类结合在一起的黏合剂。

马可·奥勒留：

是的。把人类结合在一起的理性，来源于宇宙。正是借助于宇宙的理性，人类才得以理性地看待世界，理性地安排自己的行为。

记者：

同类物体在一起，与那些不同的物体在一起，会有什么不同的结果呢？

马可·奥勒留：

我已说过，不同的物体在一起，总会不自然地相互排斥。而相同的物体在一起，效果就大不一样了。

记者：

怎么个不一样？

马可·奥勒留：

人们常说，众人拾柴火焰高，火焰为什么高？因为这些柴薪都拥有相同的特性。它们彼此在一起，相互助推，而很少相互排斥。因此，一点点小火就可以摧毁大片的世界。

记者：

星星之火，可以燎原！

马可·奥勒留：

我们人类都是理性的存在。这种理性特征，要比一般的生命性更加具有相互助推的倾向性。人类一旦与拥有相同原则的人在一起，就会更加拥有智慧，更加拥有理性。

记者：

你把星宿视为最高端的存在，它们的特性是什么？

马可·奥勒留：

理性中的理性。它们虽然彼此分离，但是时时刻刻意识到自己的统一性。它们用宇宙之爱，维持宇宙世界的统一性与和谐之美。

记者：

人类难道不是如此？

马可·奥勒留：

在动物中我们发现了生命，也能发现一点点的生命之爱。在人类中我们发现了友谊、家庭、公众集会以及战争、谈判与休战等，理性是人类结合在一起的黏合剂。但是，人类因为种种原因长期分离，彼此越来越意识不到这种统一性。在这一点上，人与星宿世界比起来，就差得多了。

记者：

说了这么多，莫非你是想说，人类因拥有理性本应该相处得更好，但因为长久的分离，人类逐渐遗忘了这一点，从而导致人类彼此越来越疏远。

马可·奥勒留：

有点这个意思！

十二　用运动的眼光观察一切

记者：

你曾经说过人类是“树叶”，是不是？

马可·奥勒留：

是的。荷马在他的《伊利亚特》中也说：“树叶，一些被风在地上驱散的树叶——而这就是人类。”

记者：

何意？

马可·奥勒留：

荷马说得没错。我是树叶，你也是树叶。那些仿佛能配得上让别人顶礼膜拜的人是树叶，那些遭受别人诅咒、谴责和蔑视的人，也是树叶。即便是那些功成名就，在常人眼中注定会流芳百世的人，都统统是树叶。

记者：

树叶，似乎注定了腐烂，注定了融入大地……

马可·奥勒留：

没错。所有的树叶，都是在春天产生，然后风无情地把它们吹落。待到来年，新的叶子又从原来的地方长出来，至于原来的叶子，早就被人遗忘了。

记者：

这是你的一贯观点，岁月无情，生命短暂。

马可·奥勒留：

是的，所有事物，无论你我，都是短暂的存在，树叶如此，其他万物概莫能外。水、灰尘、骨头、垃圾、大理石、金银财宝、衣服都是如此。一切都在变化，一切都在运动，此刻是一种事物，到了另一个时刻，就是另外的东西了。

记者：

你说得有道理。但很多人不愿意相信这一点，一些人执着地追求永恒，似乎只要他坚持下去，就一定能实现某种永恒似的。

马可·奥勒留：

他们这样做，可以理解，但其实很好笑，很荒唐。这些人很快就会闭上双眼，而来上坟祭拜的人，不久也将被他的后人所哀悼。

记者：

你的话难免让人感到一丝伤感，其实就是那么回事。世间的帝王，因拥有无限的权力，都想长生不老，万古长存，永远骑在人民的头上作威作福，但至今也没有一个人能心想事成。

马可·奥勒留：

这就叫运动。用运动的眼光来观察世界，你会获得心灵上最高层次的哲学提升。一旦你看穿世界的运动本性，你就不会过分关注诸如身体、金钱、名声、荣誉这些如过眼烟云的东西。这些东西，即使你使出浑身解数，也无法让它们永远留在人间。

记者：

那人最应该关心的是哪些事呢？

马可·奥勒留：

我们最应该关心的事情是：什么样的行为最顺从宇宙的本性？什么样的行为最符合公正的要求？在具体的生活中，我们要认真做好现在的事情，确保现在所做的事情符合公正的要求。此外，我们还必须搁置一切忙碌和分心，认真做好神所分配给我们的事情。做好自己该做的事情，就是最好的安排！

十三　谁都难逃因果之网

记者：

你是一位手握大权的君主，很多事都被掌握于你的股掌之中，很多人的生杀予夺也都由你控制，但你时时处处提醒自己要忍受、忍受、再忍受，这是什么原因呢？

马可·奥勒留：

人人都难逃因果之网，对待必然发生之事，你必须去忍受！

记者：

请细细解说一下。

马可·奥勒留：

天下之事，就其发生的方式来看，无非可以分为两大类。

记者：

哪两大类？

马可·奥勒留：

一类是你能以某种方式予以忍受的事情，而这种方式是宇宙在创造你的时候就为你准备好的。一类是你将以另一种方式予以忍受的事情，而这种方式是在宇宙创造你的时候并没有为你准备好的。

记者：

你把人间之事划分为两类，想说明什么？

马可·奥勒留：

如果你面对的是第一类事情，你必须以你天生就拥有的方式予以忍受，千万不能抱怨。

记者：

如果我们遇到的是第二类事情，如何应对呢？

马可·奥勒留：

同样是忍受，千万不能抱怨。你应当时刻提醒你自己，你忍受这些事情，是你的义务，是为了你好。

记者：

是否有一些更深层次的理由？

马可·奥勒留：

天下万事万物都被某种自然的因果关系所左右，这些事情的发生是不以你的意志为转移的，既然如此，你就必须忍受这些事情。而你意图抗拒这些事情，或表现出某种愤怒或反感，则违背自然的因果关系。忍受的理由就在这里。

十四　健全的理智应当为所有事物而准备着

记者：

在我们周围，有很多人一天到晚唉声叹气，怨天尤人，他们对什么都不满意，你如何评价这些人？

马可・奥勒留：

他们就是猪，即将被拉去宰掉，它们的头颅，它们的肉将被用来祭奠神灵，祭奠祖先。那些整天躺在床上，为当下人类面临的苦难而默默哀伤的人，也是猪。

记者：

你为什么要用猪来类比他们呢？

马可・奥勒留：

这些人不愿意正视现实与命运的安排，经常期盼上苍满足他们各种畸形的欲望。比如，他们希望满眼看到的全是绿颜色的东西，他们希望鼻子闻到的都是让他们心驰神醉的味道……

记者：

这种要求难道有什么错吗？

马可・奥勒留：

当然有错啊！健全的眼睛应当看到所有可见的东西，而只有那些病态的眼睛才会只希望看到某一种颜色。健全的听觉和嗅觉也应当乐意去分辨所有他能听到或闻到的东西，而只有那些病态的耳朵和鼻子才会只希望听到或闻到某一种声音或味道。胃也应该如此……

记者：

你的意思是说，一个健全的胃应当喜欢一切食物，挑肥拣瘦的胃是有病的胃。

马可・奥勒留：

这个道理同样适合于人类的理智和思想，那就是：健全的理智应当为所有事物而准备着，不能执着于某种类型的事物。如能平等地对待一切事物、思想，人类的理智就会得到上升型的发展，反之，就会越来越病态化。

十五 爱周围的人就是爱公共利益

记者：

你的著作非常强调人的群体性，也就是人的社会性。

马可·奥勒留：

人的本质不是别的，就是群体性，就是社会性。

记者：

你为什么要特别强调人的群体性呢？

马可·奥勒留：

如果说一棵大树代表着人所属于的社会，那么人就是这颗大树上的一根枝条。没有了大树，枝条自然不会存在下去，同样，没有了社会，还能有作为个体的人吗？

记者：

我们中国有句成语，叫皮之不存，毛将焉附，说的就是这个意思。皮没了，毛自然就没有。社会没了，国家没了，个人也就难以生存。这个道理，很多人都懂。问题是，人如何去实现这种社会性？

马可·奥勒留：

具体的路径就是不要去憎恨别人，不要去把别人当作实现自己邪恶目标的工具。人一旦不能以自己的大爱去对待周围的人，就会失去自己的社会性。

记者：

周围的人是周围的人，社会是社会，二者关系如何呢？

马可·奥勒留：

本质上是一回事。

记者：

从何说起？

马可·奥勒留：

每个人都是社会这棵大树上的一根枝条，你如果不能与你周围的人融为一体，就和两根相邻的枝条被从中间斩断是一回事，你与你周围的人处于敌对状态，你与他们相分离，就是与整个社会相分离。

记者：

你把人如何对待他周围的人，上升到如何维持一个人的社会性的高度，角度很是新颖啊。

马可·奥勒留：

人难免会与周围的人发生冲突与分离，但因为人与整个群体内在的血缘关系，人也随时会重新实现其社会性的回归。但是，如果这种分离时间太过长久，正如一根枝条被长久地从大树上切下来就很难回归大树一样，人也就难以回归其本应所属的社会了。因此，人应该时时想到群体，并以自己的善良之心对待自己周围的每个人。如此，人就永远不会与周围的人分离，自然也就不会与整个社会分离。

十六　政治动物就是社会动物

记者：

亚里士多德说人是一种政治动物，你如何看？

马可·奥勒留：

政治动物就是社会动物，关于这个论点，我们已经交流过了。离开了社会，离开了国家，个人将无法立足。

记者：

除此之外，还意味着什么呢？

马可·奥勒留：

人既然在本质上是一种政治动物，那就说明社会与个人之间存在着某种统一性。国家、法律、秩序都是社会性的具体体现，那么维护了国家的利益，必然就不会对公民自身构成伤害；维护了法律与秩序的威严，就是维护了国家的威严。反之，破坏了法律，破坏了秩序，损害了国家的威严，就对作为个体的公民也构成致命的伤害。

记者：

你身处战火纷飞的罗马，却时时处处从内在统一性的角度看待个人与社会的关系，你要知道，很多人往往从个人与国家的矛盾角度看待二者的关系，这是一个很有意思的对比。

马可·奥勒留：

所居住的那个世界越是分裂，人们越期盼某种统一性吧。

十七　坚持十大原则，面对一切冒犯之人

记者：

人性难测，人们大多习惯于相互蔑视，又相互奉承；人们视自己高于别人，又习惯于对达官贵人溜须拍马，乐于匍匐在这些贵人面前，像哈巴狗一样。

马可·奥勒留：

做人难，做一个好人更难，而要把自己打造成为一个圣人，简直是难于上青天啊！

记者：

是的。人生在世，即便你努力把每件事都做得尽善尽美，也难免遭到别人的憎恨和藐视。如何处理呢？

马可·奥勒留：

如果我遇到这种情况，我要注意的是让人们看到我是不会去做值得他们憎恨和蔑视的事情。同时，我也要时时提醒自己对每个人都要和善、仁爱。

记者：

如何应对那些憎恨或蔑视你的人呢？你在著作中提出了应对冒犯者的十大原则，可否请你说说？

马可·奥勒留：

当然可以。第一个原则：万一遇到那些冒犯我的人，我首先必须要考虑：我与其他人之间到底有什么联系？

记者：

如何理解？

马可·奥勒留：

意思是说：我们被创造出来，作为高等动物，就是为了相互合作，而不是为了相互反对。无论是相互蔑视，还是相互憎恨，都不符合造就我们的大自然的本意。

记者：

明白，请继续。

马可·奥勒留：

遇到这种情况，我还应该考虑到：我与那些蔑视或憎恨我的人不一样。

记者：

不一样在什么地方？

马可·奥勒留：

我是被创造出来放在他们之上的，犹如羊群的领头羊地位高于其他羊。

记者：

我感觉你这是阿Q精神，是一种精神胜利法。

马可·奥勒留：

随你怎么想！第二个原则是：必须考虑那些人是在一种什么情况下，对我产生憎恨和蔑视的。

记者：

你的意思是说，要设身处地地考虑一下，对方是在一种什么精神状态下对你产生某种心理的。那第三个原则是什么？

马可·奥勒留：

第三个原则是：一些人做出让我们不高兴的冒犯行为，他们自己或许也感到痛苦。

记者：

无法理解你的话。

马可·奥勒留：

很容易理解的。如果人们所做的事情，包括对我的冒犯，是合乎自然而正当的，那我就不应当对他们的行为做出不愉快的反应，更不应该报复他们。如果他们的做法与自然法则相悖，不具备正当性，那显然说明他们这些人要么是无知，要么是缺乏自觉而麻木不仁。你要知道，任何一个灵魂都喜欢亲近真理，一旦他们被剥夺对真理的亲近，他们也会感到痛苦的。

记者：

明白。还有什么原则？

马可·奥勒留：

第四个原则是：我必须知道我与那些曾经冒犯我的人一样，曾经也做过不少错事，即便我尽量避免去犯错误，那也是因为胆怯或出于保护自我名誉的考虑。总之，任何人都不是十全十美的，人人都有犯错误的可能。

记者：

你真是菩萨心肠啊。那第五个原则是什么呢？

马可·奥勒留：

第五个原则是：在判断别人的行为是否具有正当性的时候，你必须注意或许你的判断本身就是错误的。因此，为了准确判断别人的哪些行为具有正当性，哪些不具有正当性，人必须不断地学习。唯有不断地学习，才能防止这种误判。

记者：

第六个原则是什么？

马可·奥勒留：

第六个原则是：当你因为遭受冒犯而感到十分烦恼和悲伤时，想一想人的生命非常短暂，人随时会驾鹤西去，犯不着为别人的所作所为感到不舒服。

记者：

真是一个纯粹的人！还有什么原则赶快说说。

马可·奥勒留：

好的。第七个原则是：对我们构成伤害的不是别人的冒犯行为，而是我们对这些行为的意见，一旦我们抛弃了对这些行为的错误判断，我们就不会感到痛苦。

记者：

你的这些话说起来容易，做起来很难的。

马可·奥勒留：

是的，要想做到这一点，我们就必须相信任何人的恶行都不能给我们带来耻辱。

记者：

第八个原则是什么呢？

马可·奥勒留：

第八个原则是：考虑由别人的冒犯行为引起的愤怒和烦恼带给我们的痛苦，比这种行为本身带给我们的痛苦要多得多。

记者：

这个原则似乎与第七个原则意思差不多。

马可·奥勒留：

可以这么说。

记者：

第九个原则是什么呢？

马可·奥勒留：

第九个原则是：我要以自己的实际行动向他们展示他们的错误，但我不会斥责他们，也不会委屈我自己而故意装作一副忍辱负重的架势。高贵而诚实，就是我所必须做到的。当然，如果他们继续顽固不化，那我就毫不客气，坚决予以反击。

记者：

该说最后一个原则了。

马可·奥勒留：

那就是：希望坏人不做坏事简直就是发疯，因为这是在做一件不可能的事情。同样，只许坏人对别人做坏事，而唯独对我们自己网开一面，简直就是白日做梦！

十八　没有任何人能夺走我们的自由意志

记者：

你的书中有这样一句话，不知道如何理解。

马可·奥勒留：

哪一句？

记者：

你说："你是一个奴隶，自由的言谈不是适于你的。"（［古罗马］马可·奥勒留：《沉思录》，第 11 卷，何怀宏译，中央编译出版社 2008 年版，第 197 页）你的意思是不是说，奴隶不应该自由地说话？难道你要奴隶们个个都是哑巴？

马可·奥勒留：

你把我的意思理解反了，你应该把我的这句话与另外两段话结合起来理解。

记者：

哪两段？

马可·奥勒留：

在第一段话中，我强调要预防四种偏离，其中一种就是人不能偏离真正的思想。

记者：

什么意思呢？

马可·奥勒留：

我的意思是说：人作为一种理性的动物，必须能够自由表达自己的思想，说的话应该是来自于自己的真实想法，而不是为了迎合某个人或某种势力。如果人不能自由地表达自己的思想，那将是人间最荒唐走板的事情。一个人，应当经常去反思自己的言论是否偏离了自己的真实想法。一旦发现偏离了，必须立即予以纠正。

记者：

第二段话是什么？

马可·奥勒留：

第二段话很简单，直截了当的一句话，那就是：没有任何人能夺走我们的自由意志！

十九　在无望完成的事情中也要训练自己

记者：

你总是强调人们要多做一些有价值的事情，什么样的事情方能称得上有价值呢？

马可·奥勒留：

判断某件事情是否有价值，至少要看这件事是否符合虔诚、正义和自然三个原则。

记者：

请具体解释你说的三个原则。

马可·奥勒留：

一个人的命运是自然给予的，他与这种命运也是适合的，他如果对这种命运的安排非常满足，就是符合虔诚。能始终坦白、毫不掩饰地说出真理，而不让任何人的邪念阻挠自己，不让任何错误的意见阻挠自己，不让自己可怜的肉体的感觉阻挠自己，这就是符合正义。

记者：

符合自然原则如何理解？

马可·奥勒留：

符合自然，就是说这种事情是迟早会发生的，是必然要发生的。

记者：

明白。那请你说说人们做事为什么要符合这几个原则呢？

马可·奥勒留：

唯有按照这些原则行事，才能确保人类的理智摆脱命运的束缚，而得以自由地活动。

记者：

你说的这些大道理绝对没错，问题是世间的好多事情，要想做成功，谈何容易！

马可·奥勒留：

即便不成功，毫无希望，也必须坚持。坚持久了，将使自己得到很好的训练。

记者：

训练自己？

马可·奥勒留：

人的左手，平时做什么事都赶不上右手，但是在握缰绳这件事上则要比右手强得多，为什么呢？训练使然。

二十　死亡并非某种可怕的东西

记者：

看来我的看法是对的，如果说犬儒主义者追求的是像动物一样地活着，那么你甚至连活着都不想，而是积极地追求死亡。

马可·奥勒留：

你说得对。人生就如朝露，它的实质就像涓涓不绝的河流，感觉是模糊的，人的整个形体结构极其脆弱。心灵忐忑不安，命运就像谜一样，荣誉是不可靠的。

记者：

你还告诫人们应注重内心世界，鄙视享乐与受难，平心静气地去等待死亡。每一个人的生命都若蜉蝣，即使延续最长的，也将一去不复返，生命永远是微不足道的。听说你经常想到死亡？

马可·奥勒留：

没错。我经常想到死亡。

记者：

你不仅鼓励人们不要怕死，而且要热情地欢迎死亡。为什么？

马可·奥勒留：

这个世界中值得我们留恋的东西实在是太少了，因此，当我们远离死亡的时候，一定要把死亡这个问题搞清楚。明白了死亡就明白了一切。当我们面对死亡的时候，我们就能安之若素，脸不变色心不跳，从从容容地死去……

记者：

奇谈怪论啊！作为罗马人民的最高领袖，竟然奉行着一种让人绝望的死亡哲学。

马可·奥勒留：

你想多了。天下万物都是由宇宙法则所决定的，生死也是如此。死亡的到来与生命的到来一样，都不以人的意志为转移。对宇宙来说，没有某些个体的灭亡，就没有崭新个体的出现，因此，死亡对于宇宙来说，是合乎时宜的好事。

记者：

对于宇宙来说是好事，但对于每个即将面临死亡的个体来说并非好事啊！

马可·奥勒留：

对于宇宙来说既然是好事，是合乎时宜的，那么对于我们这些必然死亡的个体来说，也是好事，绝对不是什么耻辱。

记者：

问题是：一个演员原本计划演五场话剧，结果因为死亡的提前来到，他刚刚演了三场就不得不退场，这不是太遗憾了吗？

马可·奥勒留：

五场话剧，那只是人的一厢情愿，人生是五场还是三场，那不是由演员说了算的。

记者：

那是由谁说了算呢？

马可·奥勒留：

编剧和导演说了算。当你演了三场话剧后导演让你下岗，你应该坦然地走下舞台，并面带笑容地向每一位观众致谢。这种致谢必须发自内心，不能有丝毫的勉强。人类应该知足，不要期盼舞台永远为你所霸占。你永远霸占了这个舞台，那些后来者到何处去表演？人到了该退场的时候，应该潇洒地说声再见，为后来者提供表现他们生命辉煌的机会。

记者：

一个皇帝竟然是如此消沉，由你领导的国家日子必然不会好到哪里去。难怪坚不可摧的罗马城墙在你如愿死亡以后就一天比一天颓败，直至最后轰然倒塌。

马可·奥勒留：

死亡，是宇宙的安排，是命运的归宿，不是耻辱，不是坏事，无须害怕的。这就是我的观点。

二十一　君主的价值

记者：

作为一位君主思想家，你对政治如何看？

马可·奥勒留：

我一生的主战场就是政治，因此，我不能说对政治不感兴趣。但政治确实不是一个特别好的领域，能不去碰它，就不要碰它。

记者：

根据你对政治的研究，你认为君主的最高理想或者说君主的价值到底是什么？

马可·奥勒留：

君主的最高理想，不是开疆拓土，不是横征暴敛，不是唯我独尊，而是保障人民的自由。君主制定法律，一定要充分尊重人民的意见，而且在实施的时候，一定要平等，绝对不能差别对待。对一个开明的君主来说，百花齐放，百家争鸣，并不会影响到他的政治统治，相反，最大限度地让人民参与到自己的政治决策中，则大大有利于他的政治统治。钳制人民思想的自由，不让人民沾政治的边，对任何王朝都没有好处。许多短命的王朝，大多因此而亡。

马可·奥勒留简传

马可·奥勒留（Marcus Aurelius，公元121—180年），全名为马可·奥勒留·安东尼·奥古斯都（Marcus Aurelius Antoninus Augustus），生于罗马，其父亲一族曾是西班牙人，但早已定居罗马多年，并从韦帕芗皇帝那里获得了贵族身份。马可·奥勒留幼年丧父，是由他的母亲和祖父抚养长大的。

拥有恺撒称号的马可·奥勒留是罗马帝国五贤帝时代的最后一个皇帝，人称“哲学家皇帝”。他是罗马帝国最伟大的皇帝之一、斯多亚学派学者，其统治时期被认为是罗马黄金时代的标志。他不但是一个很有智慧的君主，同时也是一个很有成就的思想家，有以希腊文写成的关于斯多亚学派哲学的著作《沉思录》传世。

第十章　“太一”与“一元三层本体论”

——对话普罗提诺之一

引　子

18世纪，德国一位学者创造了一个名词——“新柏拉图主义”，他意图以这种简单明了的方式，划出古代西方哲学史的一个相对特殊的领域。这一术语意指从公元3世纪到6世纪古罗马帝国的一批哲学家。

被归入“新柏拉图主义”的哲学家，虽然彼此之间存在不少分歧，但有一点是共同的，那就是这一类哲学家们都认为自己是“原教旨”意义上的柏拉图主义者。他们崇拜柏拉图，把柏拉图视为人间智慧的最主要阐述者，这些人都自认为是柏拉图最忠实的学生和柏拉图哲学最严格的解释者。

普罗提诺就是第一个“新柏拉图主义”者，也被公认为是“新柏拉图主义”理论的奠基者。无论是在与普罗提诺同时代的哲学家笔下，还是在当代哲学家的眼中，普罗提诺都是无可争议的大师级人物。从各种角度看，人们都认为他堪称整个希腊哲学伟大传统的最后一个辉煌代表。现代西方哲学家劳伊德（Lloyd P. Gerson）在其编著的《剑桥普罗提诺导读》（*The Cambridge Companion to Plotinus*）中，把普罗提诺赞誉为“亚里士多德与奥古斯丁之间700年中最伟大的哲学家”。谁要想认真研究真理，就必须认真拜读普罗提诺的著作。

普罗提诺学说的特点是什么？公说公有理，婆说婆有理。但有一点是大家公认的，那就是“大综合”。一般来讲，很难说普罗提诺提出了什么、反对了什么，或者说他继承了什么，重要的是他到底综合了什么。普罗提诺将斯多亚学派、亚里士多德学派和柏拉图学派的学说予以系统综合。正是借助这种综合，普罗提诺进而形成自己的学说体系，使这种体系超越了被其综合的所有哲学流派。但究其核心点，则是他将“太一”“精神”“灵魂”融为一体的“三位一体”学说。一提到“三位一体”这个词，人们很自然就会想到犹太教，就会想到《圣经》，自然也会想到基督教。通过普罗提诺这座桥，柏拉图哲学与一种宗教哲学已经是近在咫尺了，欧洲已经开始迈入一个全新的时代。

一　“柏拉图城”

记者：

你是罗马帝国的公民，但是听说你计划要建一个“柏拉图城”。我很好奇，你这是一个什么样的“城”啊？

普罗提诺：

在回答你这个问题之前，我先告诉你我为什么要建立这个“城”，一旦你明白了其中的原委，这是一个什么样的“城”，你自然就明白了。

记者：

也好。

普罗提诺：

我是公元204年出生的，我的老家是中埃及尼罗河畔的利考波里城，据说这个城后来改名换姓叫阿西尤特城。公元232年，我28岁，我来到当时的人文荟萃之地——亚历山大里亚城，在这里，我跟随哲学家阿摩尼乌斯·萨卡斯（Ammonius Saccas）学习哲学，前后历时达11年之久。

记者：

据说你后来到了罗马，你去罗马干什么？

普罗提诺：

亚历山大里亚是一个搞哲学的好地方，图书丰富，名师云集，但是这里毕竟仅仅是一个搞学问的地方，如果要实践自己的政治抱负，还必须到首都，到罗马去。我学习希腊哲学十几年，对希腊各派哲学，我可以说是了如指掌。但是仅仅满腹经纶是远远不够的，我要找个地方去实践这些东西。

记者：

所以你就在40岁，也就是公元244年到了罗马。

普罗提诺：

正是。

记者：

听说当时的罗马政治上很乱，军事上也是兵事不断，乱象丛生。

普罗提诺：

一点不假，从我记事到我离开这个世界那年，罗马帝国的皇帝竟然像走马灯似的换了30多个，30多个！初步换算一下，几乎是平均每两年就换一个国家领导人，这样的社会，不可能有任何稳定可言的。可以说，罗马无论是在政治上、军事上，还是在道德上、宗教上，都是一片混乱，毫无秩序可言。人们一旦看不到希望，就必然会沉沦于感官享受，吃喝嫖赌，腐化堕落。

记者：

作为一个理想主义者，面对如此这般的罗马，你能有何行动呢？

普罗提诺：

我是一介平民，人微言轻，不可能对国家的政治产生什么影响。我能做的就如当年柏拉图所做的那样，就是启蒙，就是呐喊，就是教化。

记者：

你要启蒙谁？你要教化谁？喊什么？

普罗提诺：

启蒙众生，教化众生。

记者：

说具体的。

普罗提诺：

我在罗马开办了学校，我亲自给学生们讲授柏拉图的哲学。

记者：

有人听吗？

普罗提诺：

当然有，就连当时的罗马皇帝和他的老婆都成为我的学生了。

记者：

很有成就感吧？

普罗提诺：

是的，正是在此基础上，我计划在坎帕尼亚（Campania）建立一个“柏拉图城”。在这个城里，哲学家就是王，王就是哲学家，一个典型的柏拉图式的“哲学王”的天下。至于普通的民众，自然也是按照柏拉图在《法律篇》中所规划的方式生活。

记者：

皇帝知道你的伟大计划？

普罗提诺：

知道，他也支持我这样做，但大臣们不支持。

记者：

所以你的美好蓝图终究未能实现。

普罗提诺：

是的，每想到这个，我就感到万分的遗憾啊。

二　不爱行动爱修道

记者：

关于你的哲学，有些人说，你的哲学大多是在重复别人的思想，没有自己的独创。你的学生波菲利为你抱不平。

普罗提诺：

波菲利为我写了一部作品，题目是《普罗提诺的生平和著作顺序》。他在这部书中，对别人对我的一些说法进行了批判。我很感谢我的学生为我所做的一些工作。

记者：

难道别人的说法就是错的吗？

普罗提诺：

当然是错误的。

记者：

如何解释？

普罗提诺：

每个人搞哲学研究、搞思想史研究不可能不参照前人的观点。

记者：

那你主要参照谁的思想呢？

普罗提诺：

为了提出我的哲学，我认真研究了柏拉图、亚里士多德、毕达哥拉斯、巴门尼德、阿门尼乌斯等人的哲学，我还研究了阿那克萨戈拉、赫拉克利特、恩培多克勒等人的哲学。我不得不承认，如果没有这些人的哲学做基础，我无法提出我的哲学。也就是说，认真研究前人的思想，是我进行哲学创作的基础。

记者：

听说你受柏拉图的影响最大？

普罗提诺：

是的。刚才我说过，思想不会从天上掉下来。我的文章大量地引用了柏拉图的一些研究成果。具体说来，他的著作《斐德罗篇》《理想国》《伊壁鸠鲁篇》《苏格拉底的申辩》《克里同篇》《斐多篇》《克堤拉斯篇》《泰阿泰德篇》《智士篇》《巴门尼德篇》《菲力帕斯篇》《会饮篇》《蒂迈欧篇》《高尔吉亚篇》，还有《柏拉图书信》，我都反复引用过。

记者：

柏拉图在哪些方面对你的思想产生了巨大的影响呢？

普罗提诺：

关于这一点，我可以给你详细地说一说。首先，柏拉图对“相”世界和“现象世界”的划分，有关超越世界的真实性、本位性的理论，我非常看重。其次，柏拉图在《理想国》和《巴门尼德篇》中提出的超越“相”世界的更高的文体和至善的理论，对我的影响也很大。最后，柏拉图在《蒂迈欧篇》中提出的创世纪的理论，对我的影响也很大。

记者：

还有吗？

普罗提诺：

有。柏拉图关于灵魂的不朽、堕落、回归的理论，也对我有很大的影响。总之，一句话，柏拉图的很多思想，都是我从事哲学研究的非常重要的素材。可以说没有柏拉图，就没有我的系统的哲学。

记者：

难怪有人说，你的理论都是对别人学说的模仿，你是个剽窃者，你是个愚蠢的人，你的理论很少有自己的独创性。

普罗提诺：

这个观点是有问题的。我的哲学与柏拉图的哲学有很多的不同，关于这一点，我们可以细细地交流。有一点，我提前给你说一下，这是根本的一点。

记者：

你说说看。

普罗提诺：

柏拉图与他的老师苏格拉底非常关心社会政治理论问题，他们两个人都是行动者，他们有政治上的行动。而我与他们则完全不一样。

记者：

怎么个不一样？

普罗提诺：

我的哲学从来不主张要采取什么行动，我不主张一个哲学家把自己的时间用在具体的政治行动上和政治理论中去，而应该从事纯粹的思辨活动。

记者：

依照你的说法，你不太赞同柏拉图和苏格拉底干预社会、政治方面的学说，你不主张哲学家干预具体的社会生活。而坚持搞哲学，就应该从事退避幕后的修身养性和深入的反思。是这样吗？

普罗提诺：

基本如此。

三　伴君东征为哲学

记者：

从你的学生波菲利的书中，可以看出，你曾经在研究哲学十年之后主动参加罗马帝国皇帝发动的东征。一个学者不好好在家做学问，为什么要去参军呢？浪费时间不说，弄不好还会把自己的性命丢掉的。

普罗提诺：

关于你提的这个问题，我告诉你确有此事。我追随罗马帝国的皇帝向东方世界进发，确有其事。

记者：

请讲一讲。

普罗提诺：

关于这场东征，其实也没有什么好说的。

记者：

为什么呢？

普罗提诺：

失败了呗。那位罗马皇帝，也就是高迪安（Gordian）三世志大才疏，其军事行动没有什么成果，被手下人杀死了。

记者：

真是出师未捷身先死啊！

普罗提诺：

不过对我来说倒是无所谓，此后，我就彻底离开亚历山大里亚，定居罗马。

记者：

东征为你了解东方哲学提供了一个机会？

普罗提诺：

是的。我虽然生活在西方的世界，但是，我对东方哲学，尤其是印度的哲学非常感兴趣，我非常希望有机会了解东方哲学。

记者：

所以你就参加了东征？

普罗提诺：

是的。

记者：

那你认为东方哲学对你最大的影响是什么呢？

普罗提诺：

那就是它们的宗教性。东方哲学与西方哲学最大的不同点就是它们具有极强的宗教性，它们都相信来世拯救，都强调二元的对立，如都强调神与世界的对立，强调灵性与物质世界的对立，强调光明与黑暗的对立，也强调善与恶的对立，这就是东方哲学比较典型的特征。

记者：

你这所谓的东方具体指的是哪一块呢？

普罗提诺：

我这是泛指，也没有明确讲是哪一块。印度的印度教哲学，巴比伦的占星术，犹太教哲学，诺斯替主义，等等，都属于我讲的东方哲学。

四　超凡天赋哪里来？

记者：

一些资料说你在观察他人方面，具有一种超凡的洞察力。

普罗提诺：

有些事情我还是能看得出来的。

记者：

一些资料说，有一位女士名字叫喀俄涅（Chione），她在丈夫去世以后，带着孩子住到你家里。有一次，她的一条昂贵的项链被偷了。家里的仆人都被叫来，站到你的面前，你仔细审视他们，然后指着一个人说：“这就是小偷。”此人受到鞭打，开始时还矢口否认，最后终于承认并返还了所偷之物。请问有这个事么？

普罗提诺：

有这个事。我能看出谁会偷东西，谁不会偷东西。我还能看到哪些孩子能有一个好的未来，哪些孩子未来很糟糕。我也能够看出谁会有轻生的念头，我也能看出谁是长寿或是短命的人。

记者：

真是邪了门。你为什么能看得这么准呢？

普罗提诺：

如果你知道背后的联系，你就能相信我所说的这些道理。

记者：

从何理解？

普罗提诺：

宇宙之间存在着某种统一性，万事万物之间有某种全信息性的关联。就一个生命体来看，我们只需要研究其中的一部分，就能知道其他部分的信息。

记者：

你说得太玄乎了吧！可否举例说说？

普罗提诺：

比如，我们只要看一个人的眼睛，或者其他的某个部位就能判断他的性格，也能判断他所面临的危险以及应该采取什么措施加以预防。

记者：

你的意思是说，宇宙万物作为整体，彼此之间存在着某种联系，我们可以通过此物理解彼物，也可以通过彼物理解此物，是这个意思吗？

普罗提诺：

是的。万物都充满某种记号，聪明人能根据这些记号通过一物观察另一物。

记者：

这就是你超凡洞察力的由来，是不是？

普罗提诺：

可以这么说，拥有这个能力是非常有用的。

记者：

有何用处呢？

普罗提诺：

波菲利是我的得意门生，这个你是知道的。

记者：

是的，我知道。你的书就是他帮你编出来的。

普罗提诺：

有一次我通过观察波菲利，能感觉到他有轻生的念头，于是我在他待在家里发呆的时候就找到了他。我让他坚定自己的信念，放弃自杀的念头，并劝他离开家到外面度度假，从而避免了一场悲剧。

记者：

如此一来，拥有超凡的洞察力还真是有用的。

普罗提诺：

当然如此。

记者：

但你对一些人通过观察星宿来预测命运与神的指令，为什么那么反感呢？

普罗提诺：

万物之间的感应，仅仅限于一些低层次的事物之间，而不涉及哲学与精神层面的东西。因此，一些人企图通过观察星象的变化来揣摩神意，则完全是骗人的鬼把戏。我从来不掺和这类事情，我也反对我的学生去参加这类无聊的活动。

记者：

但据我了解，你的很多学生还是很热衷于参加这类活动，是吗？

普罗提诺：

学生是学生，我是我，人间智者毕竟不多嘛。

五 讨论更适宜于哲学

记者：

“柏拉图城”计划失败以后，你开始做什么别的事情？

普罗提诺：

既然“柏拉图城”计划在政治上不可行，我就决定退回到书斋里，专心著述。我从 50 岁才正式开始写作，一篇一篇地写，拉拉杂杂写了 54 篇文章，后人能不能看到这些文章，我还真没把握呢。

记者：

为什么你从 50 岁才开始写作？

普罗提诺：

原因是这样的：我是阿门尼乌斯的学生，这个你是知道的。

记者：

这个我知道的。作为阿门尼乌斯的学生，难道你就不能写作了吗？

普罗提诺：

你想歪了。

记者：

那应该怎么想呢？

普罗提诺：

我们作为阿门尼乌斯的弟子，大家彼此约定不公开老师的思想。具体来说，大家不能写任何东西，否则会泄露老师的思想的。

记者：

大家都遵守这个约定了吗？

普罗提诺：

有的人言而无信，偷偷写了不少东西，把老师的思想泄露了出去。

记者：

你呢？

普罗提诺：

我是一个君子，我没有写任何东西。我一直埋头讲课，不去写什么文章，更不去著什么书。

记者：

你到 50 岁才开始写作，就是因为这个？

普罗提诺：

是的。

记者：

好多人都说，你的书好像就是一些讲义性的文字。

普罗提诺：

本来就是如此。我是一个问题写一篇文章，它们不是那种分门别类的教科书。

记者：

好多人说你的文章大多写得很潦草，很难看懂。

普罗提诺：

或许是吧。说句实话，我真的不喜欢写作。

记者：

为啥啊？

普罗提诺：

在我看来，不断的交流与不断的相互讨论，最适合哲学研究。而写作这种手段，一旦写下，就很难改变，非常不适合搞哲学。

记者：

所以你写东西非常的随意，从来就不去考虑什么体系，从来就不去回头看看自己写的东西到底是不是前后矛盾，写的东西也不愿意发表，只让这些东西在弟子和极少数朋友间传阅。

普罗提诺：

我的思想大于我的语言，思想跑在语言的前面，我再怎么写，也赶不上喷薄涌出的思想。加之我的视力不好，我也不可能去看自己写的东西。

记者：

这多亏了你的学生波菲利，是他让你的著述得以流传下来。你去世以后，波菲利按照人们编撰亚里士多德著作的方法，也就是研究同类问题的文章放到一起、容易的文章放到最前面，最后把你的54篇文章编成一本书予以出版。

普罗提诺：

出版？

记者：

是的，书的名字是《九章集》，你的54篇文章被波菲利编成6集，每集由9篇文章组成，六九五十四，一篇也不少嘛。

普罗提诺：

真是难为他了。我想起来了，波菲利曾经将他编辑的一本书稿给我看，但我没办法看，我也就没看。

记者：

为什么不看看？好多人说那本书编得有点乱。

普罗提诺：

我那时已经是一个半盲人了，你叫我如何看啊？好多人说我的《九章集》是一本非常好的书，说它“结构完美”“体系严谨”，这全是我的学生波菲利的功劳啊。

六　哲学的根本目的：为灵魂的拯救指明道路

记者：

在系统地谈你的哲学之前，我想请教一下你搞哲学根本的目的到底是什么？

普罗提诺：

你对我哲学的研究，我感觉是刚刚开始。

记者：

是的。

普罗提诺：

据我了解，有很多人对我哲学的研究是很透彻的，他们在我凌乱的写作背后看出了某种体系性。

记者：

愿闻其详。

普罗提诺：

有的人通过研究我的著作，发现我的哲学是一个从低到高的体系。也就是说，从人的本质开始，逐步上升到宇宙，然后再进入底层本体，最后是太一这一最高本体。我的弟子波菲利就是按照这个原则来编排我的几十篇遗作的。

记者：

还有别的什么发现呢？

普罗提诺：

还有人发现，我的写作是按照自上而下的本体创世，然后再按自下而上的本体回归的顺序进行的。也就是从太一到纯思，再到普遍灵魂和世界，最终回归太一之路。

记者：

你同意他们的发现吗？

普罗提诺：

无所谓同意不同意，他们的说法有一定道理。作为一个哲学家，不能太执着于某种体系的创建，归根到底要把握住哲学的根本宗旨这个核心。把握住这个中心，体系自然就有了；把握不住这个中心，再完美的体系都是空架子，都是毫无意义的空气振动而已。

记者：

那在你看来，哲学的根本目的应该是什么呢？

普罗提诺：

这个问题问得好。为人类已经堕落了的灵魂指明道路，这是我们哲学家所应该做的事情。不管创造什么哲学体系，离开这个宗旨都毫无价值。

七 新柏拉图主义

记者：

后世的一位哲学家，具体说就是 18 世纪的一位德国哲学家，创造了一个名词——“新柏拉图主义”，他用这个词来代表以你为核心的一批哲学家。

普罗提诺：

具体包括哪些人呢？

记者：

如详细列举，具体包括普罗克鲁斯（Proclus），生于公元 412 年，卒于公元 485 年；达马修斯（Damascius），生于公元 462 年，卒于公元 538 年；辛普利丘（Simplicius），生于公元 490 年，卒于公元 560 年，此人是达马修斯的学生。此外，还包括更晚的一些基督教哲学家，如波埃修（Boethius），生于公元 480 年，卒于约公元 524 年。

普罗提诺：

这些人都是在我死以后出生的，我不好对他们进行评论。但既然你提到“新柏拉图主义”这个词，我就得跟你说道说道。既然说“新柏拉图主义”，那就不得不说“旧柏拉图主义”。

记者：

何谓“旧”呢？

普罗提诺：

自然就是以柏拉图著作为载体的原汁原味的柏拉图主义，其阐述者就是柏拉图本人。

记者：

依你之见，如果说“新柏拉图主义”的话，哪些人的理论可以归并到这个概念之下呢？

普罗提诺：

我以为，柏拉图之后所有高度重视并认真研究柏拉图思想以及那些尊奉柏拉图主义为正宗、视柏拉图的著作为人类智慧之源的哲学家，他们的理论似乎都可以归并到这个名词之下。除了你说的一些人外，我认为还应该包括这样一些哲学家的理论。

记者：

请说说。

普罗提诺：

亚里士多德不算，因为亚里士多德似乎并不怎么看重柏拉图的什么主义。斐洛（Philo of Alexandria）算一个，此君生于公元前 25 年，卒于公元 50 年，他的著作有《论世界的创造》《论上帝的永恒性》《论牺牲献祭》等。

记者：

此君我知道，恩格斯曾经说他是“基督教教义之父”，还有谁？

普罗提诺：

生活在公元 1 世纪的泰纳的阿波罗尼（Apollonius of Tyana），此君是新毕达哥拉斯学派的代表性人物；属于折中派的柏拉图主义者，其代表者有三位。一位是欧陀罗斯（Eudoros），一位是希腊中部凯罗尼亚的普鲁塔克（Plutarch），还有小亚细亚阿巴米亚城的纽曼内斯（Numenius）；扬布利柯（Iamblichus），此君生于公元 250 年，卒于公元 325 年，他活动于叙利亚，是叙利亚学派的代表性人物；普洛克罗（Proclus），他生于公元 412 年，卒于公元 485 年，此君出生于君士坦丁堡，后来在普鲁塔克的指导下研究雅典哲学，因此他应该被看作雅典派的代表性人物，他对柏拉图的《蒂迈欧篇》的注释最为有名。

记者：

不过根据我的研究，这些人虽然高度重视对柏拉图哲学的研究和学习，但是他们似乎并没有把柏拉图的哲学放到举足轻重的地位，因此，与你以后的那些“新柏拉图主义”者似乎还不一样。

普罗提诺：

你说得没错，好在“新柏拉图主义”也不是一个十分严谨的概念，我们就不要太过计较了。言归正传最佳，好不好？

八　太一概念与柏拉图

记者：

一提到你普罗提诺的哲学，人们想到的第一个名词自然就是太一。

普罗提诺：

没错。太一确确实实是我哲学的核心，有了太一，才有我普罗提诺的哲学，我的哲学就是太一哲学。

记者：

作为一个哲学家不容易，成就一个哲学家很难，要成为一个原创性的哲学家更是难上加难。很惭愧的是，我研究了哲学几十年，到现在也没有提出什么原创性的哲学思想或者概念。

普罗提诺：

你的思想有不少概念挺有新意，知足吧。对我来讲，你对我的很多评价，可能与事实不完全相符合。其实，提出太一这个概念的第一人不是我。换句话说，太一并不是我的原创。

记者：

那是谁？

普罗提诺：

是柏拉图。

记者：

你是不是因为太热爱你的老师，故把很多本来属于你自己的东西放到你的老师的头上去？过分的谦虚也是很虚伪的。

普罗提诺：

并非如此。中间的曲直很复杂，我可以给你讲一讲。

记者：

好。

普罗提诺：

我提出太一概念的逻辑顺序大概是这样的，也就是说我是这样一步一步地提出太一这个概念的：首先，所有的哲学家都相信，任何事物都处于目前的一种状态，一定是有它合理的原因。

记者：

凡存在皆有其原因，凡存在皆有其合理性。这一点，我也相信。但似乎德谟克利特好像不以为然。

普罗提诺：

是的。在古典哲学时代，一些哲学家认为万物都是由元素（如原子）偶然拼凑而产生的。他们否定任何必然性，这种看法是极其荒谬的，我对此不以为然。这是第一点。第二，把原因和结果放到一起进行比较，我们就会发现，原因必然高于结果，先于结果，没有原因，就没有结果。

记者：

这一点也讲得通。但问题是引起一个事物发展变化的原因是多种多样的，那么，其根本的原因是什么呢？

普罗提诺：

你问得很好。这个根本的原因就是事物本身的同一性，即事物内在的同一性。

记者：

内在的同一性？

普罗提诺：

是的。如果不是作为一个同一体，就没有实实在在的事物存在。如果一个事物失去了它原有的实实在在的同一性，它就丧失了自己本身。

记者：

请你讲得通俗一点。

普罗提诺：

比如说，一支军队，如果没有属于它自己的同一性，那么它就不配称为一支军队；一个合唱团是如此，一群羊也是如此。离开了同一性，房子就不可能成为房子，船就不可能成为船。因为，房子是一栋，船是一条，如果它们丧失了同一性，就不是房子了，就不是船了。一切都分崩离析，哪有事物的存在呀。

记者：

你说的这种情况我同意。这对动物、植物也同样适用吗？

普罗提诺：

当然适用。同样的情况，也适用于动物、植物，它们同样具有同一性。如果它们失去了同一性，而成为零零散散的部件，那么这些东西就失去了它们的本质，就不再是它们自己，而是成为新的事物。这一点，对于我们人类同样是如此。你之所以是一个人，是因为你首先是一个同一体；我之所以是我，也是因为我首先是一个同一体。物质世界是如此，精神世界同样是如此，美也是如此。因为，只有它们具有同一性，它们才是自己，才会成为别的事物之所以产生的原因。归纳起来，可以得出这样的结论：一个事物唯有具备内在的同一性，它才可能是它自己，才能实实在在地存在。可以说，把多种多样的事物组织起一个个统一体，背后的那个东西，那种同一性就是万事万物存在的根本原因，就是万物的“一”。

记者：

据我了解，古希腊哲学家巴门尼德、赫拉克利特、阿那克萨戈拉、恩培多克勒、亚里士多德、毕达哥拉斯等，对这个问题都有研究。

普罗提诺：

没错。那这种同一性具体是什么呢？就是万物组织在一起。使事物成为事物的终极原因是什么呢？每一个哲学家都会认真地思考，许多哲学家说是灵魂。

记者：

灵魂，就人来说，也就是思想、精神，它确实是统一、组织、塑造我们的各个肢体，使我们成为人的非常重要的一点。哲学家把这个问题视为万物之因，有一定的道理。

普罗提诺：

错。灵魂虽然重要，也相对单纯，但人的灵魂仍缺乏内在的统一性，如推理是灵魂的一种表现，欲望是一种表现，知觉也是一种表现。所以说，灵魂本身缺乏内在的统一性，它不可能是万物之因。

记者：

亚里士多德把人的最高智性和理性作为万物之因，有没有道理呢？

普罗提诺：

无论是自我意识，还是最高的智性，这些东西依然不是万物之因。

记者：

为什么？

普罗提诺：

它们作为一种思考，作为一种灵感，作为一种精神的东西，经常在意识和意识对象之间发生互动的时候才能出现。这难免使之呈现出二元化和“多”的特征，依然不是纯粹的统一性。因此，诸如自我意识、最高智性、纯粹的思考这样的东西，都不能成为万事万物存在的根本原因。

记者：

你真是一个非常爱钻牛角尖的人。或许正因为你永远对前人不满意，所以你才提出太一这个概念。

普罗提诺：

这个概念，我并非首创者，柏拉图才是真正的创造者。

记者：

对于柏拉图的研究，希望你细细地介绍一下。

普罗提诺：

很显然，凡是具有多样性和二元性色彩的东西，无论是物质的，还是精神的，都不可能成为万物之因。只有超越一切多样性、单纯的，或者说绝对的同一性本身才可能成为万物之因。在这个问题上，柏拉图的研究是极具原创性的。柏拉图在他的《理想国》中提出，“相”是构成万事万物的终极原因。但是，柏拉图并没有满足于这个东西。他认为，在“相”之上还有别的更高一层的东西，这个东西可以成为构成万事万物的原因。

记者：

在柏拉图的哲学中，这个东西是什么呢？

普罗提诺：

柏拉图是一个大哲学家。他认为，在他所讲的“相”这个基础上，还有更高层次的东西，那个东西就是“至善”，就是太阳。唯有至善或太阳这样的东西才是构成事物的最终本原。

记者：

你的意思是说，虽然柏拉图提出“相”是构成世界的最终本原，但他没有满足于自己的研究，也提出了还可能有更高层次的东西是世界的最终极本原。你就是在这个基础上提出了太一这个概念？

普罗提诺：

是的。所以说，我的研究只是把柏拉图还没有最终表达出来的东西、没有系统阐述的东西说出来而已。因此，你说我是太一理论的原创者，我感到受之有愧。

记者：

我对柏拉图的很多著作也做过研究，总体感觉柏拉图把“相”作为万事万物的终极原因。而你则在柏拉图的著作中，看到了他的新思想，或许这也是你的伟大之处，或许你比柏拉图更了解柏拉图。

普罗提诺：

哈哈，你调侃我了。

九 太一：像云像雨又像神

记者：

你继续研究柏拉图的思想，最后提出了太一这个概念。很显然这个概念和关于世界本原的很多说法不是一个类型的。

普罗提诺：

当然是不一样的。关于世界本原有许许多多的说法，而在我看来那些东西都不是真正的世界的本原，而唯有太一所代表的东西才是世界的真正本原。

记者：

你把太一说得玄乎乎的，它到底是个什么东西呢？

普罗提诺：

说句实话，这个东西我也不知道。我只能说，太一这两个字是唯一可以用来勉强称呼这个东西的，我想不出还可以用什么别的词汇来描述这个东西。

记者：

你可不可以对这个东西做一下描述呢？这个东西具有什么性质呢？

普罗提诺：

当然可以。我用太一来代表的这个东西，它是世界的终极原因，它比数学的统一性还要广泛得多。它是一切事物的最大值，这不是就广延性来说的，而是就力量来讲的。也就是说，太一这个东西的力量是不可思议的。还有，太一这个东西具有至高无上的统一性，它是万事万物的自给自足者，它是最不需要别的东西而能单独存在的东西，而任何东西离开这个东西就不能存在。

记者：

经过你的描述，让人们感觉这个被你称为太一的东西真是神龙见首不见尾，像云像雨又像神啊。你可不可以用一句话，用“是……”这个表述来给我做个简单的说明呢？

普罗提诺：

有多少人都有这个想法，都想用“是……”来简单地概括太一的特征。我告诉你，这是痴心妄想。太一是至善无上的，任何对它的描述和规定，都必然采用否定性和限定性的方式，而不是肯定性的方式。你可以说太一不是 X，不是 Y，不是 Z，但你无法说它是什么。严格说来，太一不是有限，但又不是简单的无限。太一是无限伸展的无限，它不是思想，不是知识，又不是物质。太一既是实在，又不是实在；太一既是行动，又不是行动；太一既是自由，又不是自由；太一既是生命，又不是生命；太一既是思想，又不是思想。可以说，太一作为这样神秘莫测的东西，完全超越我们常人的理解。一切通常的描述，只会使我们不认识太一。

记者：

在你以后的哲学中，出现了上帝的概念，人们对上帝的理解和描述，就是采取否定的方式。根据我的了解，你所采取的描写，跟以后宗教中所出现的那种上帝的形象越来越靠近了。

普罗提诺：

我不知道后来出现的上帝是什么。总之，在我看来，太一具有一种高不可攀的超越：它超越物质，超越意识，也超越物质和意识的结合体；它超越运动，超越时间、空间，也超越思想。任何人如果想用有限的知识和理性来揭示太一的本性，都是不可能的。这是痴心妄想！

记者：

如此神秘！

普罗提诺：

是的。太一远远超出我们人类的知识，任何想无限接近太一的企图，都是痴心妄想。正如高深莫测的上帝一样，你想对它进行彻底的认识，是不可能的。太一也是如此。

记者：

既然如此，太一是不可言说的东西，那你为什么要用几十篇文章把它说来说去呢？

普罗提诺：

我们人类所说的关于太一的那些东西，都不是太一的本质，都是太一所呈现出来的表象。我用一个词，叫“印迹”，来代表这种表象。

记者：

我明白你的意思。你的著作描述的关于太一的那些东西，都是太一所呈现的“印迹”，而不是太一的本质。能这样说吗？

普罗提诺：

可以这么说。太一是不可认识的，我们除了在太一外围谈论它之外，别无办法来认识太一。太一太过于伟大，我们人类太过于渺小，非常不完美，二者极其不对称。对于我们人类来说，太一永远是一个高深莫测的存在。不仅我不知道太一的本质，你也不知道，没有人会知道这个东西。关于太一所说的一切，都不过是其“印迹”而已。

记者：

太一如此神秘莫测，颇有我们中国文化中的“道”的韵味。

普罗提诺：

闻所未闻，何谓道呢？

记者：

中国古代有位哲学大家叫老子，他在其《道德经》中说有一种可以称为“道”的东西，此道无处不在，无时不有，但就是不能说出来。一旦被说出来，就不是其本来的道了。这个大道，似乎与你所谓之太一有一拼？

普罗提诺：

或许是吧。

十 “满溢”与“回转”

记者：

你把太一视为世界万物的终极本原，太一具有至高无上的内在统一性，我想知道：丰富多彩的世界是如何从你哲学中的太一中被创造出来的。

普罗提诺：

你说的这个问题毫无疑问是很重要的，唯有解决好“一”怎么能产生出“多”这个问题，才能使我们的哲学体系获得其应有的合理性。

记者：

据说柏拉图是用“分有说”来解决这个问题的？

普罗提诺：

是的。但我的解释与柏拉图的理论不同，可以说是非常不同。在这个问题上，亚里士多德对我的影响，要远远超过柏拉图。

记者：

那你是如何解释这个问题的呢？

普罗提诺：

归纳起来，可以用两个名词来解释，一个是“满溢”，一个是“回转”。

记者：

希望你说得具体一些，最好举个例子来说明，越通俗越好。

普罗提诺：

完全可以。如果我们把太阳比喻为太一，太阳释放出阳光的行动，就是“满溢”。

记者：

“满溢”是不是也可以换个名词，叫“流溢”呗？就是一个池子中，水多了就会流出去，“满溢”说到底就是派生物从原始物质中不断被创造出来，是不是？

普罗提诺：

不是的，“流溢”是事物直线、单方向地向外发展，而“满溢”则不是。太阳释放光的行为，是“满溢”而不是“流溢”。在这个过程中，太阳是至高无上的太一，它具有无限的能量，可以创造所有的事物，但是太一又是高傲的上帝，它从来不去设计什么，不去主动地创造什么，它泰然自若、安静地在那里，自然而然地创造一切，而自己则毫发无损。水从容器“流溢”出来，情况就不同，一旦水流出去，容器里的水就会相应减少。

记者：

那“回转”是什么意思呢？

普罗提诺：

一旦水从容器中“流溢”出去，“流溢”出去的水就与容器没有关系了。但是，光从太阳中“满溢”出去则完全不同，光虽然是从太阳发射出去的，但是光每时每刻都环绕着太阳，依赖着太阳，没有任何力量把阳光与太阳分离开来，这种状态就是“回转”。

十一 一元三层本体论

记者：

好多人把你的哲学概括成一元多层本体论。不知道对这个说法，你是否赞同？

普罗提诺：

我基本同意。在我的哲学中，最核心的就是本体，也就是太一这个概念。在我的哲学中，本体的根本特征是精神性的，是内里统一的。这种统一性，又由高到低分成三个层次，高可以高到太一，低可以低到植物，无不呈现着太一的伟大力量普遍地存在和发挥作用。我们可以说，这些东西都是太一，又都不是太一。说它们是太一，因为它们都源自太一，离开了太一，就没有这些东西。说它们不是太一，是因为太一在创造和“生育”它们的时候，自身仍然保持不变，丝毫没有满溢的东西，对自身没有丝毫的减损。就像长长的生命尽情地展开，每一部分都与它后来的部分不同。而这不同的部分，构成了绵延不断的整体，前一阶段都积累在后一阶段里面。还有……

记者：

还有什么？

普罗提诺：

推动万物存在和发展的原因只有一个，那就是至高无上的太一。我的本体论，就是以太一为核心。我的本体论是由三个层面的本体所构成：第一个层面是太一，第二个层面是纯思，第三个层面是灵魂。所以，一些人把我的哲学概括成“一元三层本体论”，我是基本赞同的。

记者：

听你的这些表述，我真是感到有些迷迷糊糊。太一我是基本知道的。但什么是纯思，什么又是灵魂，真让人觉得头疼。如果有可能的话，希望你细细地给我做个介绍。

普罗提诺：

当然可以。我们可以一点一点地慢慢研究。

十二　“纯思”：太一的第一个漫出者

记者：

你把“nous”作为你的一元三层本体论的第二层。我想了解一下，你的这个“nous”到底是什么意思？是不是就是我们普通人所理解的一种精神性东西？

普罗提诺：

我不知道你们的语言是如何翻译这个词汇的。但如果仅仅把它翻译成精神性的东西，就错了，和我的想法完全不同。

记者：

那你是什么意思呢？

普罗提诺：

在我的哲学中，“nous”不仅仅是一种单纯的认识活动。它不仅具有主观的特征，还具有客观的特征。如果你仅仅把它翻译成“思想”或者“智慧”这类的词汇，或者把它翻译成“精神”等，就与我的本意大相径庭。

记者：

你的意思是说，构成一元三层本体论的第二层的“nous”并不仅仅是一种单纯的精神性活动，一种知识性的活动，同时，更主要的是一种客观性的本性？

普罗提诺：

是的。还有，不管你用什么词来翻译“nous”，一定要强调它具有一种强烈的生命冲动的特征，而不是某种静止的东西。

记者：

我知道你的意思。你的意思是说“nous”是太一的第一个创造物。它不仅具有主观性，而且具有客观性。同时，这个东西还具有朝气蓬勃的生命力。一个词，如果不能涵盖这方面的意思，就很难把你所说的这个“nous”的含义表达出来？

普罗提诺：

是的。

记者：

我们中国的一些研究专家，把你的这个词翻译成“纯思”，也有人把它翻译成“圣智”，还有人把它翻译成“神圣心智”，也有人把它翻译成“神圣知性”，希望这些翻译能够把你所要表达的意思涵盖进来。在下面的探讨中，我们就把“nous”用“纯思”这个词代替来做交流，如何？

普罗提诺：

当然可以。只要你这个词能够把“nous”的主观性特征、客观性特征与它的生命性特征涵盖进来，就差不多了。

记者：

如果把“纯思”与太一放在一起进行比较，两者具有什么共同点和不同点呢？

普罗提诺：

与太一进行比较，两者的共同点就是高度的自足性与统一性；不同点就是太一享有最高的统一性，而纯思则失去最高的统一性……

记者：

说到底就是统一性程度的不同呗？

普罗提诺：

可以这么表达。太一享有的统一性层次是最高的，是无与伦比的，而纯思所享有的统一性则次之，你懂吗？

记者：

太一的统一性，那种至高无上的统一性，比较好理解，纯思所拥有的比较低一些的统一性，体现在什么地方呢？如果你能说得清楚，最好说一下。这个东西很难理解的。

普罗提诺：

纯思与太一，距离最近，但其与太一已经具有质的区别了。在太一中，人们不可能发现任何非统一性东西的存在，而在纯思中，情况则不同。

记者：

嗯。

普罗提诺：

纯思实质上是从太一满溢出的潜能和质料，从此以后，“纯粹异质性”与“运动本身”开始出现。

记者：

通俗点最好。

普罗提诺：

通俗地说，纯思就是宇宙的自我认识，任何认识，即使是最高的认识，也必须是认识与自己不同的事物。因此，作为一种自我认识，就需要这样几个元素……

记者：

什么元素？

普罗提诺：

认识者、运动、认识原则与方法，从此多样性于是就开始出现。主体与客体发生了分化，认识对象也逐步细化为一个又一个范畴。太一那种浑然一体的统一性在这里发生了变化。

记者：

你是说纯思是因为认识而衍生出多样性？

普罗提诺：

是的。

记者：

那你说太一也进行自我认识，既然存在自我认识，也就不可能拥有至高无上的统一性，这如何理解呢？

普罗提诺：

类似的话我说过，作为至高无上的实体，太一必然也拥有自己的思想，但它的思想是对自我的思想，无须借助任何中介和原则就可以进行。在这里，无须运动，是永恒的宁静，无须媒介，是永远的自足。总之，太一的认识与纯思的认识是不一样的。你懂吗？

记者：

基本差不多吧。

十三 纯思：特有的创造性与生命力

记者：

你在著作中多次说唯有在纯思层面上才有"实是"，何谓"实是"？

普罗提诺：

或许是你们的翻译拦住了你。实是，就是本真的存在而已。我之所以说唯有在纯思层面才有实是，原因在于……

记者：

什么原因？

普罗提诺：

太一者，高高在上，超越实是，神龙见首不见尾；在下者，则是感觉和现象世界，这个世界并非本真的存在。

记者：

你说纯思中拥有一切，什么意思？

普罗提诺：

纯思当属最充沛的生命，世界上一切本真的事物都在纯思之中。

记者：

天地万物，包括你、我、植物、动物、水、木、火、土……一切的一切都在其中。总之，我们看得见摸得着的东西，全在里面。

普罗提诺：

你的表述有问题。

记者：

问题在哪里？

普罗提诺：

你我能感觉到和看到的，都只是感觉世界与现象世界，而不是本真世界。宇宙万物在纯思层面存在的形式，并非你我看得见摸得着的那个样子，它们以最完善、最本真、最原型化的形式存在于纯思之中。感觉世界和现象世界必须以纯思中存在的那个彼岸世界为模型。

彼岸世界，也就是纯思中存在的那个世界是完美的，在那里，包含着一切的事物。那里的天空必须是有生命的，因而也必须是满天星辰，否则，就不能称为天空。

记者：

那里应该也有大地吧？

普罗提诺：

当然，那里也必然存在着大地，那里的大地不是空无的，必须是充满着生命。在我们这个现象世界中，到处奔跑的动物，在彼岸世界也是同样存在的。所有的植物也都根植于纯思世界里的生命。纯思世界里也有大海，所有的水永无止境地在那里流动着，所有水中的生物也都在那里存在着。纯思世界里的宇宙同样少不了大气，还有在空中飞行的生物。那里的生命必然是活生生的。总之，纯思世界里什么都不缺，万物都充满着生命，朝气蓬勃，它简直就是一个活灵活现的“万面活球”。

记者：

“万面活球”？什么意思？

普罗提诺：

我之所以用“万面活球”来比喻纯思，意在强调纯思的生命性，这种旺盛的生命力，就连以至高无上的内在统一性著称的太一都无法比拟。因拥有强大的生命力，纯思显得无处缺憾，处处饱满，并能光照一切，璀璨天下。

记者：

依照你的解释，纯思确实是一种力量无比巨大的存在，是不是？

普罗提诺：

一般人只看到火有力量，只看到物质有力量，其实这些力量与纯思比较起来，简直是小巫见大巫，绝对不是一个重量级的。

记者：

纯思拥有整个世界，加之力量如此巨大，按照逻辑讲，必然会从事伟大的创造活动的。

普罗提诺：

是的。纯思对于外部世界的创造，是没有任何功利目的的，也并非是有意而为之。纯思自给自足，力量无比，自然就会衍生世间万物。纯思岿然屹立，世界自然而然得以呈现。

记者：

如果把纯思中的世界称为“本体”，把与之对应的此岸世界称为“产物”的话，“本体”与“产物”的关系是怎样的呢？

普罗提诺：

这个问题可以用“摹本说”和“反映论”来说明。

记者：

快说说。

普罗提诺：

摹本说的经典例子是肖像的绘制，反映论所取意象是月映万川。这两种模式的共同之处是，都在派生者中，把原型分解成为仅仅与原型相似的属性，但是，它们都失去了原型的统一的本性。在摹本说的关系中，本体结束描摹之后，可以离开，而摹本仍能独立存在。所以，本体与摹本的关系中断了。而且摹本是人工的、目的论的，由具有向外活动的某个人中介过。此人，也就是画匠对摹本进行观察、分析，然后决定用一系列别的相对应的属性来再现原型。

记者：

在“反映论”情形下如何呢？

普罗提诺：

情况完全不同。相比之下，在反映关系中，原本须臾不可离开，否则印象就会瓦解消失。原本与印象的关系从未中断过，印象未经过任何中介而直接反映着原型。再者，这种反应似乎是非目的的，整个关系中没有任何目的向外活动的成分存在。原型只是寂然不动，自成于己，并会自然地生出万象。你明白了吗？

记者：

有点明白，也有点糊涂。难道人与宇宙万物于是从此得以诞生？

普罗提诺：

非也。纯思世界与现实的感性世界之间虽然拥有千丝万缕的联系，但在这两个世界之间毕竟还存在着一道难以逾越的鸿沟，纯思必须借助于其他中介，才能创造出世界。

记者：

这个中介是什么呢？

普罗提诺：

这个中介就是我们即将探讨的东西——普遍灵魂。

十四 纯思是种子，灵魂则是种子之展开

记者：

说完了纯思，现在该继续往下说了吧。

普罗提诺：

是的。纯思拥有着无限的生命力与创造性，但它从不去积极玉成什么事情，它自给自足，悠然自得，宁静，不变，同一，无限……如巍峨的高山，总是静静地享受着自己，不经意间为万物生成铸就了扎实的基础。

记者：

你曾经把纯思比喻为种子？

普罗提诺：

是的，一粒种子，里面包含着一切，但种子的存在犹如清静的湖水，在这里，没有任何焦灼，没有任何冲动。而作为纯思满溢出来的灵魂，就完全不一样了。

记者：

怎么个不一样？

普罗提诺：

春天来了，种子就开始蠢蠢欲动了，它逐步全方位地展开，成苗，成枝，繁多的枝叶开始出现，多元化、多样性开始出现了。当然，生命本原的那种终极的统一性，灵魂是不可能丧失的。

记者：

你是说，灵魂虽然有朝气蓬勃的多样性，但其内在的统一性不会悖逆。

普罗提诺：

是的。尤其是……

记者：

尤其是什么？

普罗提诺：

灵魂在创造世界的过程中，不再按照纯思所定下的运动规则运行了，而是按

照其创造物的运动规则运行。

记者：

有什么不同吗？

普罗提诺：

这个不同就是时间开始出现了，时间取代了永恒，运动取代了静止，从此有了过去，有了现在，有了未来……一切的一切都呈现为“时间中的”了。

十五　生命本体论

记者：

你是如何看待你所说的灵魂与那些看得见、摸得着的有形体的物质之间的关系的？

普罗提诺：

形体就是我们的身体，灵魂就是我们的精神。关于两者的关系，历史上有很多说法：毕达哥拉斯有“琴与和谐说”，柏拉图有“分离与联合说”，亚里士多德有“质料与形式说”，斯多亚学派有“大火与火星说”，伊壁鸠鲁有“精细原子说”。可以说，关于这个问题说法很多，仁者见仁，智者见智。

记者：

在这些说法中，你比较倾向于哪一种呢？

普罗提诺：

在我看来，柏拉图的学说是可以接受的，其他观点我不赞同。

记者：

根本原因是什么？

普罗提诺：

根本原因是，除了柏拉图的学说以外，其他的学说都过分强调灵魂与身体是内在地紧密不可分地结合在一起的。在我看来，灵魂是高于身体的，是一种具有独立性的存在，从逻辑上讲，走在身体的前面，而不是后面。身体则是灵魂派生出来的，因此，从逻辑上讲，是在灵魂后面的。灵魂所承担的是管理形体的功能，它从未与形体合二为一。因此，它的独立性不会受到形体的影响。

记者：

你讲灵魂与身体分开，这是典型的二元论。我想问你，你认为在你的二元分立中，灵魂与身体哪一个是占据核心地位的呢？

普罗提诺：

在我看来，世界的本原是运动、是生命、是精神，这是永恒不变的。而我们看得见、摸得着的世界，都是死的、凝固的、固定的、沉重的、呆板的东西，从价值上看，没有什么正面价值，甚至都是负面价值。

记者：

你是说，我们看得见、摸得着的有形体的世界，是一个具有负面价值的世界？你这个观点与普通人的看法确实是不一样的。

普罗提诺：

是的。绝大多数人都是相信自己看得见、摸得着的东西，他们认为唯有这些东西才是最实在的。相反，什么生命的东西，什么精神的东西，有时往往因为看不见、摸不着，而被普通人认为是虚无缥缈的东西，认为是毫无价值的东西，这种观点是错误的。

记者：

看来，显然你是更多地强调世界本体的生命性。

普罗提诺：

没错。这个世界，无论是海洋、空气，还是大地，都是死气沉沉的，而唯有灵魂从外面进入以后，如太阳普照海洋、空气和大地，才让这个死气沉沉的世界变得充满活力，万物才成为朝气蓬勃的东西。既然如此，那我问你，世界的本原不是生命，不是运动，不是至高无上的灵魂，那是什么呢？

十六 三层本体已足够

记者：

在你之前的一些哲学流派，如诺斯替哲学流派中，一些人企图在你所讲的每一层的本体中，再开发出更深层次的本体。在你之后的新柏拉图主义者中，也有人企图这么做。

普罗提诺：

你说得没错。这些人意图在我划分出的每一层的本体中再做细化。例如，他们意图把太一继续划分为“完全超越的太一”和“被分有的太一”等；他们意图把纯思划分为“潜在的纯思”和“现实的纯思”；一些人还试图对“灵魂”进行更深层次的划分。

记者：

从理论的角度说，这种划分也很正常嘛。

普罗提诺：

是的。我的一些学生也在进行一些研究，对这种研究我不反对。但是……

记者：

你是说，你有点想法？

普罗提诺：

是的。在我的哲学体系中，我认为，从本体的意义上讲，把本体划分为太一、“纯思”和“灵魂”三层就足够了。三层本体既不能多，也不能少，这就是我的观点。至于说理由，你可以慢慢地去研究。在这个层面我们已经探讨得够多了，我们最好转到与本体世界不同的世界中去，那个世界就是与人和宇宙有关系的有形的世界。外边的世界或许更为精彩。

第十一章　论人与宇宙及灵魂的回归

——对话普罗提诺之二

一　有形世界更精彩

记者：

“太一”满溢出“纯思”，“纯思”满溢出灵魂世界，如果再往下继续满溢，那该是一个什么样的世界呢？

普罗提诺：

那是一个有形的世界，是人生活的世界，也就是与你有关、与我也有关的世界。

记者：

与之前“太一”满溢出的世界比起来，这个与你我有关的世界是一个什么样子呢？

普罗提诺：

这是一个全新的世界。

记者：

新在何处？

普罗提诺：

你我就“纯思”世界和灵魂世界的具体情况谈论了很长时间，在那个世界中，虽然出现了多种多样性或者说其复杂多样性在一层一层地增加，但它们都是在统一性的大框架内变化的。即使是本体中最低级的普遍灵魂，它也是精神的本体之一，是非形体的、非物质性的统一体。

记者：

你是说，我们即将谈论的有形世界，在多样性上与前三者完全不同？

普罗提诺：

是的。我们即将谈论的人和宇宙的世界，与前几个世界比起来，具有根本性的质变。在前三者当中，本体世界虽然充满着生命，但是它们是永恒不变的、自主内凝的。相比起来，人的世界、宇宙世界却完全不一样：它们是变动的、灵动的、轮回的世界。

二　灵魂将统摄一切

记者：

你我都身处宇宙世界，我想知道是一种什么力量来主导整个宇宙的存在与发展呢？

普罗提诺：

灵魂是主宰，灵魂统摄宇宙的一切。

记者：

怎么讲？

普罗提诺：

整个宇宙，包括其中的所有事物，都是由灵魂统摄，并从而由其他高级层次的本体所充满、激活、统一和安排的。具体来说，是灵魂创造了陆生的、海生的生物，以及天空神圣的星辰。它创造了太阳以及这个宏大的天宇，它装点着这个宏大的天宇，让宇宙有序地自转。

记者：

你是说灵魂是宇宙万物存在的原因，也是万物得以运行的原因。

普罗提诺：

是的，与万物相比，灵魂必然更加应该受到敬仰。因为，万物的辞世或者死亡，是赋予还是否定生命，归根到底取决于灵魂。灵魂不仅让环绕它的躯体和躯体内的怒海波涛静如止水，而且让周围的一切宁静，让地球宁静，让大海和空气宁静，也让天宇宁静。

记者：

宁静就是死亡呗？

普罗提诺：

是的。宇宙的生老病死完全取决于灵魂。我们不妨想象一下，灵魂一旦进入这个宁静的天宇，它就能满溢到宇宙的每一个角落，并照亮整个天宇，就好像阳光奔射向乌云。灵魂一旦进入天宇，就给天宇带来生命和不朽，并使它从停滞、无力中活跃起来。而天宇靠了灵魂明智的引导，成为永恒的运动，成为一个幸运的生命的存在，并借助于灵魂的进入而获得自身的价值。没有灵魂的进入，宇宙不过就是毫无意义的土，毫无意义的水……毫无意义的物质，一切都是漆黑与死亡。

三　灵魂的层次及其各种官能

记者：

你反复强调人和宇宙之间存在着某种对应？

普罗提诺：

一个是一种个体的灵魂，一个是一种本体的灵魂，这两者之间是存在着某种对应关系的，这一点并非我一个人这么认为。亚里士多德曾经说过，从某种意义上说，心理学是内化了的宇宙的理论，而宇宙的大树层次理论，从某种意义上来说，则是打开了的心理学。

记者：

亚里士多德的话是什么意思？

普罗提诺：

他的话的意思是这样的：人是扩大化的宇宙，宇宙是缩小版的人。从精神层面来讲，人与宇宙是相通的，是对应的。

记者：

在你所讲的灵魂中，它存在着生长性、欲望和理性。你这里讲的是不是灵魂有不同的层次，正如宇宙也存在着不同的层次一样？

普罗提诺：

大概的意思就是这样。我告诉你，无论是个人的灵魂，还是作为整体的宇宙的灵魂，都存在着不同的层次。

记者：

这个问题有点玄乎乎的，希望你好好地解释一下。

普罗提诺：

当然可以。亚里士多德把灵魂分为欲望、愤怒和理性三种，柏拉图把灵魂分为理性的灵魂和非理性的灵魂。

记者：

亚里士多德怎么说，柏拉图怎么说，我不太关心。我更关心的是，你是怎么认为的？

普罗提诺：

我的划分方法，具体来说就叫“官能”区分法。

记者：

似乎亚里士多德也用这种方法？

普罗提诺：

那不一样。我们用的名词虽然一样，但内容不同。

记者：

那你是按照官能的不同，把灵魂分成什么样的层次呢？

普罗提诺：

我把灵魂分为这样的五个层次：第一个层次叫生长性，它包括营养、成长、再生；第二个层次叫欲望，包括欲求、愤怒、冲动等；第三个层次包括五官的感觉、想象、意向等；第四个层次包括推理也就是评判；第五个层次是智性，也就是亚里士多德所讲的那个理性。

四　人的定位取决于选择

记者：

我基本明白。你把宇宙作为本体灵魂的特征分为五个方面，也就是生长性、欲望、感性、推理、智性。那我想问一下，在你的五个层次里面，人处于哪一个层次呢？

普罗提诺：

人既在每一个层次里面，又不在每一个层次里面。

记者：

此话怎讲？

普罗提诺：

人能成为什么样的自我，完全取决于人怎样自我选择。

记者：

你的意思是说，选择决定了人的层次？

普罗提诺：

没错。如果人选择理性，那么人就是神；如果人选择与身体相结合，那么人就是普通的人；如果人选择感性、欲望，那么人就是一种动物；如果人选择生长性，那么人就和大自然、植物、矿物没有什么不同。

记者：

你的说法，也挺可爱。就是说，人和普通的动植物是不一样的，人有选择的权利。如果人选择了宇宙中的某一个层次的特征来归置自己，那么，人就成为相应样式的存在。人既可以成为一个神，也可以成为一个人，甚至可以成为一个动物。这完全取决于人自己的选择。

普罗提诺：

就是这个意思。

五　“自我”：从脱身之灵到陷于身者

记者：

根据你的理论，人的地位取决于他与灵魂中的哪一个层次予以勾连。我想了解一下，如果人选择与灵魂中的最高的本性进行勾连，那会是一个什么样的自我呀？

普罗提诺：

我把这个时候的自我的形式命名为“脱身之灵”。

记者：

顾名思义，那就是摆脱了身体羁绊的灵魂，是吗？

普罗提诺：

是的。在这个阶段，你或许应该知道，灵魂的最高阶段是“智性”或“纯思”。“纯思”的特点是摆脱任何身体的影响，这个时候的灵魂，没有所谓的快乐，也没有忧伤，没有畏惧，也没有所谓的自信、厌恶、苛求以及痛苦。可以说，这个时候的灵魂处于一种纯粹的灵魂状态。

记者：

你是说，如果人类选择了与灵魂中最高层次的那个部分相联系，人的世界与神的世界几乎就没有什么不同了？

普罗提诺：

可以这么说。严格来说，在这个阶段，人的灵魂是人作为人所能够达到的最高的阶段。在这个世界上，几乎没有人能够达到这种境界，能够达到这种境界的人，已经不是人而是神了。

记者：

那人是不是可以通过某种选择而达到这个境界呢？

普罗提诺：

我刚才已经说过，这个阶段的人，可以说是和神居于相同的层次。从理论上来讲，是很难达到的，但是，也并不是完全不可能。有些神圣的人，是完全可以通过自己的努力，通过自己的选择摆脱人间的快乐，摆脱人间的痛苦，超越人间的任何影响，也就是说，最终能够摆脱肉体施加的影响而达到这种至高无上的神圣的境界。

记者：

比你刚才所说的层次低一个等级的是什么样的人呢？

普罗提诺：

就是你我所处于的现在的这个层次。我把这个阶段的人命名为“居中者”或“人身之灵”。

记者：

你是圣人一般的学者，我是一个在学界和商界到处流浪的人，你我的层次不一样。

普罗提诺：

你我虽然身为平凡人，但都拥有一颗神一样的心。因此，我们的层次是差不多的。

记者：

不说笑话了，那如你我这类平常人是一种什么样的人呢？

普罗提诺：

常人，是人的身体与灵魂正常结合的人，这个时候的人，与纯思阶段的人不一样。

记者：

纯思阶段的人怎样？

普罗提诺：

纯思阶段的人太过神圣，以至于拥有任何不好的记忆，都是对神灵的亵渎。我们这些常人，拥有认识，会推理，还可以用语言来表达。这个阶段，人的身体与灵魂的结合是有机的，是良性的。二者虽然结合在一起，但灵魂是灵魂，身体是身体。灵魂随时可以与身体告别，而回归其愿意回归的地方。

记者：

下一个层次的人如何呢？

普罗提诺：

再往下一个层次，人就是被身体所主宰和控制的人了，我把这个阶段的人命名为"陷于身者"。

记者：

再往下呢？你把成长性作为灵魂的最低阶段，我想了解一下，与这个阶段的灵魂相对应的人，应该是一种什么样的人？

普罗提诺：

你说得没错。寻求营养、追求成长性和再生、永生，这是植物所具有的特性，可以说是最低层次的东西。一旦人降低到这个状态，那么，人就和普通的植物没有什么区别了。

记者：

这话怎么理解？

普罗提诺：

对于与植物处于一样状态的人来说，他的灵魂已经与身体完全结合在一起，也就是说，他的灵魂降低到与单纯的物质形式完全等同的状态，抑或是他的灵魂与他的身体没有任何区别了。身体就是其灵魂，灵魂就是其身体。

记者：

你的意思是，当人把吃喝这类最低层次的植物性的需求，作为自己的主要生活方式时，人就把他的自我降低到植物的水平上去了。

普罗提诺：

没错。这个阶段的人，虽然拥有再次回转的可能，但是，这种希望是极其渺茫的。与这些人等同的世界，就是赤裸裸的物质世界，堕落得无以复加：散乱、懒惰、死气沉沉、毫无希望。

记者：

我想再了解一下，这个阶段的人是否还拥有低层次的欲望与愤怒呢？

普罗提诺：

胆汁、血流是愤怒的器官，而植物没有，因此，植物没有感觉，没有欲望，也不会对加害于它的伤害予以回击，愤怒自然无从谈起。

六　相互感应论

记者：

你的理论中，有一个观点，我挺关注的，那就是你的普遍感应理论。

普罗提诺：

这个观点最早是由斯多亚学派提出来的。斯多亚学派早就说过，宇宙就是一尊神。在宇宙中，存在着某种统一性，宇宙的各个部分，就是借助于这种统一性而发生相互感应的。一个地方发生的事情，另外的地方，即便相距甚远，也可能会有相应的影响和变化。

记者：

你是说，你的普遍感应论来源于斯多亚学派？

普罗提诺：

没错。关于我们这个宇宙，就其存在形式来讲，无非是这样几种：一种是，我们的宇宙是由不同的部分组织起来的，或者说是由独立的物品复合而成的。但在我看来，宇宙既不可能是组织而成，也不可能是由独立物简单机械地拼凑而成的，而是一体化的，是一个有机体。

记者：

这种一体化有何表现呢？

普罗提诺：

内在的统一性，是最典型的特征。月亮的阴晴圆缺的变化有一定的规律，海上和陆地上很多动物的生长盛衰，潮水的起落的变化，星星的某些变化，大气的变化，都是有规律的。由此可见，我们的宇宙是一体化的。

记者：

一体化就意味着相互感应么？

普罗提诺：

当然是了。既然宇宙是一个有机的大的生命体，那么，它的各个部分，就存在着某种心灵感应，就会一脉相通。具体说来，在一个生命体的内部，远处的事物，在近处能够感应出来。在一个动物中，脚和其他的肢体，它们并不是连在一起的，但是彼此能相互感觉到。

记者：

没错。我们的大脑、我们的眼睛、我们的心脏确确实实并不是连在一起的，但是能够彼此感知。这个是不是你所讲的相互感应呢？

普罗提诺：

没错。

记者：

一些巫师，他们自称能够感知宇宙的指令，你同意他们的说法吗？

普罗提诺：

这要看具体情况，需具体问题具体分析了。如果这个巫师身处宇宙的深处，他就能够感知宇宙内部各种力量的相互关系。因此，他能够领悟到宇宙中的一些指令。

记者：

你是说巫师的话还是可信的？

普罗提诺：

我是说，需具体问题具体分析。身处宇宙之外，他就不可能感知宇宙的指令。他的说法，必然就是胡说八道。

记者：

一些巫师通过观察日月星辰的变化，绘声绘色地向人们描述神的指令，以此号令天下，欺骗了不少人。你对此有何评价？

普罗提诺：

你说得没错。关于巫师的作用，我予以一定程度的认可。但是，我最终还是要告诉你，神的指令是至高无上的。日月星辰之类的东西，它们跟神的指令存在着巨大的差距。人类应该把主要精力用于领悟宇宙之中的伟大真理，而不应该把一切希望交给一些星星。因此，只有低层次的人，才会过分依赖巫师的作用，而真正有智慧的人，不应该把这些东西当作一回事。

七　质料：毫无品行的“末端”

记者：

如果沿着你所说的“下降体系”继续往下走，我相信总有一天你会走到这个体系的末端，是不是？

普罗提诺：

自然，本体世界的划分不是没完没了的，形体世界的划分不是没完没了的，我们整个的“下降体系”也不是没完没了的。质料就是这个“下降体系”的末端。

记者：

质料？如何理解？

普罗提诺：

我们在之前已经谈到过灵魂的满溢问题，灵魂的满溢共分为两个阶段，第一个阶段满溢出来的就是质料，这个东西毫无一切品行，毫无一切力量，没有任何确定性……

记者：

会不会正是这些没有任何确定性的质料，即是构成有形世界的基础呢？

普罗提诺：

可以这么说。有形世界可以分为三六九等，同样，这个没有任何确定性的世界也是可以分为三六九等的。我把那些最高等级的质料称为“天上的质料”，与那些极其低下的下界质料相比，“天上的质料”有机会实现其向高级源头的回转，至于那些低层次的下界的质料，只能永远待在凡间那个俗不可耐的世界里。

八　恶：来源于形式之缺失

记者：

你的哲学中，关于恶的来源以及恶的本性的研究也是挺有意思的。

普罗提诺：

任何一个哲学家都必须对这个问题有所交代。人们应当首先知道恶来自哪里，位于何处，然后才能提出一条消除恶的拯救之道。

记者：

在你生活的那个时代，基督教已经流传了两个多世纪。根据我对基督教的理解，基督教似乎把恶归罪于灵魂。

普罗提诺：

没错，基督教认为人类的恶产生于灵魂的堕落。一句话，基督教把恶归罪于灵魂，与基督教持有相似看法的人不在少数。

记者：

据说你最崇拜的柏拉图也是这么认为的。

普罗提诺：

没错。柏拉图曾经说过这样的话：恶习是灵魂的一种软弱，坏的灵魂易受影响，易被煽动，易于从一种恶转到另一种恶，易于起淫欲，易于动愤怒，易于草率地认可事物，自愿屈服于混乱的幻觉，就像最脆弱的人造物或自然物，任何风吹日晒就容易毁掉他们。根据柏拉图的这些话，很显然柏拉图在这里把恶也同样归罪于人的灵魂。

记者：

基督教、柏拉图都这么认为，绝大多数的普通人也都习惯于把恶称为灵魂的恶，人们也普遍认为唯有灵魂才对犯罪和堕落负责。这个观点可以说成为少数知识精英和普通大众的共识。你的看法是什么呢？

普罗提诺：

我的观点非常简单，我不同意基督教的看法，也不同意柏拉图的看法。我认为灵魂从根本上没有罪，神圣的灵魂尤其如此。如果说灵魂犯罪的话，那应当说是因为灵魂混杂了其他有形体的事物，这些灵魂已经是另一种形式的灵魂。真正有罪的终究不是灵魂本身，而是那些诱惑灵魂犯罪的物质，这些所谓的“质料”才是罪魁祸首。

记者：

你的观点倒也是旗帜鲜明，希望你再做进一步的解释。

普罗提诺：

我在前面多次强调过，灵魂是全然统一的东西，全然统一的东西不可能作恶。灵魂作恶是因为这些灵魂成了一种庞杂的混合体，受到了与之混合的物质的影响，所以才走上犯罪的道路。

记者：

你的意思是说灵魂本身是不可能犯罪的，人们之所以看到灵魂犯罪，那是因为灵魂受到诱惑它、欺骗它的那些“质料”的影响，所以它才出现犯罪的这种表象，而真正犯罪的东西是那些“质料”，是那些物质性的东西。

普罗提诺：

也不能太绝对。我说所有灵魂都不会犯罪，这句话不能说得太绝对。最起码可以这样表述，较高级的灵魂不可能犯罪，而一些低层次的灵魂有可能出现犯罪的情况。归结起来讲，灵魂不必对人类所干的坏事和遭受的惩罚承担任何责任。

记者：

你把恶说成是来自“质料”，这必然会产生这样一个问题，或许这是一个矛盾。

普罗提诺：

你说说看。

记者：

在你的哲学中，毫无疑问你认为世界至高无上的本体是太一，太一是至高无上的存在，任何别的力量和意志都不足以与太一抗衡，是不是？

普罗提诺：

是的，太一至高无上、无可抗拒。

记者：

但是，我在你的理论中发现了一个矛盾。你把恶说成是来自“质料”，也就是说质料拥有某种创造恶的力量，也就是说恶是一种破坏、是一种毁灭。既然你说“质料”有某种破坏和毁灭的能力，那就是说“质料”拥有一种挑战太一的力量。从某种程度上说，这必然就对太一的至高无上的地位构成挑战，这不是矛盾是什么呢？尤其是恶在这个世界上无处不在、无时不有，按照你的下降体系所创造出来的最低一级的“质料”竟然拥有这样力量，这不是矛盾是什么呢？

普罗提诺：

你讲的这些话似是而非，如果把恶定义为某种积极从事破坏活动的力量，你的说法或许有一定的道理。但是，在我的哲学体系中，“质料”的概念和你所讲的是不一样的。在我这里，所谓的恶并非某种要积极从事破坏和毁灭的东西，而是对思想的缺乏、对德性的缺乏，对美、力量、形状、形式以及性质的缺乏。正是因为对这些美和力量的缺乏，它才显得如此的丑陋，显得如此的邪恶，显得如此的不正义。

记者：

你的这个解释有点拗口，希望你再说得详细一点。

普罗提诺：

这个观点严格来说不是我的原创，亚里士多德早就说过。如果你能理解亚里士多德说过的话，你就会明白我讲的东西。

记者：

我记不得亚里士多德在什么地方讲过类似的事情。希望你说一说。

普罗提诺：

亚里士多德说过，少数人或者多数人，或者所有的人要追求最高的善和最普遍的利益，能够满足善和普遍利益的政体就是好的政体，就是善的政体。具体来说，君主政体、贵族政体、共和政体就是满足这种善和正义要求的政体。相反，如果缺乏这种善和正义，政体仅仅为个别人、少数人或平民群众的私利服务，那么这种政体就变成一种恶的政体，就是欠缺了最高的善和普遍的利益的东西，就变成了坏的政体，暴君政体、寡头政体、平民政体就是这种坏的政体。

记者：

你的意思是说，在亚里士多德的政治哲学中，他认为正义、善和普遍利益的欠缺，就导致了恶的政体、坏的政体的出现？

普罗提诺：

是的，在伦理学中也是如此。亚里士多德认为中庸状态的灵魂是好的灵魂，相比之下，处于不足与过度下的灵魂就是恶的灵魂。

记者：

我基本明白你的意思。你的意思就是说，恶就是对善的匮乏，对确定性和本质性的匮乏。

普罗提诺：

是的。恶就是无限度性，就是无规定性，就是匮乏。一般的匮乏只不过意味着非善，也就是不好，但绝对性的匮乏就意味着恶。恶的基本特征可以概括为：无尺度而非尺度，无限度而非限度，无形式而非形式，永远不知足而非知足；永远无规定、处处不稳定，总是屈服于各种不良的影响；永远得不到满足，永远处于绝对的贫困状态，永远处于贪得无厌的状态，所有人间天上的恶都因此而产生。

记者：

按照你的说法，基督教和柏拉图的说法都是不对的，也就是说灵魂本身并非恶的，而是由于与“质料”和现实的世界相接触从而深受其影响才变坏的？

普罗提诺：

没错，各种灵魂的邪恶都可以从灵魂与较低的本性接触和混合中得到解释。若灵魂不与低级的存在相接触，那就没有欲望、没有悲伤、没有激情、没有恐惧，因而也就不可能成为所谓恶的灵魂。

记者：

你把恶归结为“质料”这一点我基本听明白了。你也曾经谈过，灵魂自身也有些弱点，如何解释呢？

普罗提诺：

我把灵魂分成两大类，一类是高级灵魂，这些灵魂在任何情况下都不可能受到世俗世界的左右，永远是那么高尚，是不可能有恶的可能性。但是有一些低级的灵魂，它们会经常关注此岸世界的一些事情，随时想摆脱至高无上的太一和纯思的管制，企盼放纵自己，从而走上堕落的道路。它们摆脱不了世俗、摆脱不了物质世界的诱惑，这也是这些低端灵魂时常被污染而具有恶性的原因。

记者：

你对恶的本性、来源的解释确确实实是一种新的提法，我想对你的这些观点进行归纳。

普罗提诺：

但愿你能概括得准确一点。

记者：

在你的理论中，恶是由于“质料”世界缺乏完美的形式所导致的，归纳为一句话就是：恶就是形式之缺失、就是本质之缺失、就是无度（无限度）、就是匮乏。人的一些灵魂之所以显示出恶的表现，一方面是因为受到“质料”的物质世界的诱惑，另一方面也是因为一些低端灵魂在前一阶段混合了某种“质料”的恶的本性，从而让人认为灵魂具有恶的特性。还有一些低端的灵魂，本身由于层次比较低，每时每刻都在期盼着摆脱高端灵魂的控制和影响，因而也极易受诱惑而呈现恶的一些特性。你看这样说准不准确？

普罗提诺：

大概就是这个意思。所以，既然灵魂的恶并非自身造成，并非由于和物质世界的混合而形成，而是因为它和一些低层次灵魂短期接触，深受物质世界的诱惑，这就为我们下面探讨如何实现灵魂的回归做好了准备。

九　回归的必要性

记者：

根据你我之间的交流，宇宙的变化经历了“太一”的满溢，以及一系列不断下降的阶段，最后，到达了宇宙的最低点，即质料阶段。身处宇宙之中，面对这个从最高点向最低点的转变，我们人类该怎么办呢？

普罗提诺：

这个问题很简单，那就是回归。人类不能满足于处于低层次的状态，而应该从低层次的状态中抬起头来，去认识真正的本体、真正的源泉，认识那永恒的父亲，最终实现人类向最高阶段“太一”的回归。

记者：

我想问你，人类为什么要回归“太一”？按照一般的理解，人们之所以要选择回归，那说明他们所在的世界，肯定不如之前的世界。你非常注重回归，是不是说明满溢的过程就是一个不好的过程，所以，才有回归的必要呢？

普罗提诺：

这个道理其实很简单。如果从“太一”满溢出的世界是一个越来越好的世界，那就没有回归的必要了。我们之所以强调要回归，那就说明从“太一”到“质料”一步步的满溢过程是一个朝向恶、背离善的过程，是一个堕落的过程，是一个向恶发展的过程。所以说，我们才要号召人们扭转方向朝向善，从世界中撤离出来，调转身体，实现回归。唯有如此，才能实现向至善的追求。

记者：

很多研究你的人发现，你在强调满溢是一个不断走向堕落、走向流放的过程的同时，也多次强调现实世界是上帝所创造的最好的世界，是主宰者的作品，是充满着创造者荣耀的杰作。既然如此，那就没有回归的必要。这个矛盾，如何解决？

普罗提诺：

每个人的理论，多多少少都有矛盾的地方。我的理论的核心依然是，我们生活中的世界是一种堕落、是一种流放；人们不应该被尘世所绑架，应该抓紧时间逃离这个俗不可耐的世界，应该全身心地转过身去，加速度跑向神，拥抱神。这一点，是我的核心观点。当然，你刚才说的这个情况，我确实讲过，但那些话，我只能说是特定时候，针对那些厌世者说的安慰他们的话。我曾经对那些寻死觅活的厌世者说，我们所生活的世界，虽然并非一个十分完善的世界，但也不是一个全部坏掉的世界，是神圣者在这个最低阶段特殊的困难条件下所能够创造的最佳世界。我说过类似的话，但我强调这是一个最低阶段。很明显在这个阶段的世界不可能是一个至善的世界，只能说，它是一个较少堕落，其程度尚可容忍的世界。

记者：

我知道你的意思，从逻辑上也只能这么讲。因为，唯有把从你的“太一”不断满溢出创造物的过程，看成是一个不断走向恶、走向堕落的过程，才谈得上回归。否则，就没有什么回归可言。

普罗提诺：

可以这么说。

记者：

看来，回归无论如何是必要的。我想再问一下，人们应该从哪一个层次开始回归呢？是不是一定要堕落到了“质料”这个最低的层次才开始回归呢？

普罗提诺：

不是这样。我早就说过，人是横跨“纯思”这个至高点阶段和“质料”这个最低层次的存在。人的层次，取决于他的选择。但不管人选择什么层次，他都可以在其选择的阶段上开始回归。以“纯思”为例，人们可以在“纯思”这个阶段上寻求实现向“太一”的回归，也可以从灵魂的阶段开始回归，实现从灵魂向“纯思”的回归。同样，人们可以从“质料”阶段开始实现回归。总之，人们可以在能把握的任何阶段踏上回归之路，实现回归，这在任何时候都不晚。

十　哲学家的使命

记者：

根据你的观察，是不是所有的人都愿意放弃物质层面和身体层面的享受，而从其所在的那个点立马出发，实现向“太一”的回归呢？

普罗提诺：

显然不是。大多数人都做不到，大多数人都喜欢俗世的生活，都沉溺于下降至快乐之中。

记者：

既然大多数人都做不到，那如何办呢？

普罗提诺：

那就要诉诸教育，让人们认识到回归的重要性，要让人们彻底改变他们的价值体系：让他们知道什么是真正的美，什么是真正的好，什么是真正的幸福。只有这样，人们才有可能去实现自身的回归。

记者：

什么人来承担此重任呢？

普罗提诺：

那还用说吗？那就是我们这些哲学家、我们这些思想家。由我们对普通人实施教育，让这些人真正意识到自己的悲哀，从而让自己的人生回归到正确的道路上来。只要这样做，就能够促进人们不断地回归。

记者：

我知道你的意思。你的意思是说，人们之所以不愿意实现向高层次的精神层面的回归，乃是囿于其享受型的低层次的价值体系。而如果你们这些学者、你们这些哲学家、你们这些思想家，通过你们自己的工作，去教育人们，启迪人们的灵魂，人们就会有向“太一”回归的强大动力，从而最终实现真正的回归。

普罗提诺：

是的。

十一　灿烂之极而归于“太一”

记者：

你谈了回归的必要性，你也谈了哲学家在回归的过程中所应该扮演的角色。我想最后请你描述一下，这条回归之路到底是一种什么样的路？

普罗提诺：

回归之路可以说是步步惊心。你也知道各种存在之间尤其是本体与现象世界之间——更不要说“太一”与其他万物之间——存在着巨大的鸿沟。这个鸿沟绝非一般人所能够迈过去的。

记者：

你是一个伟大的哲学家，你本人有没有迈过去？

普罗提诺：

在我的印象中，我一辈子好像只有四次迈过去了，但最终又回到了原点。可见，这条路是非常艰难的。

记者：

回归之路包括哪些环节呢？

普罗提诺：

第一个环节是转向，就是说，要从低层次的发展转向高层次的发展。第二个环节就是要从底层的物质逐步实现灵魂的自我净化，一步一步上升到“纯思”的阶段。

记者：

还有什么环节吗？

普罗提诺：

最后一个环节也是最为关键、最难的阶段。

记者：

什么阶段呢？

普罗提诺：

这个阶段就是通过回归，最终回到“太一”这种最高的境界。

记者：

你刚才说你一生中只有四次进入“太一”的境界？

普罗提诺：

是的，这种境界在人类中极少有人达到。这种状态在所有的状态中是至高无上的状态，是至高无上的东西。“太一”是真理之王，是自然之王，是王中之王。人类唯有实现和“太一”真正的融合，才算是真正实现向“太一”的回归。当然，这种状态是真正寂寞的状态，在这里，没有高兴、没有悲伤、没有自信，一切都是平淡的。可以说，它是灿烂之极。归于“太一”之路，是阳光大道，也是寂寞之路。

普罗提诺简传

普罗提诺（公元 205—270 年），生于埃及，233 年拜亚历山大城的安漠尼乌斯为师学习哲学，曾参加罗马远征军，其目的是前往印度研习东方哲学。他此后定居罗马，从事教学与写作。

普罗提诺是新柏拉图学派最著名的哲学家，是新柏拉图主义奠基人。他是晚期希腊哲学中无可争议的大师级人物，堪称整个古代希腊哲学伟大传统的最后一个辉煌代表。他主张有神论，同时认可迷信与法术（这恰与其著作所言背道而驰）。他不是基督徒，但他的哲学对当时基督教的教父哲学产生了极大影响。其学说融汇了毕达哥拉斯和柏拉图的思想以及东方神秘主义，视“太一”为万物之源，人生的最高目的就是复返“太一”，与之合一。其思想对中世纪神学及哲学，尤其是基督教教义，有很大影响。

普罗提诺一直到 49 岁都没有写过什么东西，但是此后他写了很多东西。大部分关于普罗提诺的记载都来自他的学生波菲利（公元 232—304 年）所编纂的普罗提诺的传记。

第十二章 《圣经》里的故事都是骗人的

——对话波菲利

引 子

我们的主人公波菲利出身名门望族，但他把一生的主要精力都用于哲学研究。他一生最主要工作，就是为伟大的思想家普罗提诺系统地编辑著作，为人类了解迷信“述而不作”的大思想家普罗提诺，提供了极大的可能性。许多后来的伟大思想家如奥古斯丁，在研究新柏拉图主义时，主要看的就是波菲利的书。波菲利的思想中，最引人注目的是，他对基督教的极其尖刻而犀利的批评。在他看来，基督教的许多思想，都是胡说八道。因为这个原因，后来成为欧洲主流意识形态的基督教机构，于公元488年下令将波菲利的著作予以全部销毁。或许正因为这样，波菲利的思想更引起我们的关注。让我们走近波菲利。

一 出生于叙利亚

记者：

据说，你的故乡是在叙利亚？

波菲利：

我的出生地是叙利亚的推罗城（Tyre），你知道推罗城吗？

记者：

不知道，但叙利亚无人不知，无人不晓。

波菲利：

叙利亚是个小地方，人们竟然也知道这个地方？

记者：

在今天，叙利亚无人不知，无人不晓。这个地方如今是天天有战事，战火纷飞，血雨腥风，每天都有许多人死于战争，是全世界的新闻热点。

波菲利：

我们这些人还算幸运啊，在我们那个时候，虽然有战争，但并非天天有。

记者：

据说你生活在一个商人家庭，家里很有钱？

波菲利：

不知道你是听谁说的。严格来说，我的家庭不算穷，不差钱，但我们是属于官宦之家。我的名字原来叫马尔库斯（Malchus），其意思就是“王”。我的名字中的“波菲利”，其意思就是“王室紫色”。也正是因为我的家庭不差钱，我才得以有空闲，才可能搞哲学。一天到晚忙于生计，哪能搞哲学啊？

二　曾想自杀是为啥？

记者：

一些资料说，你曾经一度想自杀。这是为什么？年纪轻轻的，为什么要自杀呢？

波菲利：

你没有置身于我那个特殊的环境，或许你不理解我。

记者：

希望你说说看。

波菲利：

我是一个对哲学非常痴迷的人，哲学问题弄不清楚，对我来说，活着就没有意义了。我是在大约公元 268 年曾经一度陷入绝望的，我跟随普罗提诺学习哲学大约六年，但我始终觉得在哲学上毫无建树，因此，我觉得活着没有什么希望。

记者：

听说是你的老师救了你？

波菲利：

是的。我的老师是个神人，他对任何事情都有非凡的观察力和预见性。我现在也搞不清楚，他是通过什么途径知道我想自杀的。就在我待在家里产生自杀的念头并决定付诸行动的时候，我的老师突然来到我的家里。他对我说，你这种轻生的念头并非来自理性，而是来自一种怪异的气质。我告诉老师说，我实在是摆脱不了死亡的念头，我该怎么办？我的老师劝我出去度假。

记者：

后来你出去了吗？

波菲利：

是的，我听从老师的建议出去旅游了，后来才恢复了正常。从这个角度来说，我还得感谢我的老师呐。

三 关于老师普罗提诺

记者：

你的老师普罗提诺，被公认为是继苏格拉底、柏拉图之后，最伟大的哲学家之一。你给他写的那本传记，即《普罗提诺传》，为后人了解这位伟大的哲学家提供了极大的方便。

波菲利：

你想说什么，赶快说吧。我相信，夸奖我绝对不是你的目的。

记者：

你也不要过分敏感。关于你这本书，有许多人感激你，但是，也有不少人对你这本书表示不满。

波菲利：

他们对我的这本书持不满态度，表现在哪些方面呢？

记者：

后人对你的书不满的地方主要表现在两个方面，一个是你对你的老师的思想随意进行取舍、剪裁，你个人的色彩太浓。

波菲利：

这一点，我承认。我老师普罗提诺本人不喜欢写东西，不到万不得已是不会写的。他素来反对写东西。

记者：

为什么呢？

波菲利：

老师素来认为，对于哲学研究来讲，写东西不是一种最好的方法。

记者：

那他认为最好的方法是什么呢？

波菲利：

公开讲课与辩论。

记者：

应该不矛盾吧？

波菲利：

老师特别关注讲课，特别喜欢与同学们进行交流和辩论，如果不是我们这些人强迫他把思想写下来，无论如何他也不会写一个字。即便实在抗拒不了我们的强迫，他写东西也是马马虎虎，心不在焉。有时候，他一边与别人谈话，一边思考，一边写东西。如此，他写的东西就会太乱。还有，他眼睛不好，几乎是个盲人，东西写好了，他也不可能再去看，没时间细细咀嚼。因此，要把他的东西编辑成书很难。在编辑的过程中，根据我的个人见解进行取舍、进行剪裁，这点我不认为是什么毛病。还有什么呢？

记者：

作为一部传记，你甚至没有提供关于普罗提诺的一些基础性的信息，如国籍、出生地、家庭背景、生活经历等。既然是一部传记，这些基础性的东西，是不能缺少的，而你却没有写这些东西，使传记简直不像传记。这是什么原因呢？

波菲利：

这不是我的过错。

记者：

那是什么原因呢？

波菲利：

毫无疑问，原因在我老师普罗提诺。

记者：

怎么讲?

波菲利：

老师是一个生活在精神世界的人。他对世俗的生活一点都不在意。他和我们在一起，从来不谈他在尘世生活中的情况，谈的东西除了哲学还是哲学。同时，他也对我们谈论现实生活中的一些事情不屑一顾，他希望我们不要把时间浪费在一些无聊的事情上。

记者：

你的意思是说，普罗提诺整天跟你们在一起，从没有谈论过生活上的一些事情?所以，你也不可能去猜测，或者去编造?

波菲利：

是的，巧妇难为无米之炊。老师不讲，我不可能凭空捏造。所以说，你刚才抱怨我没有为后人提供我老师普罗提诺的基本信息，这个责任不在我。

记者：

你的意思是说，你的老师整天生活在天上，对日常生活中的事情毫不关心?

波菲利：

没错，我的老师整天谈论的就是哲学，对现实生活中的事情，从来不感兴趣。他不让我们知道他的祖籍是哪里，他也不让我们知道他的生日是哪天。

记者：

真是一个奇怪的人。

波菲利：

有一次，我的老师的另一个学生阿迈留斯（Amelius），请老师坐下来，让画师给老师画像。但是，老师不屑一顾，他说："我们携带自然给予我们的形象不就已经够了吗?为什么还要让我的影像更长久地留存下去?难道这真是什么更值得观照的事物?"你想想，对于这样的一个人，我在写他的传记的时候，怎么可能把你想知道的信息交代清楚呢?

四　不是情书是哲学

记者：

你出身于显贵的家庭，又有钱，又有空闲，你搞哲学是情理中的事。我想了解一下你的哲学研究之路。

波菲利：

我们叙利亚，在哲学上的贡献不如雅典多。这个，你应当是知道的。

记者：

当然，我是知道的。所以，你后来为了研究哲学去了雅典。

波菲利：

是的。在雅典我遇到了我的一位老师，就是当时著名的大哲学家朗吉努斯（Long-inus）。

记者：

听说你后来又到了罗马，向普罗提诺学习哲学？

波菲利：

是的。我是在公元263年到了罗马，成为普罗提诺的学生。

记者：

听说你到晚年才结婚？

波菲利：

是的。当我与我的妻子结婚的时候，她已经是有了7个孩子的老妇人了，她的名字叫马其拉（Marcella）。

记者：

这么大年纪了，你还和她结婚，足见你是很爱她的。

波菲利：

是的。我外出旅行时，经常给她写信。在给我妻子的信中，我很少谈情说爱。

记者：

那奇了怪了，夫妻之间的信，除了谈情说爱，还能说什么呢？

波菲利：

我们之间是谈哲学。如果你有空的话，我建议你去看看我们之间的通信，就是叫《致马其拉的信》。我在里面谈的，都是哲学问题。从风格上看，它们有的属于论文，有的属于学术总结报告，有的是为自己的观点所做出的申辩，都是标准的哲学语言。

记者：

依照我的估计，虽然你写的信是给你的妻子的，但你考虑到后人会看你的信，你就以写信的方式来表达你的哲学思想。

波菲利：

可以这么说。

五　荷马也是一个哲学家嘛

记者：

我看过你写的一本书，叫《论宁芙之洞穴》。

波菲利：

感谢你看我的书。那是一本小册子，看后你有何发现呢？

记者：

读过这本书，我有两个感觉。第一个感觉是，你非常喜欢看荷马的诗，尤其是他的《奥德赛》。第二个感觉是，在你的心目中，你似乎认为荷马并非只是个会讲故事的盲诗人，还是一个拥有深厚哲学功底的大思想家。

波菲利：

你的感觉没错。荷马并非只是一个作家，他还是哲学家。尤其是他的史诗《奥德赛》，可以说，就是一部哲学著作。

记者：

你的这种说法，我以前从来没有听人说过。你说，荷马简直是一个哲学家，他的史诗《奥德赛》简直就是一部哲学著作？希望你好好地解释一下。

波菲利：

我只要举两个例子，你就能够理解了。

记者：

好的。

波菲利：

在我看来，荷马的史诗《奥德赛》中的大英雄“奥德赛”，就是一个象征符号。

记者：

奥德赛就是奥德修斯，就是一个人，怎么可能是一个象征符号呢？

波菲利：

你说得没错。奥德赛也就是奥德修斯，他确确实实就是一位大英雄。但是，荷马通过对这位英雄的描写，表达了这样的一个理念：人们不能被表面的美丽的幻觉所迷惑，而应坚定信念，一心要回到自己的理想王国。这是一种理性的追求。

记者：

奥德赛要回的确实是他的祖国，这和人们的精神追求有什么关系呢？

波菲利：

这你就无法理解荷马的良苦用心。不管你怎么理解，在我看来，在荷马的史诗中，奥德赛这位大英雄就是一种符号，一种精神符号，一种必须超越感官享受和愉悦而追求精神满足的哲学意味。正是这种对精神的永恒的灵动的追求，才支撑着人们克服困难，摆脱各种诱惑而走向自己的极乐世界。这正是荷马所要表达的意思，所以，我把他的史诗《奥德赛》视为一种哲学著作。

记者：

你是说荷马在他的史诗中所写的东西，并不是确确实实有，他只是借助于这些东西进行哲学的思考？

波菲利：

是的。比如说，荷马在他的史诗中，提到伊萨卡的洞穴，这就是一个隐喻。其实，并不存在伊萨卡的洞穴。他就是用这个比喻来提醒人们要思考什么是人之门，什么是神之门，人之门与神之门到底是什么关系，借此来探讨人和神的关系。

记者：

还有别的例证吗？

波菲利：

当然有。

记者：

说说看。

波菲利：

在《奥德赛》中，荷马说，所有的身外之物，都必须存放在这个洞穴中，人必须被剥夺得精光，以乞丐的身份出现；然后，身体萎缩并抛弃了所有多余的东西之后，从感性事物转开，听从雅典娜的指示，与她一道坐在橄榄树根下，明白如何斩断灵魂中所有毁灭性的激情的道理。

记者：

我印象中荷马确确实实说过类似的话。你是如何来理解这段话的呢？

波菲利：

在荷马所说的话中，橄榄树是雅典娜的象征，雅典娜正是从宙斯的头顶上产生的，而从头顶上所产生出来的智慧之树，是指导宇宙同时又与宇宙保持一定距离的神的旨意。这么来解释：荷马要求人们把财产藏到洞穴里面，放弃俗世的追求，熄灭各种一定会给人类带来毁灭性的激情，只有这样，人类才能实现自己灵性的飞跃，回到一种极乐世界中去。他的这种理解，就与普罗提诺所强调的对“太一”的追求是一样的。

记者：

按照你的解释，荷马还真的成了一位哲学家了。

波菲利：

本来就是嘛。

六　感性世界全都是幻想

记者：

你是普罗提诺的得意门生，应该说，你对普罗提诺的理解，无人能够比得上。关于普罗提诺的一元三体本体论，历来有两种截然对立的看法。我想请教你是如何看待这个问题的？

波菲利：

你别说得那么严肃。咱们是讨论，你说说你的看法。

记者：

普罗提诺的理论，是一个庞大的体系，它的核心是一元三体本体论，以及由这个本体所派生出的各个层次的世界。

波菲利：

是这样。

记者：

关于由以“太一”作为本体所派生的世界，是否享有独立性，学者们的观点历来是不一样的。

波菲利：

应该是。

记者：

一种观点是，由普罗提诺本体论所派生的世界，也就是我们所说的感性世界，虽然离不开本体的创造，但是，一旦脱离本体的控制，其就具有相当的独立性。也就是说，这个由本体所创造的世界，也具有相当的实在性。

波菲利：

持这种看法的人，不在少数。

记者：

你是怎么看的呢？

波菲利：

我的看法和你刚才所说的看法不一样。在我看来，整个世界的核心，就是以“太一”为核心的本体世界，其他世界都不过是本体的创造物。从核心点来讲，这些东西，归根到底都归属于本体，归属于以“太一”为核心的本体，它们不具有独立性。人们感觉这些东西具有独立性，都不过是幻觉而已。

记者：

你的意思是说，人们所看到的感性世界都不过是幻觉，这不过是一种幻想，而作为真正的世界只有“太一”？

波菲利：

是的。不管别人怎么看，无论是灵魂，还是“纯思”，还是“质料”，还是那些动物、植物、天体，这些东西最终都会划入以“太一”为核心的本体世界，它们没有独立和存在的必要性和可能性。人们所感知的关于这些东西的属性，如长、宽、高、低、轻、重，以及各种不同的颜色，都不过是感觉而已。普天之下，唯有“太一”的存在是永恒的。

七　哲学的目的是认识神

记者：

你的老师非常强调哲学家在启迪人的灵魂上面的作用。通过看你的一些东西，我感觉你在这方面和你的老师非常像。

波菲利：

没错，在这一点我与我的老师没有矛盾。我们都认为，搞哲学的目的就是，劝导那些沉湎于感性世界和俗不可耐欲望的人抛弃那些东西，转向去认识神的世界。唯有转向神，坏人才能变好，好人才能更好。

记者：

那如何才能转向神呢？

波菲利：

要想转向神就要通过哲学家的劝导，让人类能够知道神，认识神。在实践中就是要诉诸各种各样的道德，来确保人类向神的转变取得成效。

记者：

你提到道德，这个道德指的是哪些东西呢？

波菲利：

在我看来，确保人的灵魂向神的成功回转，需要的品德也是分成若干个层次的。大体说来，可以分为四层。前两层可以称为灵魂品德，它包括公民品德与净化品德；后两层可以概括为“纯思”品德，这也包括观照品德和范型品德。

记者：

你说得有些玄乎，可否细细说一下？

波菲利：

你不用问，我会说的。所谓的公民品德，是最基本的一种品德。它的要求是情感有度、适中、不偏激，它要求人不过分看重身体方面的欲望。

记者：

那净化品德是什么意思呢？

波菲利：

净化品德则比公民品德更进一步，它要求人们完全摆脱身体的制约，不动情，以便准备随时转向至善，与神相向。

记者：

观照品德又是什么呢？

波菲利：

观照品德又比前二者进了一步，它指的是灵魂在“纯思”中认识真理的活动。也就是说，人要有面向真理、认识真理的这种基本的秉性。

记者：

那范型品德是什么呢？

波菲利：

范型品德就是指人达到“纯思”阶段所应该具有的品德，它在以前的各个层次中都已经出现，但是在每个层面的表现各不一样。

记者：

你说的这些词非常拗口，可否详细谈一谈？

波菲利：

到此为止吧，明确这么一点就可以了。人类要实现其灵魂向神的回转就必须秉承必要的品德，离开这些具体的道德要求，人是不可能实现与神的心灵相知的。

八　基督教的教义并没有唯一性

记者：

你在你的《反基督徒》中说，基督教的教义并没有唯一性。

波菲利：

我不知道你对《圣经》研究得怎么样？

记者：

看过，但没有系统地研究。

波菲利：

我建议你认真地读一读。如果你认真地读一读，你就会发现，《圣经》里面各部福音书之间存在着前后不一的矛盾。

记者：

可否细化你的说法？

波菲利：

当然可以。根据我的研究，我发现，《圣经》对耶稣在十字架下临死前说的话，在不同的福音书中，记载是不一样的。也就是说，在有的福音书中记载的是一种说法，在另外的福音书中则是另一种说法。

记者：

是吗？

波菲利：

不信，你去细看就行了。还有，《圣经》关于耶稣复活的说法，也同样并非十分严谨。

记者：

你是个大学者，做学问是很严谨的。我相信你的一些说法都有一定的道理。

九　一切生命都值得珍惜

记者：

据说，你是一位素食主义者，你从不吃肉，是这样吗？

波菲利：

基本如此。我是说到做到，我向来反对杀生。

记者：

我们人类是万物之灵，一切外在的东西，都是为我们人类而生的。为了人类的生存，不可避免地要对周围的这些东西进行合理的运用。这不是很正常的事情吗？

波菲利：

你这是基督教的观点。在基督教看来，人类在创造物中至高无上，一切动物、植物，都是为了人类而生，为了人类生存，一切东西都可以毁灭。这个观点是错的。

记者：

错在何处？

波菲利：

一切存在都有其目的，它的目的就是自己，而不是别的。人类是自己的目的，动物是自己的目的，植物是自己的目的。一个物种不应该把别的物种作为实现自己目的的手段。正如我们不能说动物的生存就是为了人类，因此，人类为了自己的生存，就可以随意地屠杀动物。同样，猛兽也不能把人类作为实现其果腹的目的。

记者：

谁都知道，动物没有什么理性，人和动物也没有什么道理可讲。你的说法，是不是有点太牵强了？

波菲利：

我的看法和你的看法，还真的不一样。人是由各种器官构成的，动物也同样如此。人有理性，动物也有理性；人有语言，动物也同样有语言。我主张人类不杀生，并非完全仅仅为了动物。

记者：

怎么讲？

波菲利：

人类如果能够培养起对与他相近的动物的感情、对其他动物的感情，也能够培养起对他的同类的感情。人类之所以发生战争，正是因为缺乏这种感情。

记者：

你的意思是说，人类不杀生，培养与动物的感情，会逐渐把这种感情移到人类中去，对缔造人类和平有好处？

波菲利：

这毫无疑问。

记者：

问题是，人类能够做到吗？

波菲利：

普通人没有理性，或者理性水平不高，是很难做到的。但是，我们这些哲学家，是可以做到的。因为，我们所追求的，不是俗人的生活，而是像神一样活着。所以说，这一部分人完全可以起到示范和引领的作用。

波菲利简传

波菲利（Porphyrios，公元232—305年），古罗马哲学家，出生于叙利亚。

波菲利原名马尔库斯，最初在雅典跟随朗吉努斯学习，后到罗马随普罗提诺学习了5年。普罗提诺死后，波菲利将普罗提诺的54篇著作编纂成6卷，题名为《九章集》。

在伦理学方面，波菲利追随普罗提诺，强调善的普遍因素，认为善伴随着思想的自我意识，是个体的本质，并复归为个体存在的根据，恶是同物质在一起的，是背离了真实的结果。他所著《亚里士多德导论》对西欧中世纪哲学和形式逻辑的研究影响很大。书中对一般（种、属）和个别事物的关系提出三个问题：1. 种和属是真实存在的还是纯粹理智的产物？2. 如果它们是真实存在的，那么它们是有形体的还是无形体的？3. 它们是存在于感性事物之外的，还是存在于感性事物之内的？这些问题后来经波埃修重提，成为中世纪唯名论与实在论长期争论的焦点。他的活动使这一学派的学说在罗马帝国得到广泛传播，他本人也成为新柏拉图主义的奠基人之一。

波菲利还著有《与阿奈玻论魔鬼书》《普罗提诺传》《毕达哥拉斯传》《反基督徒》等。

第十三章　用东方智慧挽救希腊文化

——对话扬布利柯

引　子

身处一个礼崩乐坏、人心不古的特殊岁月，我们的主人公尝试着引进埃及、小亚细亚的宗教文化来改进希腊哲学。扬布利柯是新柏拉图主义的第三号人物，但他与他的祖辈们不同，与他的老师们也不同，他尊重物质世界，主张通过激发普通人心目中的宗教情怀，来拯救已经走向衰败的希腊文化，并以此挑战咄咄逼人的基督教。让我们走近扬布利柯。

一　自学成才

记者：

我曾经看过一位传记作家写的一个关于你的故事。这位传记作家是萨迪斯的尤那皮乌斯（Eunapius of Sardis）。

扬布利柯：

我是个普通人，尤那皮乌斯给我写传记，他能写什么呢？

记者：

他写你的事情，可多了。他是一位作家，特会讲故事。根据他的记载，有一次你的一个学生问你，听说老师在献祭中，会升天换形，是真的吗？面对学生的提问，你笑着说故事编得挺好，但不是真的。请问，尤那皮乌斯讲的这个故事是真的吗？

扬布利柯：

在我们那个时代，不仅仅是我的学生，还有很多人，都把我看成充满神圣灵感的人，在社会上传得是神乎其神。

记者：

既然有这样的传说，足以证明，你在当时有很大的影响。你的哲学，你的思想毫无疑问赢得了当时很多人的追捧。我想问一下，你的哲学是从什么地方学习来的呢？

扬布利柯：

与你差不多。

记者：

我怎么啦？

扬布利柯：

自学成才。据我了解，你并没有上过什么正儿八经的哲学院，也并非有过什么声名显赫的老师教你，你完全是自学成才嘛。

记者：

在我们这个时代，没有哲学家，更谈不上有什么思想家，谁也没资格教我。

扬布利柯：

吹牛吧！

记者：

开玩笑。别提我，继续说你吧。

扬布利柯：

你问我是这样，不问我也是这样。我是波菲利的学生，没错，但是，这个学生只是理论意义上的。我曾经到罗马向波菲利学习过，听过他的课。但基本上我都是在家里自学波菲利的著作，所以说我是自学成才。

记者：

你哪有那么多的时间和精力去学习呢？难道不需要去做一些谋生的事吗？

扬布利柯：

这一点，你说得没错。我的家族是叙利亚古老的祭祀家族，也可以说是一个君王的家族。我们家不差钱，所以我才有时间和精力去学习我感兴趣的东西。你明白吗?

二 哲学的三点创新

记者:

在哲学界，人们普遍认为你是新柏拉图主义的第三号人物。

扬布利柯:

是的。好多人都这么认为，我自己也这么看。从哲学上看，普罗提诺和波菲利是我的老师，我应该排在他们的后面。当然，叙利亚学派的创始人是我，这个也是实至名归，也不应该有什么别的说法。

记者:

既然能够称得上一个学派的创始人，你就应该比你的前人有创新之处。你的创新点在哪里?

扬布利柯:

我很少考虑这个问题，既然你问了，我就告诉你。我认为，我的哲学至少有三点与普罗提诺和波菲利不同。

记者:

请讲。

扬布利柯:

普罗提诺和波菲利都强调“太一”的一元化问题。他们认为，天上地上都是一，都是“太一”,“太一”具有最高程度的统一性，不可以再分。而在我这里，我则把“太一”做了进一步的划分，我把“太一”分了若干个层次。

记者:

如果你真是这么做的，那确确实实是你的创新之处。还有吗?

扬布利柯:

第二点，那就是普罗提诺非常强调“太一”的至高无上性，而对于“太一”所派生出来的世界，是否具有完全的独立性，则持严重的怀疑态度。波菲利则对于外部世界的独立性的否定程度稍逊于普罗提诺。但是，在总的价值取向上，两个人是差不多的。而在我看来，“太一”派生出来的外部世界，具有相当的独立性，而且这个世界并非是一个完全堕落的世界。

记者：

如果你真是这么讲的，那你的哲学确确实实与他们两个人的哲学有所不同。还有吗？

扬布利柯：

还有一点即第三点，我认为或许最重要。古希腊的那些哲学家，往往把头放到象牙塔里苦思冥想，重视纯粹的思考，而忽视亲身的体验。可以说，他们没有什么信仰，夸夸其谈。在这一点上，东方人可能比我们做得好一些。无论是东方的佛教还是东方的道教，都强调修炼，强调亲身去体验这些东西，强调修身养性。我认为，这一点比西方文化中强调的纯粹的思考，或许更重要。

记者：

好多人把你这种做法称为神秘主义，或者叫迷信。

扬布利柯：

这是胡说八道。柏拉图多次强调，要引进埃及等地方的外来智慧来拯救已经破败不堪的希腊哲学。那我为什么不能从埃及、从小亚细亚、从印度、从你们中国引入宗教，来拯救希腊的哲学呢？

记者：

你的意思是说，把与多神论联系在一起的神功、秘籍之类的修炼活动，上升到哲学层面，把它们作为拯救西方哲学的一个路径？

扬布利柯：

没错。总体讲，如果说我的哲学与普罗提诺和波菲利的哲学有什么不同的话，归纳起来就是，我更倾向于一元论之下的多元论；我更倾向于用东方哲学来拯救西方哲学。大概就这么多，具体的以后再说。

三　本体开始裂变

记者：

你刚才说，你把普罗提诺的本体论进一步多元化了。我想请你具体说说，你是如何把普罗提诺理论中的“太一”多元化的？

扬布利柯：

在普罗提诺那里，“太一”是唯一的、至高无上的，它是永远不可分的，而在我这里，“太一”又被我分了这样一个层次。

记者：

说说看。

扬布利柯：

我在普罗提诺的“太一”之上增加了一个更高层次的东西，这个东西就叫“完全不可说的太一”。

记者：

“完全不可说”也就是谁也说不清楚，是这个意思吗？

扬布利柯：

你的表述不是太准确，但是也差不多。在我这里“完全不可说的太一”具有完全的超越性，它是绝对不可分的，也是不可能达到的。我达不到，你也达不到。

记者：

你的意思是说任何低层次的东西，例如灵魂是不可能回归你所说的“完全不可说的太一”。

扬布利柯：

是的。而在普罗提诺的哲学中，任何低层次的东西都是有可能回归“太一”的。

记者：

就这一点来看，你和普罗提诺还真的不一样。那接着讲你是如何继续对“太一”进行多元化的？

扬布利柯：

在“不可说的太一”之下我设置的一个层次是“纯一”（Simple）。

记者：

也就是纯粹的一，简单的一，是吗？

扬布利柯：

是的。“纯一”之下则派生出有限定与无限定，而有限定与无限定混合产生纯思世界。这时候的“纯思”世界就是第二层本体。

记者：

撇开你把“太一”细化，你把“太一”作为第一层次本体、把“纯思”作为第二层次本体，似乎与普罗提诺有些类似。

扬布利柯：

是这样。但是，在我这里，“纯思”又可以进一步细化，它可以一分为二：第一个层次是“纯思”的对象，在这里就是柏拉图著作中的相世界，也就是理念的世界；第二个层次是纯思的活动，也就是思考的世界。在我这里，思考的世界是世界的创始者（demiurge）。

记者：

是不是创始者也可以进一步细化呢？

扬布利柯：

当然是了，我把创始者又分为三大类：第一类是月轮下领域创始者，通俗点讲，也就是月亮能够照耀的那个领域的创始者；第二类是整个宇宙的创始者；第三类是创始者之父，就是说，在前两者基础上有一个更高者，就是创始者之父。

记者：

你的这个划分确实很复杂，很有点独创性。

扬布利柯：

其实这不是我的独创，普罗提诺以后的很多学者都有这个倾向，我无非是把这个倾向公开化、突出化和系统化而已。

记者：

你为什么要这么做呢？

扬布利柯：

如果你相信“太一”是永远不可分的，那么我们就很难解释“现实世界为什么产生”这个问题。唯有从“太一”这个角度进行细化，才能够解决相对独立性与被分有性之间的矛盾。

记者：

你的说法是有点拗口，新名词说得太多，可否通俗一点？

扬布利柯：

当然可以。就同一个事物的溢出来看，它可以细分为三个层次，第一层是不可分有者，第二层是可分有者，第三层是分有者。第一项是不可被分有的本质，第二项是可分有者，第三项是分有了该本质的具体事物。

记者：

你越讲越拗口。

扬布利柯：

其实也很简单，如果我们把物理世界看成分享了高端世界的分有者，那么被分有的灵魂就内在于物理世界之中，那么再更上一层就是不可被分有的理念世界。

记者：

通过你的细细介绍，我相信你之所以把“太一”“纯思”等划分为那么多的层次，无非是想证明现实世界的独立性，无非是想说你不主张把万事万物都规划到以太一为核心的大一统体系中去。

扬布利柯：

你还真是看透了我的良苦用心，因为我们搞哲学的归根到底要帮助人们理解人在宇宙中的地位和命运。如果你不能解决人的相对独立性，不能就这个问题做出合理的解释，那么你的哲学就是毫无价值的。

四　物质世界并非全然堕落

记者：

你对灵魂这个东西是否也进行了细化呢？

扬布利柯：

没错。灵魂是天上本体与现实世界的中介。我把灵魂分成四个层次。

记者：

哪四个层次？

扬布利柯：

神的灵魂，天的灵魂，英雄的灵魂，人的灵魂。

记者：

普罗提诺和波菲利从来都不承认灵魂会下降到物质世界中去。他们都认为，灵魂之所以呈现一些不好的东西，只是因为它的能力下降了，遭受到物质世界的污染。但从根上讲它并没有下降到人的身体里面去。

扬布利柯：

这些看法是错的。亚里士多德在他的哲学著作中多次强调，灵魂离不开身体，身体也离不开灵魂。也就是说，我并非认为神的灵魂、天的灵魂、英雄的灵魂会下降，但人的灵魂确确实实是下降到人的身体里面去了。

记者：

人的身体是肉体，当人的灵魂下降到肉体里面去，按照你们当时很多哲学流派的观点来说，这是一种堕落。我记得在你们那个时代，有一个哲学流派叫诺斯替流派，他们对灵魂遭受肉体的绑架和污染，感到极其的悲观和不满。普罗提诺虽然反对诺斯替流派，但是，他千方百计主张灵魂要摆脱物质世界，因为，物质世界是低层次的、不值得留恋的。在你们当时的很多哲学流派中，身体被看成是灵魂的牢狱，人要实现灵魂的提升，就要摆脱身体的绑架。对这个观点，你怎么看？

扬布利柯：

我的观点，与他们这些人的观点是不一样的。我从来就不认为，灵魂下降到身体中来，它就会走向堕落、走向恶。这个观点是不正确的。恶，在灵魂这个层面，是不存在的，它在以后的第五个层次才存在。即便它存在于这里，也是相当偶然的。恶的出现只是因为它没有按照自然的秩序运行。恶的存在完全是例外。

记者：

看来，你对物质世界还是予以了高度的肯定，你并不赞同那种把身体视为灵魂的牢狱的说法。

扬布利柯：

没错。灵魂的下降是存在的，但物质世界并非全然堕落了。物质世界并不能够与恶画上等号，恶的出现，仅仅是一种偶然，并非必然。那种动辄把人的身体、物质世界说成是牢狱的说法，是站不住脚的。

五　神功高于哲学

记者：

通过刚才的交流，我发现你并不认为灵魂下降到人的身体中来就是一种堕落。

扬布利柯：

是的。我看好物质世界，而我的老师普罗提诺和波菲利则过分迷恋玄学世界。而用各种非常不雅的语言来描述物质世界，这一点，我不赞同。

记者：

既然灵魂下降到物质世界，是一件非常好的事情，那为什么灵魂还要回归呢？

扬布利柯：

灵魂存在高低之分，这一点我也是支持的。灵魂的下降与回归，这是一种正常的轮回，无所谓堕落不堕落。你问我灵魂为什么要实现回归，我思考得不是太成熟，我只能说这是一种轮回。

记者：

你的老师波菲利认为，要想实现灵魂的回归，就要诉诸品德，如政治品德、净化品德。

扬布利柯：

这点我不反对。但是，仅仅靠这些抽象的品德，是不够的，还要加上神功的品德。

记者：

什么叫“神功的品德”？什么叫“神功”？

扬布利柯：

所谓“神功的品德”，并不是简单地谈论神、议论神，而是要和神进行实实在在的交流。

记者：

在我们东方世界，存在着各种各样的神秘的仪式。比如，吟诵某种神圣的名字、神圣的字母，崇拜某种特殊的偶像、雕像；敬畏某些特殊的物体，如太阳神崇拜、生殖造型崇拜等。难道这些东西就是你所讲的神功？

扬布利柯：

是，没错。在我这里，无论名字、字母、偶像，还是你说的星体，都体现出神性，并非恶。通过某种仪式，就可以实现与神的交汇，是实现与神的意志交流的一种方式。

记者：

我理解你的意思。你认为，宇宙万物也是由神创造的，体现了神的意志。人应该通过各种各样的修炼，实现与神的意志的交流，唯有这样，才能实现灵魂的回归。

扬布利柯：

你的理解是对的。同时，通过修炼神功，让人置身于宇宙的整体之中，让我们人类认识到自己只是宇宙的一个部分。面对偌大的宇宙，人又算得了什么呢？人不应该过分地迷恋自己的利益，应该放弃各种各样俗事的追求。如此一来，恶就会消除。

六　“神功”背后的文化关怀

记者：

你对“神功”的过分强调，让很多人认为“神功”是一种迷信，是一种神秘主义。

扬布利柯：

这是你个人的看法。在我们当时的世界，人们并非是这么看的。

记者：

在你那个时候，人们是怎么看的呢？

扬布利柯：

你们可能认为普罗提诺是一个伟大的哲学家，这一点，我赞同。但是，我要告诉你，在当时，我的声望要超过普罗提诺。当时人们普遍对我敬仰有加，人们称我是希腊世界的拯救者，是整个世界的恩人，是众神派来拯救整个希腊世界的人。

记者：

当时的人们对你评价这么高？

扬布利柯：

没错。

记者：

为什么会这样呢？

扬布利柯：

当时的希腊文化已经衰败了吧？

记者：

这点我相信。当时的人们都希望拯救希腊衰败的文化。

扬布利柯：

面临基督教文化的进入，希腊的文化被挤到了墙角。如何拯救希腊文化，是摆在我们这些知识分子面前的问题。我的老师普罗提诺和波菲利有思想，但是，他们有很大的局限性，他们仅仅停留在知识分子的小圈子里面，与普通大众是隔离的。人们不知道普罗提诺是谁，也不知道波菲利是谁。人们都转向了基督教，而在基督教的大举进攻下，希腊文化土崩瓦解。

记者：

问题严重到这个程度？

扬布利柯：

我们希腊是多神教文化。普通民众信奉的是各种各样敬供在神庙中的神。而基督教的那些修士们遍布乡村，他们摧毁了庙宇，也摧毁了乡村。他们把每一个地区的庙宇统统予以铲除，就像是挖了那个地方的眼睛。庙宇是乡村生活的必须，房屋与村庄都环绕着庙宇而建。在庙宇里面诸神的庇佑之下，一代代人出生，直到死亡。农夫把自己、妻子和儿女的希望与耕地的牛都放在庙宇里。但是，基督教的教士们摧毁了庙宇，乡村也没了，农夫们绝望之极。在这种情况下，一个知识分子如果满足于夸夸其谈，只会眼睁睁地看着基督教徒摧毁希腊世界，而毫无办法。但是，在我的哲学中，我强调诉诸诸神，诉诸“神功”，诉诸修炼，才能实现灵魂的拯救。这有利于启迪人们保护希腊的文化，抗拒基督教的侵扰，这就是我真正的用意所在。

扬布利柯简传

扬布利柯（Iamblichus，约公元250—325年），叙利亚学派的创始人和主要代表，也是普罗提诺和波菲利的学生。他致力于建立融哲学、神学、宗教为一体的体系，为多神崇拜做理论上的辩护，容纳希腊和近东的种种传统信仰，把各民族的神灵接纳进万神殿，让它们各得其所。

扬布利柯的基本方法是在普罗提诺的三大本体之上和之间，另行设置多个等级，靠增多层次来解决问题。他认为，在普罗提诺的“太一”之上，还有一个绝对的“完全不可说的太一”，它超越所有东西，无任何规定性，比“善”还高。在它之下和之后，才是与“善”等同的“纯一”。从“纯一”流出可知世界，它包括思维对象（理念），其基本要素是有限定、无限定（即“二”）以及两者结合产生出的“纯思”。

在伦理学方面，扬布利柯接受了波菲利的德性四阶段说，认为灵魂凭借这些德性来沉思理智，继而观照出绝对“一”的流溢序列。但在这四种德性外，他又加上了第五种，即神功的品德——巫术，认为巫术是人的灵魂与天使相通的明证，是比神秘的数字、启示更为完美的智慧。由于巫术的作用，灵魂就能迷狂地与终极本原绝对“一”结合在一起。

第十四章　宇宙：一种神圣的存在

——对话普罗克洛

引　子

扬布利柯之后，新柏拉图主义的重心就移到哲学的大本营雅典，此时雅典哲学界最有造诣、影响最大的人物，当之无愧就是我们的主人公普罗克洛先生了。与普罗提诺、扬布利柯的思想比起来，普罗克洛的哲学最引起我们注意的，就是他对物质世界、对宇宙世界神圣性的肯定与颂扬，让我们走近普罗克洛。

一　不爱法律爱哲学

记者：

听说，你的父亲是一位律师，很有钱？

普罗克洛：

没错。我出生在拜占庭的君士坦丁堡。我的父亲是一位律师，家里很有钱。子承父业，这是很多人的希望，我的父亲不惜重金送我到亚历山大里亚学习罗马法和雄辩术。

记者：

很显然，你的父亲希望你也成为一个律师，又扬名、又挣钱。

普罗克洛：

但是，我的志向不在这里，我的志向在哲学、在数学、在逻辑学。

记者：

所以，你就去了柏拉图学园。

普罗克洛：

没错，19岁那年，我就去了柏拉图学园。当时，学园里面，负责日常工作的是大哲学家普鲁塔克。这位老教授对我特别喜欢，亲自给我讲亚里士多德的《论灵魂》和柏拉图的《斐多篇》。

记者：

大名鼎鼎的普鲁塔克亲自给你讲课，真是十分荣幸。

普罗克洛：

没错，这位教授确实了不起。他去世以后，担任学校领导人的是叙亚努（Syrianus）。叙亚努对我同样很好，他教导我继续好好学习。正是在这些好人的教育下，我也慢慢地成为一个哲学家。叙亚努去世以后，我就成为柏拉图学园的园长。

记者：

听说你终身未婚？

普罗克洛：

大哲学家好多都没有结婚。波菲利是这样，扬布利柯也是这样。

记者：

听说你是个素食主义者？

普罗克洛：

是的，我不吃肉。不仅不吃肉，而且，每到宗教节日的时候，我还禁食、守斋。尽管如此，每天我还坚持给学生上5节课，写700行的文字。

记者：

听说，你在学校里面每天要敬拜全世界的神灵？

普罗克洛：

全世界，有点夸张。最起码，我要每天敬拜三次太阳神：日升的时候，敬拜一次；日中的时候，敬拜一次；日落的时候，我还要敬拜一次。到夜里，我还要祈祷。

记者：

听说你对近东埃及的神灵，也是敬畏有加？

普罗克洛：

没错。哲学家不应该只在一座庙宇中敬拜神灵，他要敬拜全世界、全宇宙所有的神灵。他家乡的神，他要敬拜；祖国的神灵，他要敬拜；别的民族、国家的神灵，他同样也要敬拜。

二　柏拉图主义是打不倒的

记者：

据说，自你以后，新柏拉图主义的中心就转移到了雅典？

普罗克洛：

没错。雅典在很久以前，就是希腊的学校。在那个地方，百花齐放、百家争鸣，哲学应该最终回到这个地方。

记者：

听说柏拉图的哲学，在罗马人占领雅典后，遭到了重创？

普罗克洛：

没错。那是在公元前86年，罗马的执政官叫苏拉，他占领雅典以后，就把苏格拉底、柏拉图、亚里士多德创立的学校，统统予以捣毁。但是，围墙倒了，精神还在。不久，柏拉图学园又恢复了办学。

记者：

听说罗马皇帝奥勒留对柏拉图的哲学是非常友好的？

普罗克洛：

没错。奥勒留是斯多亚学派的一个哲学家，同时，他又是罗马的皇帝。此人非常了不得。他占领雅典以后，设立了4个官方的哲学教习。他分别安排柏拉图学派的学者、亚里士多德学派的学者、斯多亚学派的学者及伊壁鸠鲁学派的学者讲课。不过，到了4世纪，也就只剩了柏拉图学派了。我们柏拉图学派不仅没有衰落下去，而且往后越来越欣欣向荣，可以说，到了我的时代，发展到了顶峰。真正的哲学是打不倒的。

三　不应该轻易放弃古老的智慧

记者：

据我了解，苏格拉底对荷马的作品特别不以为然。根据柏拉图在《理想国》中的记载，苏格拉底多次用非常难听的语言来批评荷马。你是怎么看的？

普罗克洛：

苏格拉底这种做法是极其不可理喻、无法接受的。在我看来，无论是荷马的作品，还是赫西俄德的著作，或者是其他那些古老思想家的作品，都值得我们敬重。这些古老的智慧不应该受到轻视，我们不应该放弃这些古老的智慧。

记者：

有一个问题或许你没有考虑过，那就是苏格拉底为什么要批评荷马的作品？

普罗克洛：

这一点，我当然知道。在苏格拉底看来，荷马的史诗不尊重神灵、亵渎神灵。因此，苏格拉底主张，要抛弃荷马的史诗。他的学生柏拉图走得更远。柏拉图甚至认为，要对荷马的史诗动手术，该删的删，该改的改，该烧的烧。

记者：

柏拉图要搞希腊版的“焚书坑儒”？

普罗克洛：

差不多。

记者：

不应该。如果他们真的是这么主张，那么后来也有一些哲学家主张焚烧柏拉图的书，苏格拉底、柏拉图也是无话可说的。

普罗克洛：

《荷马史诗》是一部伟大的作品。根据我的研究，这部作品根本就不存在什么亵渎神灵的事。说到底，或许是因为人们看不懂才这么认为的。

记者：

是吗？

普罗克洛：

古代的诗人有三种：第一种人，受到神灵的激发，发自内心地表达对世界的感受；第二种人，根据自己的冷静观察和分析，如实陈述道理；第三种人，仅仅根据自己所看到的东西，来描述现象。在我看来，第一类诗人是真正的诗人，用心来写诗，尊重其作品天经地义，理所当然。第二类讲述道理的诗人，他们既知其然也知其所以然，他们同样也不会亵渎神灵。对他们的作品，也应该予以尊重。第三类诗人，由于没有思想，只会模仿外界事物，因此，他们的作品充满着不成熟的想象、不成熟的意见，大多数作品是捕风捉影的东西。在这三大类诗人中，只有第三类诗人应该受到谴责，因为他们的诗往往亵渎神灵。

记者：

说得容易做起来难啦！

普罗克洛：

怎么讲？

记者：

《荷马史诗》有很高的文学价值。它的很多语言，太过高深，一般人看不懂。既然看不懂，那如何判断它是否亵渎神灵呢？

普罗克洛：

你说的这个问题，苏格拉底也说过。我认为，在这一点上，苏格拉底看得还是准确的。苏格拉底说，《荷马史诗》是少儿不宜，一旦他们看了，就会引导他们走到不健康的路上去。在我看来，如果你不是对柏拉图主义的思想有一些了解，你同样无法理解《荷马史诗》的深意。

记者：

如此玄乎？

普罗克洛：

没错。打个比方说，在《荷马史诗》中，有一个美女叫海伦。你知道她代表什么吗？

记者：

美女，就是漂亮的女子，她能够代表什么呢？

普罗克洛：

看来你也不理解《荷马史诗》的深意。海伦代表物质世界的美，她经常诱惑人们的灵魂离开自己的精神家园，而进入一种常规的状态。这种常规的存在状态，就是战争。在《荷马史诗》中，奥德赛克服千辛万苦，回到故乡。你知道这代表什么吗？

记者：

克服千辛万苦，砥砺前进，一步一步回到故乡。就这么简单，能意味着什么呢？

普罗克洛：

你又不理解荷马的思想了。在这里，荷马表达了这样的一种思想，那就是，人类的家园不是物质世界，人类要克服物质世界的种种诱惑，才能一步一步地从低层次的状态，走向高层次的状态。其最高层次的状态，就是我和我的老师反复所讲的“太一”“纯思”。

四　世界层次

记者：

据说你特别喜欢在你的老师普罗提诺和波菲利所提出的宇宙层次的基础上，增加更多的层次？

普罗克洛：

是的。我在《蒂迈欧》评注中说过：“知识的主要任务就是发现全宇宙的各个阶段。普罗提诺、波菲力提出了从‘太一’到形体这个宇宙层次，我们这些后来人就是要比他们发现更丰富的层次，这样才会让我们这个世界层次更加合理化。”

记者：

我想了解一下你是如何规定你的世界层次的呢？

普罗克洛：

我所提出的世界层次包括六个层次：第一个层次就是“太一”，即第一原则，即目标；第二个层次是存在，就是本体存在，即宇宙体系；第三个层次是生命，代表力量和宇宙智慧；第四个层次是“纯思”，代表人的自主活动、人的推理思维；第五个层次是自然，代表物理属性；第六个层次是形体，代表可见的事物。

记者：

你的这几个层次似乎与你的老师所提出的那几个层次感觉不完全一样。

普罗克洛：

是的，总体来看，我的六个层次又可以分为三大类层次。第一个层次是“太一”，这个层次严格来讲，不是存在，而是存在的第一原因和理由；从第二到第五这个层次才是存在，属于真正存在这个层次；第三个层次是形体，严格来讲它也不属于存在，而是存在的影子。

记者：

我明白你的意思。你把世界层次划分为六个，但是从存在的角度也可以分为存在的原因、存在的本身、存在的影子三个层次。

普罗克洛：

可以这么说。

五　“统一体”理论与世界的多样性

记者：

很显然，在你的世界层次中，“太一”拥有至高无上的统一性。那我想问一下，既然“太一”拥有至高无上的统一性，为什么说世界又有丰富的多样性呢？如何解释啊？

普罗克洛：

我对此早有思考。你说得没错，“太一”具有至高无上的统一性，它本身是不可分的。世界的丰富多彩，显然不是从“太一”本身分化出来的。但是，你要知道，在“太一”之下，还有一个层次，它是从“太一”产生、分化的结果。

记者：

那这个结果是什么呢？

普罗克洛：

我把这个结果命名为“统一体”，也叫“可被分有的一”。

记者：

你的“太一”分为两个层次：一个是作为第一因的“太一”，另一个就是作为可以被分的“一”。

普罗克洛：

可以这么讲。统一体是从“太一”中分出来的。但它不是低于存在，而是高于存在的。某一种存在物都对应于某种统一体，两者存在着某种对应的关系。

记者：

听你这么讲，是不是可以这样理解：“太一”是不可以分的，而统一体是可以分的。世界的丰富多彩，来自你所设置的统一体。是不是这样？

普罗克洛：

是的。

普罗克洛简传

普罗克洛（Proclus，公元 410—485 年），也译作普罗克洛斯，希腊哲学家、天文学家、数学家、数学史家，生于拜占庭，卒于雅典。其父亲帕特里索斯（Patricius）在拜占庭宫廷中任要职，家庭条件比较优越，这为他的成长打下了良好基础。普罗克洛早年在桑索斯（Xanthus）受教育，随后到亚历山大里亚学习拉丁文与修辞。在此期间，他曾到拜占庭去访问，据说受到“神”的启示，决心献身哲学。他回到亚历山大里亚后，跟随奥林皮奥多罗（Olyplodorus）等学习亚里士多德学说及数学。但这些并未使他满足，他在 20 岁前又回到雅典，在柏拉图学园继续深造，并且一直留在那里，最后成为了该学园的领导人和导师。他是新柏拉图主义的最后一位代表人物，新柏拉图主义的集大成者，也是最后一位主要的希腊哲学家。他终身未婚，自奉节俭，常将其财富拿来救济朋友。

普罗克洛是通过对柏拉图哲学加以系统化来阐发自己的思想的。黑格尔指出，“他的出色之处在于他对柏拉图的辩证法有较深刻的研究”。他对柏拉图哲学范畴所做的系统化工作，涉及了一系列对立范畴：统一性与多样性、原因和结果、自动与被动、外在性和内在性、衰退和继续、前进和后退等。

普罗克洛一生著述甚多，数学上的最主要贡献是写出了《欧几里得〈几何原本〉卷Ⅰ注释》，其版本和译本有很多，标准本是弗里德莱因（G. Friedlein）的校订本。书中指出了数学与哲学的关系及在哲学上的应用，这是最早的数学哲学文献。尤为重要的是，书中有一篇几何学发展简史，现称《普罗克洛斯概要》，列出了大量参考文献，现多数已失传，是后世研究希腊数学史的原始材料之一。

普罗克洛注释的书颇多，有柏拉图的《巴门尼德》《蒂迈欧》《阿尔基比阿德》《理想国》等。他还对托勒密的天文学、亚里士多德的物理学著述进行了注释。在天文学方面，他写过《天文学家的假设》，详释托勒密的体系，此外还有《球面学》及占星术。在中世纪，他的哲学思想比其学术思想影响力更大。

参考文献

1. ［古希腊］荷马：《荷马史诗·奥德赛》，王焕生译，人民文学出版社1997年版。

2. ［古希腊］色诺芬：《回忆苏格拉底》，吴永泉译，商务印书馆1984年版。

3. ［古希腊］柏拉图：《柏拉图全集》，增订版，王晓朝译，人民出版社2015年版。

4. ［古希腊］柏拉图：《柏拉图对话集》，王太庆译，商务印书馆2004年版。

5. ［古希腊］柏拉图：《柏拉图全集》，王晓朝译，人民出版社2002年版。

6. ［古希腊］亚里士多德：《政治学》，张杨等译，湖南文艺出版社2011年版。

7. ［英］A·E. 泰勒：《柏拉图——生平及其著作》，谢随知等译，山东人民出版社1999年版。

8. ［英］G·S. 基尔克等：《前苏格拉底哲学家——原文精选的批评史》，聂敏里译，华东师范大学出版社2014年版。

9. ［英］阿诺德·汤因比：《历史研究》，刘北成译，上海人民出版社2000年版。

10. ［英］爱默顿：《思想的盛宴》，吴琼等译，贵州教育出版社2010年版。

11. ［英］安东尼·肯尼编：《牛津西方哲学史》，韩东晖等译，中国人民大学出版社2014年版。

12. ［英］布莱恩·麦基：《哲学的故事》，季桂保译，生活·读书·新知三联书店2015年版。

13. ［英］罗伯特·艾伦：《哲学的盛宴》，刘华编译，新世界出版社2013年版。

14. ［英］罗素：《西方哲学史》，何兆武等译，商务印书馆1963年版。

15. [英] 乔纳森·巴恩斯：《亚里士多德的世界》，史正永等译，译林出版社 2013 年版。

16. [美] L·S. 斯塔夫里阿诺斯：《全球通史——1500 年以前的世界》，吴象婴等译，上海社会科学院出版社 1992 年版。

17. [美] 爱德华·夏帕：《普罗塔戈拉与逻各斯》，卓新贤译，吉林出版集团有限责任公司 2014 年版。

18. [美] 戴维·林德伯格：《西方科学的起源》，刘晓峰等译，中国对外翻译出版公司 2001 年版。

19. [美] 丹豪瑟：《尼采眼中的苏格拉底》，田立年译，华夏出版社 2013 年版。

20. [美] 克里斯托弗·希尔兹主编：《古代哲学》，聂敏里译，中国人民大学出版社 2009 年版。

21. [美] 罗兰·斯特龙伯格：《西方现代思想史》，刘北成译，金城出版社 2012 年版。

22. [美] 诺尔曼·李莱佳德：《伊壁鸠鲁》，王利译，中华书局 2014 年版。

23. [美] 撒穆尔·伊诺克等：《西方哲学史：从苏格拉底到萨特及以后》，匡宏等译，世界图书出版公司 2009 年版。

24. [美] 史蒂芬·B. 斯密什：《政治哲学》，贺晴川译，北京联合出版公司 2015 年版。

25. [美] 维尔·杜兰特：《哲学的故事》，内蒙古出版社、远方出版社 2011 年版。

26. [美] 维斯：《洞穴中的德性》，郭振华译，华东师范大学出版社 2014 年版。

27. [美 [英] 西蒙·克里切利：《哲学家死亡录》，王志超等译，商务印书馆 2015 年版。

28. [美] 梯利：《西方哲学史》，葛力译，商务印书馆 1995 年版。

29. [俄] T. 奥伊泽尔曼：《元哲学》，高晓惠译，人民出版社 2013 年版。

30. [德] 爱德华·策勒尔：《古希腊哲学史纲》，翁绍军译，世纪出版集团、上海人民出版社 2007 年版。

31. ［德］奥特弗利德·赫费：《世界哲学简史》，张严等译，社会科学文献出版社 2010 年版。

32. ［德］黑格尔：《哲学史讲演录》，贺麟等译，商务印书馆 2003 年版。

33. ［德］卡尔·雅斯贝尔斯：《大哲学家》，李雪涛等译，社会科学文献出版社 2012 年版。

34. ［德］尼采：《希腊悲剧时代的哲学》，周国平译，译林出版社 2014 年版。

35. ［德］施莱尔马赫：《论柏拉图对话》，黄瑞成译，华夏出版社 2011 年版。

36. ［德］文德尔班：《哲学史教程》，罗达仁译，商务印书馆 1997 年版。

37. ［荷兰］爱德华·扬·戴克斯特豪斯：《世界图景的机械化》，张卜天译，商务印书馆 2015 年版。

38. ［法］基佐：《欧洲文明史》，程洪奎等译，商务印书馆 2005 年版。

39. ［法］莱米·布拉格：《世界的智慧》，梁卿译，上海人民出版社 2008 年版。

40. ［法］雅克琳娜·德·罗米伊：《希腊民主的问题》，高煜译，译林出版社 2015 年版。

41. ［挪威］乔斯坦·贾德：《苏菲的世界》，萧宝森译，内蒙古人民出版社 1999 年版。

42.《西方哲学原著选读》，北京大学哲学系，外国哲学史教研室编译，商务印书馆 2014 年版。

43. 邓晓芒、赵林：《西方哲学史》，高等教育出版社 2005 年版。

44. 邓晓芒：《西方哲学探赜》，上海文艺出版社 2014 年版。

45. 胡兴松编著：《西方哲学大师的命题》，中山大学出版社 2015 年版。

46. 皇颂杰、章雪富：《古希腊哲学》，人民出版社 2009 年版。

47. 李文林：《数学史教程》，高等教育出版社、施普林格出版社 2000 年版。

48. 刘玮主编：《西方政治哲学史》，第 1—3 卷，中国人民大学出版社 2016 年版。

49. 刘小枫等主编：《柏拉图的真伪》，华夏出版社 2007 年版。

50. 刘增泉：《希腊文化史》，吉林出版集团有限责任公司 2008 年版。

51. 吕世伦主编：《西方法律思想史论》，商务印书馆 2006 年版。

52. 苗力田、李毓章主编：《西方哲学史新编》，人民出版社 2015 年版。

53. 宋洁人：《亚里士多德与古希腊早期自然哲学》，人民出版社 1995 年版。

54. 汪子嵩等：《希腊哲学史》，第 1—4 卷，人民出版社 2014 年版。

55. 王晓朝：《希腊哲学简史：从荷马到奥古斯丁》，上海辞书出版社 2017 年版。

56. 邬焜：《哲学与哲学的转向》，人民出版社 2014 年版。

57. 吴晓群：《希腊思想与文化》，上海社会科学院出版社 2009 年版。

58. 先刚：《柏拉图的本原学说》，生活・读书・新知三联书店 2014 年版。

59. 苑举正：《哲学六讲》，中国人民大学出版社 2015 年版。

60. 张恒山：《西方法学名著精要》，人民出版社 2008 年版。

61. 张志伟：《西方哲学十五讲》，北京大学出版社 2004 年版。

62. 朱莉娅：《古典哲学的趣味》，张敏译，译林出版社 2012 年版。

63. 朱琦：《古希腊的教化——从荷马到亚里士多德》，西南交通大学出版社 2014 年版。

著后记：人生与思想

一

如果要用最短的语言来概括我的前半生，就是两个字：极端。

法国古生物学家德日进说他所感悟的是“两极之间的痛苦”，而我所感觉到的是两极之间的和谐与幸福。

我在文革开始前的1965年出生在江苏北部一个极端落后的农庄，我的家被前后左右几条河流分隔在一个极端孤僻的地方，周围的河流水很多，用几根木棍搭的桥摇摇晃晃，随时都有塌下去的危险。对于小时候的我来说，似乎出一次家门都是一件天大的事。在就读高中之前，我只到县城去过一次。至于北京、南京、上海，在我的头脑中不过就是一些名词术语而已。

不过，那时我得到了当时对很多人来说都是极端不可能得到的东西，那就是一个方方正正的收音机。白天干过农活或放学后，我便喜欢躺在院子中用几根棍子和一些绳子捆绑支起来的软床上。至今依然记得那时的月亮是那么的干净和清澈，那时候我的眼睛也特别的好，凭借月光就可以读书。夜深人静、万籁俱寂时，我喜欢打开收音机随便乱调频道，无意间拨到一些国外（如美国）和台湾的电台。通过这些电台我听到了一些与我整天在广播里听到的不一样的东西，当时就在我的心中埋下了怀疑一切的种子。从此怀疑主义的习惯便贯穿于我的一生，任何时候、任何情况下，都没有任何改变，至今依然如此。

回顾过去的五十余年，我也在人生的两个极端之间来回爬行。到底哪端是魔鬼，哪端是天使，我确实也不知道。

就平生的活动范围来讲，出生于农村的自然安排，决定了我必然要不断回到生我养我的江苏苏北老家。那里虽然说离周围的大中城市，如上海、南京等并不算远，但由于其地理位置实在是偏僻得很，交通极端落后，因此直到现在，依然保存着与中国几百年以前极为相似的状态：狭窄的乡间道，败落的农舍，人们漠然无助的眼神，以及赌博、酗酒、东家长西家短的古旧习气，这些依然没变。当然，自然的风光还是挺美的。古老的村落犹如坐落在一片原始森林之中，高高的白杨树到处都是。尤其是在春天，到处是各种野花，其秀丽妩媚之态丝毫也不亚于北京植物园里的景色。我总喜欢回到那个地方，父母健在是第一位的原因。到那片土地上待几天，也是一种修身养性，别样地放松一把。过去如此，将来也是如此。

作为另一个极端，阴差阳错，23 岁以后，我就一直浪迹在中国最繁华的都城北京。虽然说我自 1988 年 8 月 28 日来到北京，在此整整生活了近 30 年之久，但直到今天，我也从未把自己看成是一个城市人，内心深处总觉得自己是一个“客家人”。都市的那种繁华，那种典雅，那种让人晕眩的政治气味，那种达官贵人纸醉金迷的生活，与我毫不相干。我只是喜欢这儿唾手可得的图书，以及几处难得的山水宝地。平生最大的爱好就是在周末怀揣自己喜欢看的书，到香山、八大处、北海公园、玉渊潭、陶然亭、怀柔雁栖湖畔坐上几个小时。兴致好的时候，看看书，没有兴致的时候，就在草地上躺一躺，信马由缰，海阔天空，胡思乱想一番。

一端是繁华无限的都市，另一端是偏僻至极的乡村。正是在这两端之间不断爬行，我的生命得以延续，也正是在这种延续之中，我拓展着自己对存在与生命的思考。

我生命的另一个两端，一端是居于庙堂之高的中南海，另一端是处于江湖之远的建筑工地。哲学上有一句话叫偶然决定一切，这句话套到我身上一点不错。我从来就不是一个规规矩矩学习的好学生。在南京师范大学期间，我的每门课基本上都在 70 分左右。80 分以上的科目凤毛麟角。全班那么多人都拿过奖学金，我一次也没拿过。不仅如此，我还被当时的班主任勒令在全班同学面前做过检讨。我一直认为这次事件对我很不公平，也是我人生不大不小一个污点。原因在于与我一起做检讨的几个同学好像是因为偷同学的东西而被勒令做检讨的，与他们一起做检讨实在是一种耻辱。每每想起南京师范大学，脑海中总不免泛起这些非常不愉快的联想。但不管怎么说，南京师范大学毕竟是我人生的一个跳板，是我人生历史不可或缺的组成部分，没有它就不可能有后来的一切。

之后我又北上求学去了中国政法大学。离开中国政法大学以后，我工作的第一个单位是中共中央办公厅秘书局，这个多多少少有点神秘的地方，还真让人有一种“尚书房行走”的感觉。“居庙堂之高则忧其民，处江湖之远则忧其君”，特殊的工作让我每天考虑的都是与社稷江山和天下苍生有关的问题。后来移师新华社，其感觉依然大同小异。

进入21世纪后，我也与许多不满足于机关生活的人一样投身商海，先是到几家金融公司做管理，后又到一家房地产公司寻求发展机会。干了几年，总觉得受人左右不是个滋味，也与我下海的初心背道而驰。于是后来干脆辞职，自己去寻找建筑项目。在建筑行业接触的人也与以前大不相同，这个行业真是难得见到一两个有点趣味的人。不过这也是一个不需要太多智慧的行业，倒是可以保留更多的脑力用于学术研究，这也就是我一直在两个极端间徘徊的原因。

二

科学与宗教也可以说是两个极端，普通的教科书可能会告诉读者，科学与宗教存在着诸多矛盾与冲突，似乎科学只有不断摆脱宗教的羁绊才能取得进步，否则将寸步难行。而在一些极端的人士看来，科学与宗教之间简直就是水火不相容的。19世纪下半叶的两位美国学者约翰·威廉·德雷珀（John William Draper）和安德鲁·迪克森·怀特（Andrew Dickson White）就是典型代表。德雷珀在其所著的《科学与宗教的冲突史》（*History of the Conflict between Religion and Science*, New York: D. Appleton, 1875）一书中，把科学的历史形容为“两种彼此敌对力量冲突的描述，其一是人类智能发展的动力，其二是由传统信仰和人类利益而来的压力”。德雷珀描绘宗教与科学的关系所用得最多的字眼就是“挣扎”“仇恨”和“一种苦毒致命的仇恨”。他控诉天主教会“以火烧和刀杀的酷刑”和“沾满血的手”来“凶狠地镇压一切现代化的改进”。而怀特在其所著的《基督教世界科学与神学论战史》（*A History of the Warfare of Science with Theology in Christendom*, New York: Dover Publications, 1960）中更是把科学与宗教看成互不相容的水火关系。在怀特看来，“在所有现代历史中，所谓以宗教利益为出发点对科学的侵扰，无论动机是如何认真，都会带给科学和宗教极端的邪恶”。即便不是把科学与宗教之间的关系看作一场战争，也是把科学看成与宗教和哲学没有多少关联性的东西。

美国学者罗伯特·所罗门在其《大问题：简明哲学导论》中如此写道：“哲学、宗教和科学一直都是紧密相关的。它们虽然各有侧重，但目标都是一样的，那就是强调思想和认识的重要性，强调理解我们这个世界，从某种更宏观的甚至是从宇宙的角度来审视我们生活的重要性。”对此我是同意的。在我的学术生活之中，对宗教和对科学的学习与研究处于一种等量齐观的水平。我喜欢学习科学，物理学、化学、数学、生命科学、遗传学、人类学都是我的最爱。好多东西虽然看不懂，我也喜欢看。知识就是一种感觉，看多了自然就会明白，久而久之就会悟出许多东西。到了醍醐灌顶、大彻大悟的时候，就是你构筑体系进而著书立说的时候了。

从学术研究方法论上，我也一直穿行在两大极端之间。一个极端是我一直希望在某个专业，如哲学、刑法学这个领域能悟出一些创造性的东西，另一个极端总是希望尽可能多地了解所有学科的知识，希望自己成为无所不知的所谓通才。

我也喜欢研究宗教。那些高深莫测、晦涩难懂的宗教典籍和有关的学术专著，如影随形般陪伴着我的周围。很多朋友对我说，像你这样把这些截然不同的东西放在一起看会把你逼疯的。而在我看来，完全不是这么回事。我在科学中看到宗教的影子，在宗教中寻觅到科学的痕迹。综观人类文明历史，宗教、神学、哲学与科学一直在发生互动，也正是在这种互动中解决了一个又一个世纪难题。人类所面临的若干重大问题都是在科学与哲学、与宗教的互动中得到解决的。美国科学史学家罗伯特·默顿（Robert K. Merton）在其《17 世纪英格兰的科学、技术与社会》（*Science, Technology and Society in 17th Century England*, Bruges: St. Catherine Press, 1938）中提出了著名的“默顿命题”，即“由清教主义促成的正统价值体系于无意之中增进了现代科学”。著名科学作家洛伦·艾斯利（Loren Eiseley）说过这样一句话：“在一些历史上罕见的奇特运作中，基督教文明以清楚明确的方式孕育了实验科学的本身。”

笔者也正是在英国大气学家詹姆斯·洛夫洛克（James E. Lovelock）提出的“盖亚假说”中，找到了将科学与宗教有机结合在一起的平衡点。这个假说把宗教典籍认为的万物都有生命看成科学，把科学中的若干理论看成了必须予以信仰的宗教教条。随着对于科学与宗教的研究的不断深入，我越来越感觉到“盖亚假说”中隐含的巨大学术价值。可以说，我们人类能够观察到的和没有观察到的宇宙，本身就是一个有思想、有感情、有意识、有欲望的“活体”。这个宇宙世界之所以是一个活体，原因在于构成这个世界的基本元素是一种有生命、有意识的基本元素——“智子”。

作为一个个体的人，与拥有几乎无限长年龄的宇宙比起来，真是渺小到极端。作为几乎无限小的个体要完全把握几乎无限大的宇宙，是根本不可能的。“朝菌不知晦朔，蟪蛄不知春秋”，用庄子的这句话来形容这种情形绝不为过。但是，依赖于人类智慧的无限叠加，人类也必然会一步一步走向宇宙世界的最隐秘之处。

屈原在二千多年之前就发出了“天问”。任何文化创造，任何学术行为，无论是艺术的还是科学的，最终极的追求都是要彻底地理解宇宙的本质和人的存在这两个伟大的主题。思考宇宙和人类的本质和起源，是一个民族之所以伟大的标志；对一个人来说，也是其精神境界和情操高尚的体现。可以毫不夸张地说，在人类所有文化活动中，恐怕谁也找不出比这两个主题更伟大的主题了。唯有赋予宇宙以生命，才更有利于理解宇宙。也唯有从宇宙的角度，才更有利于理解生命本身。

假说起始于神话，成熟于宗教，系统化于哲学，实证化于科学。当然，这个过程也充满着无数的风险。稍有不慎，就有可能落入万劫不复的地狱之中。“我自己只求满足于生命永恒的奥秘，满足于觉察现存世界的神奇的结构，窥见它的一鳞半爪，并且以诚挚的努力去领悟在自然界中显示出来的那个理性的一部分，即使只是其极小的一部分，我也就心满意足了。”这是爱因斯坦的心声，自然也是我的心声。

三

如今呈现的“开放的思想”丛书，是我几十年思考宇宙与人类这个伟大主题的阶段性成果。物理学的测不准原理（uncertainty principle）决定了人类对世界的认识存在着一个永远都达不到的边界区域。我企图探寻人类所有的知识领域，这个极端的幻想，也注定了我对每个问题的研究必然存在各种不足与误判。我心知肚明！须臾也不敢狂妄自诩能穷尽什么人间真理。但我愿意做出承诺：我将用我的生命来继续这种思考，直到自己生命烟消云散的那一天！

最后，我必须说几句最重要的话。回顾自己的前半生，我不得不承认我是天底下最幸运的人，每当我遇到生活中令人头疼的沟沟坎坎时，总会得到贵人相助，学术活动也是如此。父母、妻子魏晓莉、女儿李瑞琪对我给予了最毫无保留的支持，没有他们的理解和支持，粗枝大叶的我生活上必然是一团糟的，想做成什么像样的事根本不可能。我小学、高中、大学、研究生期间以及工作后相识的老师、同学、同事、朋友们，对我也是有求必应，只要我提出什么需要帮助的事，总会得到他们无私而迅速的响应。我感念上苍，让我生处这样一个充满爱的环境。因此，我必须对如下尊敬的老师、同学、朋友们表达我最真诚的感谢，并祝福他们好人一生平安：

江平、曹子丹、夏锦文、何秉松、赵景文、马吉祥、姜正成、周潞嘉（老舟）、袁超、马先斌、杨明法、程合红、王清、徐建、王加栋、李家伟、许剑秋、徐耀中、陈虹伟、张德勤、陈健全、徐蕾、王辉阳、郭君正、唐旭东、张怡宁、王妍予、贾丽红、李濡歧、王华、黄姗、晋璧东、肖钢、侯正新、杨瑞勇、侯小波、周五一、朱云波、杨雪冬、楚海鹏、楚海建（排名不分先后）。

李华平

2017 年 11 月 11 日于北京

图书在版编目（CIP）数据

批判与超越：对话希腊化时代和罗马帝国早期思想家 / 李华平著 . --北京：世界知识出版社，2019. 7
（开放的思想丛书：第 5 卷）
ISBN 978-7-5012-6044-7

Ⅰ. ①批… Ⅱ. ①李… Ⅲ. ①思想家—人物研究—古希腊②罗马帝国—思想家—人物研究 Ⅳ. ①B502

中国版本图书馆 CIP 数据核字（2019）第 137130 号

责任编辑 狄安略
特邀编辑 罗庆行
责任出版 赵 玥
责任校对 陈可望

书　　名 **批判与超越：**
对话希腊化时代和罗马帝国早期思想家
Pipan yu Chaoyue：
Duihua Xilahua Shidai he Luoma Diguo Zaoqi Sixiangjia
作　　者 李华平

出版发行 世界知识出版社
地址邮编 北京市东城区干面胡同 51 号（100010）
网　　址 www. ishizhi. cn
电　　话 010-65265923（发行）　010-85119023（邮购）
经　　销 新华书店
印　　刷 北京虎彩文化传播有限公司
开本印张 710 毫米×1000 毫米　1/16　24½印张
字　　数 320 千字
版次印次 2019 年 8 月第一版　2019 年 8 月第一次印刷
标准书号 ISBN 978-7-5012-6044-7
定　　价 58. 00 元